Albert Jackson & David Day
Alte Möbel
pflegen und restaurieren

Aus dem Englischen von Günter Reinheckel

Verlag Eugen Ulmer

Pflege und Reparatur von Möbeln wurde exklusiv für HarperCollins Publishers von Jackson Day Jennings Ltd erarbeitet.

Idee, Herausgabe und Gestaltung von
Jackson Day Jennings Ltd, im Handel unter dem Firmennamen Inklink

Text
Albert Jackson
David Day

Verantwortlicher Herausgeber
Albert Jackson

Geschäftsführender Gestaltungsdirektor
Simon Jennings

Planung und Gestaltungsanleitung
Alan Marshal

Herausgeber
Ian Keary

Verantwortlich für Illustrationen
David Day

Illustrationen
Robin Harris, David Day

Spezielle Illustrationen
Shirley Curzon

Studiofotografie
Paul Chave

Korrektur
Mary Morton

Index
Mary Morton

Verantwortlicher Herausgeber für HarperCollins
Polly Powell

Herstellungsleiter
Bridget Scanlon

1. Auflage 1994 von HarperCollins Publishers, London.

Die Deutsche Bibliothek – CIP-Einheitsaufnahme

Alte Möbel pflegen und restaurieren / Albert Jackson und David Day.
Übers.: Günter Reinheckel. – 1. Aufl. – Stuttgart : Ulmer, 1996.
Einheitssacht.: Care & repair of furniture <dt.>
ISBN 3-8001-7800-1

NE: Jackson, Albert; Day, David; Reinheckel, Günter [Übers.]; EST

Originally published in English by HarperCollins Ltd under the title: Care and Repair of Furniture
Copyright © 1994 HarperCollins Publisher

© deutsche Ausgabe 1996
Eugen Ulmer GmbH & Co.
Wollgrasweg 41, 70599 Stuttgart (Hohenheim)

Printed in Italy

Lektorat deutsche Ausgabe:
Dr. Angelika Eckhard

Produktion und DTP deutsche Ausgabe:
Steffen Meier

Beratung
Die Autoren bedanken sich bei folgenden Beratern für ihre Unterstützung:

Roddy McVittie
Hauptberater

Richard Ricardo
Polsterei

Barbara Clarke
Stuhlflechterei

Die Autoren und Herausgeber möchten folgenden Personen und Firmen für ihre Hilfe bei der Vorbereitung des Buches danken:

Berrycraft
Heathfield, Sussex
Connolly Leather Ltd
London, SW19
Rodney Cooper
Farningham, Kent
R. T. Coppin & Sons
London, E15
D. L. Forster Ltd
Great Dunmow, Essex
Franklins
Colchester, Essex
KJF Furnishings
London SE10
Kwik Strip (UK)Ltd
Winscombe, Avon
Lamont Antiques Ltd
London, SE10
Pirelli Ltd
Burton on Trent, Staffordshire
H. Webber & Sons Ltd
Ripley, Surrey

Berater für die deutsche Ausgabe:

Polsterarbeiten
Tapeziermeister
Wolfgang Gubig, Dresden

Konstruktion und Furnier
Tischlermeister
Karl-Heinz Schulze, Dresden

Die Autoren sind folgenden Firmen und Personen für das großzügige Ausleihen von Möbeln oder Material- und Produktbeispielen zur Demonstration und für die Abbildungen zu Dank verpflichtet:

Elektrische Lötkolben
Cooper Tools (GB) Ltd
Washington, Tyne & Wear

Oberflächenmaterialien und Gerätschaften
Foxell & James Ltd
London EC1
Liberon Waxes Ltd
New Romney, Kent
John Myland Ltd
London, SE27
Rustins Ltd
London, NW2

Möbel
Simon Jennings
Ian Kearey
Alan Marshall
Roddy McVittie
High Halden, Kent

Allgemeine Unterstützung
Shirley Curzon
Robin Harris

Spritzpistolen
Clarke International Ltd
London, E5
Graco UK Ltd
Wolverhampton, West Midlands

Schablonierungsgeräte
The Stencil Store Co Ltd
Chorleywood, Hertfordshire

Polsterwerkzeug und Materialien
Bonners of Welling Ltd
Welling, Kent
A. J. Kingham
London, SE9
Richard Ricardo
Banbury, Oxfordshire
H.Webber & Sons Ltd
Ripley, Surrey

Furniere
The Art Veneer Co Ltd
Mildenhall, Suffolk

Die Autoren möchten folgenden Firmen für die Erlaubnis zum Fotografieren in ihren Räumlichkeiten danken:

Antique Warehouse
London, SE8
Roddy McVittie
High Halden, Kent
Strip & Restore
London, SE18
Robert Whitfield Antiques
London, SE10

Bildnachweis und Fotografen:

Paul Chave
Seiten 10, 11, 12
David George/
Barnsley House GDF
Cirencester, Gloucestershire
Seite 95
Alan Marshall
Seite 21
The Stencil Store Co Ltd
Chorleywood, Hertfordshire
Seite 38

Inhaltsverzeichnis

Inhaltsverzeichnis

Einführung

Zur Frage, wie alte Möbel zu restaurieren sind, gibt es selbst unter Experten verschiedene Ansichten. Einige sind der Meinung, daß Ausbesserungen auf ein Mindestmaß beschränkt werden sollten und dabei möglichst viel von dem erhalten wird, was der augenblickliche Zustand zeigt, so daß zukünftige Generationen gleich erkennen können, was ergänzt worden ist. Andere Restauratoren versuchen, das Stück konsequent in seinen ursprünglichen Zustand zurückzuversetzen. Die Argumente wirken wahrscheinlich recht akademisch auf Laien, die ihre alten, meist ziemlich teuer erworbenen Möbel nur ausbessern wollen. Sie möchten sie benutzen und sich daran erfreuen. Das gilt vor allem für die Möbel, die man auf Trödelmärkten oder einer Versteigerung erwerben kann. Wer das Glück hat, ein seltenes oder wertvolles Stück zu erben, sollte es von einem ausgebildeten Restaurator bearbeiten lassen, allerdings nicht ohne mit ihm die Vorzüge oder Nachteile der anzuwendenden Methoden zu besprechen.

Welche Erfahrungen werden zum Reparieren alter Möbel benötigt? Wichtig ist, daß man ganz gut mit Holzwerkzeugen umgehen kann, bevor man die Methoden anwendet, die in diesem Buch als die verhältnismäßig komplizierten dargestellt sind. Das bedeutet trotzdem nicht, daß man ein Experte sein muß. Jeder, der seine eigene Wohnung über Jahre selbst instand gehalten hat, kann mit den verschiedensten Werkzeugen und Materialien umgehen, und ist so auch als Neuanfänger in der Lage, Möbel zu reinigen und eine leidliche Politur aufzubringen. Der Leser des Buches soll auch nicht mit dem ganzen fachlichen Ballast der Restaurierungs-Wissenschaft konfrontiert werden, und es soll deutlich gemacht werden, daß man keine speziell ausgerüstete Werkstatt braucht. Eine klappbare Hobelbank in der Garage; selbst der Tisch in der Küche genügen durchaus.

Traditionsverpflichtete benutzen gern die ursprünglichen oder gar nach alten Rezepten gefertigten Restaurierungsmaterialien. Die Autoren raten jedoch, solche Materialien zu verwenden, die leicht zu erwerben sind und die Restaurierung so einfach wie möglich machen, unabhängig davon, ob professionelle Möbelbauer eventuell andere einsetzen würden. Die meisten der benötigten Materialien können in Spezialgeschäften käuflich erworben werden. Außerdem gibt es eine Reihe von Versandhäusern, die in ihren technischen Katalogen moderne und traditionelle Werkstoffe anbieten.

Die eigentliche Frage ist aber, ob sich so viel Mühe für die Reparatur einer Kommode oder eines alten Stuhles lohnt, wenn man ein brandneues Möbel für einen vergleichbaren Preis erwerben kann. Darauf gibt es keine schlüssige Antwort, weil im Grunde genommen der vom Material, von der Form und den Proportionen abhängige Reiz eines alten Möbels nicht mit Geld aufgewogen werden kann. Auf jeden Fall ist die Tätigkeit eines Restaurators, der selbst aus Sperrmüll noch Antiquitäten macht, höher einzuschätzen, als die Jagd nach Schnäppchen. Und es gibt nichts Schöneres, als mit charaktervollen Möbeln zu leben, die man selbst vor dem Untergang gerettet hat. Es lohnt sich also sicher!

Der Erwerb
alter Möbel

Das Wissen über die Angemessenheit eines Preises, der für ein altes Möbel verlangt wird, beruht auf Erfahrung. Der Preis variiert von Ort zu Ort erheblich und ist abhängig von dem Zustand der Möbel, was für Restauratoren von Bedeutung ist. Es ist also wichtig, die Angebote zu studieren. Innerhalb von wenigen Monaten wird man feststellen, daß sich die Preise ohne erkennbaren Grund geändert haben. Nach ein oder zwei Jahren können Möbel, die in großer Zahl angeboten wurden, vollständig verschwunden sein, und Stilarten, die man nicht beachtete, werden plötzlich wie wild gesammelt.

Marktorientierung

Um sich Kenntnisse über den Erwerb alter Möbel anzueignen, ist es am besten, regelmäßig Antiquitätengeschäfte zu besuchen. Dann bekommt man schnell ein Gefühl dafür, welche Möbel einem gefallen und wo man sie in dem Zustand findet, in dem eine Restaurierung ohne größere Schwierigkeiten möglich ist. Man sollte sich die Zeit nehmen, um die Preise zu notieren und zu vergleichen, so daß man dann eine größere Sicherheit hat, wenn ein Kauf ansteht.

Antiquitätengeschäfte

Als Hobby-Möbelrestaurator ist man nicht in der Lage, echte Antiquitäten zu restaurieren. Aber viele seriöse Antiquitätengeschäfte haben eine Vielzahl von Möbeln auf Lager – vom wirklich seltenen Stück bis zu denen, die teuer sind, nur weil sie bei einem Restaurator waren – und das könnte der Ansatzpunkt sein. Man sollte sich einfach eine Vorstellung davon erarbeiten, wieviel gespart werden kann, wenn man Möbel selbst repariert. Aufschlußreich ist es auch, herauszufinden, wieviel nötig ist, um vom Restaurieren seinen Lebensunterhalt zu bestreiten. Da es schwierig ist, die Arbeit eines Fachmannes zu beurteilen, erweist es sich als nützlich, wenn man Antiquitätenhändler fragt, wo die restaurierten Stellen sind - kaum einer wird die Auskunft verweigern. In jedem Fall weiß ein Händler, was an einem Stück von einem Hobby-Restaurator selbst zu machen ist, und es ist ihm bekannt, daß der Kunde selten eine umfassende Restaurierung bezahlen kann. So sollte man sich auf Stücke konzentrieren, bei denen von Fachleuten kleinere Reparaturen gemacht wurden, die nicht auffällig sind und erst bei näherer Prüfung entdeckt werden. Das Wissen darüber gibt Sicherheit in der eigenen Arbeit.

Trödlerläden

In abseits der Hauptstraßen gelegenen Geschäften, in denen Objekte aus Haushaltsauflösungen angeboten werden, können Hobby-Restauratoren besonders erfolgreich werden. Man wird jedoch kaum unentdeckte Perlen finden. Die Händler in diesen Läden sind Experten auf ihrem Gebiet. Sie haben die besseren Stücke längst für Auktionen reserviert. Doch hier bietet sich die Gelegenheit, Stücke zu finden, die repariert bzw. restauriert werden müssen, und die einen reellen Preis haben. Man sollte bereit sein zu handeln, wenn man fühlt, daß der Preis für das Möbel zu hoch angesetzt ist – ein fünf- bis zehnprozentiger Nachlaß wird kaum zurückgewiesen, es sei denn, der Händler hat selbst beim Kauf zu viel bezahlt. Es ist nicht zu erwarten, daß er mit dem Preis heruntergeht, wenn man mit einer Kreditkarte bezahlen will, da Banken eine Gebühr für die Überweisung verlangen. Die meisten Händler werden bei Vorliegen der Karte einen Scheck akzeptieren, aber es ist wie mit vielen anderen Käufen aus zweiter Hand – eine Barzahlung ist günstiger, wenn man sich ein besonders günstiges Stück sichern will.

Verkaufslager In Stadtzentren oder in großen Orten gibt es fast immer Lager, in denen größere Mengen von Möbeln für den Abtransport nach auswärts oder über die Grenze bereitstehen. Die Angestellten sind normalerweise bereit, Einzelstücke zu verkaufen. Wenn das Möbel preislich aber noch nicht ausgezeichnet ist, kann es in den großen Hallen schwierig werden, den kompetenten Verkäufer zu finden. Trotzdem sind diese Lager zur Orientierung sehr gut geeignet, vor allem, weil die Gebäude aus mehreren Etagen bestehen, die von Möbeln überquellen. Eine Garantie, daß man beschädigte Möbel findet, gibt es jedoch

nicht, weil man hier auf schnellen Umsatz bedacht und die Zeit zum Restaurieren nicht vorhanden ist. Andererseits sind aufgrund der großen Stückzahl die Chancen gut, etwas Besonderes aufzuspüren.

Trödelmärkte Es lohnt sich, Trödelmärkte zu besuchen. Auch dort gibt es Möbel, und der Wettbewerb untereinander in Verbindung mit geringen Unkosten führt zu niedrigen Preisen. Der freizügige Charakter der Trödelmärkte bietet eine ausgeglichene Atmosphäre, in der man sich ungezwungen mit den Trödlern unterhalten kann, und die, wenn sie merken, was man sucht, gern etwas zurückstellen. Außerdem läßt der geringe Kaufzwang genug Zeit für eine genaue Prüfung der Möbelstücke.

Auktionen Auktionen sind wahrscheinlich die beliebtesten Einrichtungen für den Kauf alter Möbel. Hier ist man den Händlern gleichgestellt und hat dieselbe Chance, ein gutes Geschäft zu machen. Eigentlich ist man gegenüber den Händlern sogar im Vorteil, weil nicht der Profit das Ziel ist. Dadurch ist es relativ leicht, die Händler zu überbieten, weil sie darauf achten müssen, nicht mehr zu bezahlen als der Verkauf wieder einbringt. Eine Auktion bietet fast alles - von hochklassigen Antiquitäten bis zu Kopien aus der Gegenwart! Darüber hinaus ist das Bieten für etwas, wofür man ein reales Interesse hat, eine aufregende Sache. Man sollte sich jedoch mit Sorgfalt darauf vorbereiten. So ist es unbedingt nötig, die angebotenen Stücke vor der Auktion anzusehen. Wenn man erst kurz vor Beginn der Versteigerung eine Besichtigung vornimmt, ist nicht mehr genug Zeit, um alle Stücke zu sehen, die vielleicht ersteigert werden sollen. So kann es leicht geschehen, daß etwas erworben wird, was man eigentlich gar nicht haben wollte. Unentbehrlich ist es, sich einen Katalog zu besorgen, der kurze Informationen zu den Stücken gibt, einschließlich Schätzpreisen und manchmal mit Reservierungspreisen, die das niedrigste darstellen, was ein Auktionator erzielen möchte. Detaillierte Angaben über den Zustand sind im Prospekt nicht dargelegt. Es wird erwartet, daß man Fehler selbst findet. Deshalb sollte jedes Stück, das für den Erwerb vorgesehen ist, ohne Hemmung genau examiniert werden, bevor man sich zum Mitbieten entschließt. Außerdem ist es nötig, die Auktionsbedingungen sorgfältig zu lesen. Sie sind manchmal auf die Rückseite des Katalogeinbandes gedruckt oder liegen im Auktionsraum aus.

Wichtig ist festzustellen, wer die Provision des Auktionators für jeden Verkauf bezahlt: der Verkäufer, der Käufer oder beide? Weiterhin ist die Mehrwertsteuer einzukalkulieren. Am Tage der Auktion sollte man genau wissen, bei welchem Stück man mitsteigern möchte und vor allen Dingen, bis zu welchem Preis. Diese einmal getroffene Entscheidung sollte dann auch nicht mehr umgestoßen werden. Im Eifer der Auktion könnte sonst leicht der Überblick verloren gehen, und dann bezahlt man mehr als eigentlich gewollt. Außerdem sollte man nicht zu hastig mit dem Bieten beginnen. Der Auktionator wird zunächst einen Anfangspreis nennen. Die erfahrenen Händler warten aber, bis er auf den niedrigsten Preis heruntergeht, erst dann beginnen sie mit dem Bieten. Gedenkt man mitzusteigern, muß nur ein eindeutiges Signal dafür gegeben werden, daß man bereit ist, den vom Auktionator vorgeschlagenen Preis zu bezahlen, z.B. durch Kopfnicken oder Handheben. Ein erfahrener Auktionator kennt den Unterschied zwischen einem ernsthaften Gebot und einer unbeabsichtigten Bewegung. Nicht immer wird man wissen, gegen wen man steigert, vor allem dann nicht, wenn der Auktionator im Auftrag eines abwesenden Kunden Summen nennt. Wie auch immer - vorausgesetzt, man bleibt bei seinem eigenen Limit - es kann nichts falsch gemacht werden.

Privatverkauf

Auf den ersten Blick scheint der Erwerb über eine Zeitungsannonce oder bei einer Haushaltsauflösung für den Restauratoren die beste Lösung zu sein. Doch gerade in diesem Fall muß man schon allerhand von alten Möbeln verstehen. Erstens denken viele, die einen Haushalt auflösen, daß wertvolle Antiquitäten darunter sind, und es ist schwierig, sie ohne handfeste Beweise vom Gegenteil zu überzeugen. Zweitens können private Verkäufer bei der geringsten Andeutung, daß ihr geschätztes Stück nicht so vollkommen ist, beleidigt sein, was zu Streit führen kann. Da es unwahrscheinlich ist, bei späterer Feststellung von Mängeln eine Chance auf Rückgabe eines Stückes zu haben, sollte man auf einer genauen Prüfung bestehen, auch wenn der Verkäufer beteuert, es sei alles in Ordnung.

Transport von Möbeln

Durch die Aufregung bei diesen Streifzügen werden häufig die praktischen Dinge vergessen, so z.B., daß das erworbene Sofa oder die Garderobe gar nicht durch die Tür oder das Treppenhaus zu transportieren sind. Man sollte deshalb, wenn man auf der Suche nach alten Möbeln ist, immer ein Bandmaß parat haben. Auch sollte geprüft werden, ob größere Stücke wegen des besseren Transportes auseinandergenommen werden können. Üblicherweise werden gekaufte Möbel angeliefert. In diesem Falle sind sie bei Beschädigung durch einen Unfall versichert. Wenn man den Transport selbst durchführt, sollte dabei sehr vorsichtig verfahren werden. So ist es nicht selten, daß Stücke, die unversehrt ein Jahrhundert oder noch länger überstanden haben, plötzlich auf dem Weg vom Geschäft bis nach Hause oder auch während eines Umzuges total beschädigt werden. Selbst beim Schieben eines Sekretärs kann ein Fuß abbrechen oder sich der Sockel spalten, und wenn eine Schranktür plötzlich beim Tragen aufgeht, werden oft die Scharniere samt Schrauben herausgerissen. Günstig ist deshalb für den Transport größerer Objekte immer das Ausleihen einer Sackkarre. Stets sollten die Schranktüren zugeschlossen und mit einem Gurtband, das um den ganzen Korpus gelegt wird, zugebunden werden. Wenn man eine Schnur oder ein Seil benutzt, so muß an den Kanten Wellpappe untergelegt werden. Nicht zu vergessen ist, die Schubkästen vor dem Transport herauszunehmen, um das Gewicht zu verringern. Behandelte Oberflächen schützt man mit Decken. Schwere Gegenstände mit scharfen Kanten gehören auf keinen Fall auf Polstermöbel, auch nicht bei einer kurzen Fahrt.

Prüfen des Zustandes

Die Art des Schadens ist weitgehend davon abhängig, wie ein Möbel benutzt oder gar zweckentfremdet verwendet wurde. Daneben ist die eigentliche Konstruktion von Bedeutung. Deshalb findet man auf den Einführungsseiten jedes Kapitels dieses Buches Hinweise, worauf beim Kauf der verschiedenen Typen von Stühlen, Tischen und Schränken geachtet werden sollte. In diesem Zusammenhang sind einige Hinweise für den Besuch von Geschäften, Läden und Trödelmärkten wichtig. Zu Beginn ist es praktisch, eine Liste bei sich zu haben, auf der die wichtigsten Schäden katalogisiert sind.

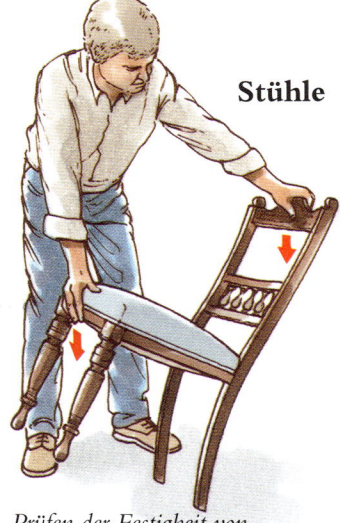

Prüfen der Festigkeit von Verbindungen.

Stühle

Ungeachtet seines Alters oder Stils ist der gewöhnliche Speisezimmerstuhl für einen ständigen Gebrauch bestimmt. Nicht nur, daß bei unzähligen Mahlzeiten das ganze Gewicht des Sitzenden auf den hinteren Stuhlbeinen liegt, was sich beim Zurücklehnen potenziert, sondern die Stühle werden häufig auch zweckentfremdet genutzt, z.B. als Stufenleiter o.ä. Ein gut gebauter Stuhl kann im Normalfall sehr stark belastet werden. Eine Verschiebung des Gewichts auf ein oder zwei Beine drückt jedoch übermäßig auf die Verbindungsstellen, speziell auf die zwischen Seitenzargen und Hinterbeinen. Vor dem Kauf eines Speisezimmerstuhles sollten deshalb diese Stellen auf festen Sitz geprüft werden, indem man den Stuhl an der Lehne oben anfaßt, ihn nach hinten kippt und dann mit der anderen Hand die Vorderkante des Sitzes nach unten drückt. Jede Bewegung zwischen den Zargen und den hinteren Beinen zeigt lockere Verbindungen an. Diese können relativ leicht wieder geleimt werden. Sollte es aber zu sehr wackeln, muß damit gerechnet werden, daß etwas gebrochen ist oder der Holzwurm alles durchlöchert hat.

Tische

Um die Stabilität eines Tisches zu prüfen, legt man die Handfläche auf die Tischplatte und versucht, sie unter Druck von einer Seite der Platte zur anderen zu schieben. Ein festes Gestell wird diesem Druck widerstehen, sind die Verbindungen locker oder fehlt eine Zarge, ruckt der Tisch vor und zurück. Tische, mit Bewegungsmechanik (Klapptische, Ausziehtische usw.) neigen zum Verschleiß. Deshalb sollte man ihre Funktionen vor dem Kauf vollständig überprüfen.

Schränke

Auch hier sollte man in ähnlicher Weise nach Abnutzungen an den verschiebbaren Flächen und beweglichen Teilen von Schränken und Kommoden sehen. Vorteilhaft ist es, wenn der Schrank leicht angekippt wird, dadurch kann geprüft werden, ob Rückwand und Leisten noch fest sitzen. Vor Holzwürmern ist kein Möbel gefeit, aber Schränke sind besonders gefährdet, weil sie meist an einer Stelle stehen bleiben. Deshalb ist es wichtig, daß im Inneren, an der Rückwand und den Schubkästen nach Anzeichen für einen akuten Schädlingsbefall gesucht wird.

Oberflächenüberzüge

Die Beschaffenheit eines Überzuges ändert sich nur wenig, deshalb wäre es unklug, ein Stück abzulehnen, nur weil es wieder aufpoliert werden müßte. Mit ein wenig Übung kann jeder die Oberfläche eines Möbels abziehen oder abbeizen und sie mit einer neuen Schlußschicht versehen, eingeschlossen die französische Politur. Natürlich steht im Hintergrund immer die Frage, ob sich der ganze Aufwand lohnt, denn in vielen Fällen gibt es weit mehr zu tun, als ein paar Beschädigungen zu beseitigen, bevor man die Oberfläche reinigt und eine neue Schlußschicht aufträgt.

Stilecht oder wohnlich?

Für einen Sammler, dessen Ziel es ist, repräsentative Beispiele bestimmter Perioden und Stile zu erwerben, sind die Echtheit und der Zustand von erstrangiger Bedeutung. Dieses Buch ist vor allem für Leser gedacht, die ihre Wohnungen gern mit ansprechenden alten Möbeln unter vertretbaren Kosten ausstatten möchten. Häufig werden in Wohnungen Gegenstände der verschiedensten Stilrichtungen und in den unterschiedlichsten Erhaltungszuständen zusammengestellt. Meist paßt das alles auch scheinbar zueinander, nicht zuletzt deshalb, weil man das, was einmal gekauft wurde, auch einfach sehr gern hat.

Niemand würde auf die Idee kommen, gewöhnliche Gebrauchsmöbel zu fälschen, weil die Kosten den Wert weit übersteigen würden. Dagegen kommt es häufig vor, daß man Teile älterer Möbel in moderne Reproduktionen einbaut. Möbeltischler haben schon immer die Stilarten früherer Zeiten benutzt. In England wurden z.B. viktorianische Möbel des späten 19. Jh. zu solchen aus der Jahrzehnte davor liegenden Regency-Periode (um 1800) „zurückverbessert", und in den 20er und 30er Jahren des 20. Jh. entstanden große Mengen von Nachahmungen des englischen Barocks. Sie werden heute trotz ihrer hohen Preise als Raritäten sehr gesucht. Heutige Kopien sind ebenfalls annehmbar, wenn man weiß, daß es keine Originale, die gelegentlich die Fabrikzeichen der Hersteller tragen, sind.

Eine neue Oberfläche ist meist heller und glatter als die originale, sie wirkt auch nicht so natürlich, zeichnet sich jedoch durch ziemliche Härte und Dauerhaftigkeit aus. Ihr fehlt die Ausgereiftheit antiker Überzüge, einschließlich kleinerer Beschädigungen und abgenutzter Stellen.

Moderne Montagen sind ebenfalls leicht zu erkennen. So wurde z.B. kein altes Möbel mit galvanisierten Kreuzschlitzschrauben zusammengebaut und Rückwände niemals mit Klammern befestigt.

Die meisten aus dem 19. und dem Anfang des 20. Jh. stammenden Möbel sind mit der Hand zusammengebaut. Die Tischler waren stolz auf ihre handgesägten Schwalbenschwänze, die meist breit gehalten sind, während die Zinken extrem schmal sind.

Auch das Geschäft mit nachgeahmten Landhaus-Stilmöbeln blüht zur Zeit. Einfache Kopien sind relativ leicht herauszufinden, da das neue Holz hell erscheint und den Überzügen die Patina fehlt. Schwieriger sind Tische, Schränke und Anrichten einzuschätzen, die aus Dielen und Balken von Abrißhäusern gefertigt sind. Wenn das Holz gut ausgewählt wurde, kann das Äußere durchaus angenehm wirken. Allerdings sind die nachgeahmten Profile, verglichen mit alten Landhausmöbeln, manchmal zu steif. Eigenartige rechteckige Löcher sind ein Hinweis, daß altes Dielenholz verwendet wurde. Sie befinden sich dort, wo ein Nagel abgekniffen wurde. Außerdem sollte man das Innere der Schränke und die Unterseite der Tischplatte auf das Vorhandensein heller Streifen auf dem Holz überprüfen. Sie deuten darauf hin, daß das Holz vorher quer über den Dielenbalken gelegen hat.

Sehr häufig wurden alte Möbel ausgeschlachtet, um Nachahmungen herzustellen. So kann man beispielsweise einen gerade neu gefertigten Küchentisch mit echten gedrechselten Beinen finden. Wurden die verschiedenen Tönungen der einzelnen Holzteile nicht fachgerecht gefärbt, entsteht der Eindruck eines Konglomerats. Weiterhin muß man die proportionalen Verhältnisse beurteilen können. So ist es durchaus möglich, daß man einen Beistelltisch entdeckt, der riesig und untersetzt wirkt, weil er auf viel zu dicken, abgeschnittenen Eßtischbeinen steht.

Kopien und Nachahmungen

Handgesägte Schwalbenschwänze an einem Schubkasten des späten 19. Jahrhunderts.

Ein maschinengesägtes, ausziehbares Tischgestell.

Beistelltisch mit abgesägten Beinen.

Restaurieren und Wiederherstellen der Überzüge

Möbel, die man gut pflegt, werden mit ihrem Alter immer schöner. Sie entwickeln eine Patina, die künstlich kaum herzustellen ist, aber durch unnötiges Ablösen des alten und durch Auftragen eines neuen Überzuges leicht zerstört werden kann. Einige Restauratoren lehnen selbst ein behutsames Reinigen ab, um die natürlich „gewachsene" Schmutzschicht zu erhalten. Der eigentliche Streitpunkt aber ist das vollständige Abbeizen bis auf das blanke Holz, denn ein ungeschicktes Vorgehen bei dieser Arbeit kann zu irreparablen Schäden führen. Auch durch Brand oder Wasser zerstörte Überzüge oder an sich ungeeignete Oberflächen sind kaum wiederherstellbar. Feste Regeln kann man nicht aufstellen. Deshalb sollte möglichst davon abgesehen werden, die Überzüge zu erneuern. Ist es wirklich notwendig, so ist äußerste Vorsicht geboten.

REINIGEN UND AUFFRISCHEN DER ÜBERZÜGE

Ein alter Tisch oder eine alte Kommode, die in der hinteren Ecke einer Werkstatt oder Garage abgestellt waren, müssen gesäubert werden. Bei einer genaueren Untersuchung sieht man, daß sie viel von ihrer ursprünglichen Frische und ihrem Schimmer eingebüßt haben. Vielfach füllen Schmutz und ölige Schmiere

Winkel und Risse aus. Bemalte Möbel können mit ein wenig warmem Seifenwasser abgewaschen werden. Zur Reinigung farbloser Überzüge gibt es eine Reihe flüssiger Mittel; man kann aber auch selbst eine Mischung aus 4 Teilen Terpentinersatz und 1 Teil Leinöl herstellen.

Möbelpflegemittel

Terpentinersatz mit Leinöl

Poliercreme

Reinigen der farblosen Überzüge

Ziel ist es, Wachs- und Schmutzflächen auf der Oberfläche zu beseitigen, ohne die darunterliegende Überzugsschicht anzugreifen. Wenn man nicht zu sehr aufdrückt, ist das ganz einfach.

1 Abreiben in Richtung des Faserwuchses

Um altes Wachs zu entfernen, tränkt man ein grobes Stück Stoff mit Reinigungsflüssigkeit und reibt in der Richtung des Faserwuchses. In weichem Zustand das Wachs mit einem sauberen Stoff- oder Papiertuch abwischen.

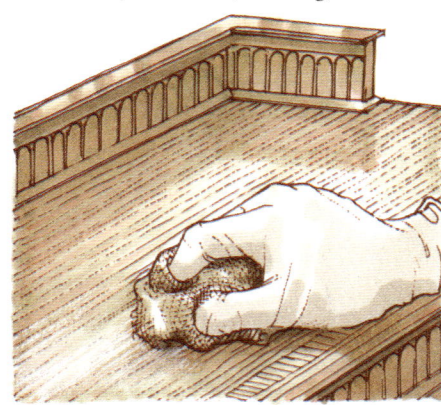

2 Abreiben der Profilkehlen

Dicke Wachsschichten, speziell in Vertiefungen und Kehlen, sollten mit 0000-Grad feiner Stahlwolle wie oben beschrieben, (nicht zu kräftig) abgerieben werden. Zuletzt ist die Oberfläche mit Terpentinersatz und einem weichen Tuch zu reinigen.

Auffrischen eines matt gewordenen Überzuges

Allgemein verschönert eine Reinigung ein altes Möbel. Man sollte aber nicht enttäuscht sein, wenn der Überzug noch etwas leblos wirkt. Erst wenn man mit einem reinen Schleifmittel nachpoliert, entwickelt sich der Glanz. Poliercreme und flüssige Schleifmittel sind als handelsübliche Möbelpflegemittel erhältlich. Flüssige Metallputzmittel und Autolackreiniger können ebenfalls verwendet werden.

Polieren des Oberflächenüberzuges

Man gibt etwas Pflegemittel auf ein weiches Tuch und poliert den matten Überzug ziemlich kräftig bis er glänzt. Die Renovierung wird dann mit einem dünnen Wachsüberzug abgeschlossen.

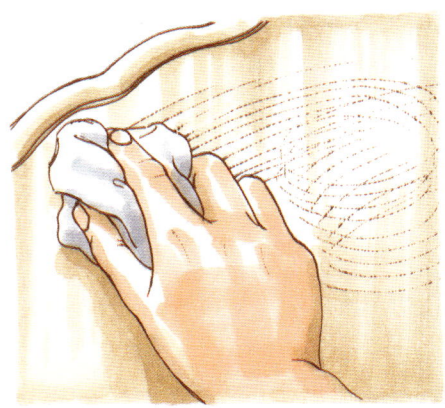

Wiederherstellen der deckenden Schlußschicht

Manchmal ist die originale Schlußschicht eines Überzuges so dünn geworden, daß man sie erneuern muß. Dabei ist nicht immer zu erkennen, wie der Überzug zusammengesetzt ist. Im Zweifelsfall kann man aber ohne Bedenken jede aufgetragene Politur oder Lackierung mit Wachs überziehen. Allerdings können auch die nachfolgend beschriebenen Tests zur Bestimmung des Überzugs vor der Auffrischung durchgeführt werden.

Identifizieren der Überzüge

Durch Reinigung zunächst die gesamte Wachspolitur entfernen. Dann erst kann das neue Wachs auf das blanke Holz aufgetragen werden. Um die französische Politur zu testen, wickelt man ein mit Spiritus getränktes Tuch um den Zeigefinger und reibt damit den Überzug an einer unauffälligen Stelle des Möbels. Wird das Tuch grau, handelt es sich lediglich um Schmutz. Braune Flecken bedeuten, daß sich die französische Politur auflöst. Ähnlich verläuft der Test für Nitrolacke, der mit Nitroverdünnung erfolgt. Es ist unmöglich, die meisten modernen Lacke zu lösen, außer vielleicht Acryllacke, die auf starke Lösungsmittel und Nitroverdünnung reagieren.

Französische Politur wird mit Spiritus gelöst.

REPARATUR DER OBERFLÄCHENÜBERZÜGE

Allgemein hat man sich an kleinere Schäden gewöhnt, etwa an abgewetzte Stellen, Kratzer und Flecken, wie sie durch den täglichen Gebrauch entstehen. Fehlen sie, scheint den Möbeln eine gewisse Lebendigkeit zu fehlen. Sie wirken dann fast wie eine Fälschung. Trotzdem empfindet man den Fleck, der vom Abstellen eines Glases auf einer polierten Fläche am nächsten Morgen auftaucht, als Makel, ebenso wie die Kratzer vom Schlüsselbund auf der Garderobenablage. Irgendwann muß man diese Stellen selbst ausbessern.

Wachsreparaturstangen

Beseitigen von Kratzern

Wenn der Kratzer nicht bis auf das Holz durchgeht, sollte er mit einem handelsüblichen Retuschemittel bearbeitet werden, indem er aus dem Überzug herauspoliert oder bis oben mit Wachs oder Schellack ausgefüllt wird. Nicht immer gelingt es jedoch, ihn völlig zu beseitigen.

Retuschieren

Ähnlich verhält es sich bei der Verwendung von flüssigen Wachsretuschen. Der Kratzer wird mit Retusche gefüllt, eine Stunde mit dem Trocknen gewartet, anschließend übergelaufene Retusche entfernt und zuletzt mit einem weichen Tuch poliert.

Wegpolieren

Haarrisse können mit Möbelpflegemitteln wegpoliert werden (Bild rechts). Sie dürfen aber nicht tief sein, weil sonst die Politur an einer Stelle abgeschliffen wird und ein heller Fleck entsteht, der schlimmer aussieht als der originale Riß.

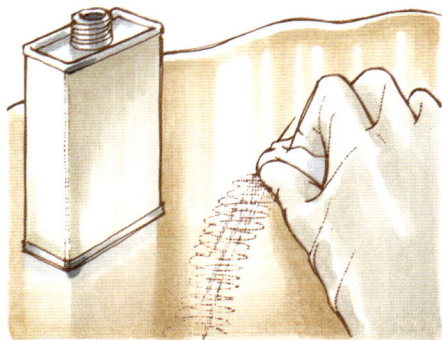

Verwendung der Wachsreparaturstange

Ideal für tiefere Kratzer. Das Ende der Stange quer über den Kratzer reiben, bis er gefüllt ist, den Rest abwischen und nachpolieren. Kleine, festsitzende Wachspartien mit einer Japanspachtel abschaben. Zuletzt dünn Wachs oder französische Politur über die behandelte Stelle auflegen.

Das Ausfüllen mit Schellack oder Ölfarbe

Zum Ausfüllen tiefer Kratzer in französischen Polituren oder Lacküberzügen ähnliches Überzugsmaterial verwenden. Ölfarbe direkt der Büchse entnehmen, bei Schellack einen Teil in eine flache Schale gießen und etwas andicken lassen. Auf hellem Holz ist farblose französische Politur am günstigsten.

Vertiefungen ausfüllen

Die Überzugsflüssigkeit wird mit einem kleinen Künstlermalpinsel in den Kratzer getropft. Nachdem sie sich abgesetzt hat, nochmals nachfüllen. Nach Erhärtung muß eventuell überstehendes Material sorgfältig mit einer scharfen Klinge abgeschabt und mit feinstem Sandpapier glatt geschliffen werden. Zuletzt poliert man mit Möbelpflegemittel.

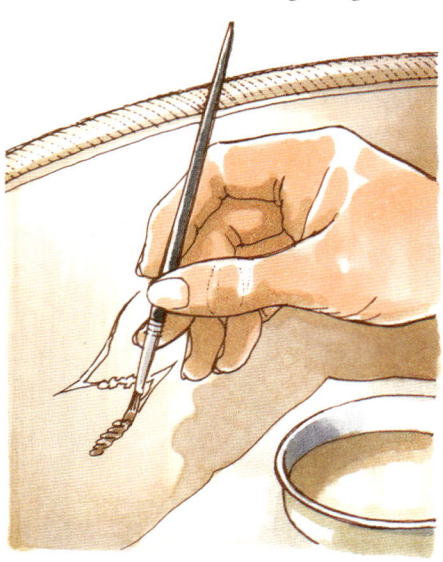

Entfernen weißer Ringe

Wasser und Alkohol können französischer Politur schaden. Sie führen zu hellen, wolkenartigen Stellen. Meist handelt es sich um weißliche Ringe, die durch das Abstellen feuchter Gläser, Vasen oder einer heißen Tasse entstanden sind.

Benutzung von Möbelpflegemitteln

Glücklicherweise dringen Spritzer von Farben nicht zu tief in die Politur ein. So ist es möglich, die betreffende Stelle mit einem feinen Schleifpoliermittel und einem weichen Tuch zu behandeln. Durch Abtönen des Mittels können auch ausgeblichene Stellen dem Überzug angeglichen werden.

ABBEIZEN DER OBERFLÄCHENÜBERZÜGE

Das Abtragen von Anstrichen und Lacken mit der Handschleifmaschine oder der Ziehklinge kann nicht empfohlen werden, weil die Oberfläche uneben wird und die Farbe aus Vertiefungen, Ecken und Kehlen nicht herausgeholt werden kann, die Patina des Blindholzes wird zerstört, und der entstehende Staub ist gefährlich. Am günstigsten ist es, die Überzüge durch Hitze zu erweichen. Dafür eignet sich ein elektrisches Heißluftgerät. Mit ihm vermeidet man ein Versengen oder gar Entflammen des Objektes. Dieses Gerät sollte allerdings nur für größere Flächen verwendet werden, niemals für kostbare, aus ausgesuchten Hölzern bestehende Möbel.

Bei diesen ist ein chemisches Abbeizmittel vorzuziehen, das den Überzug löst, so daß er ohne Gefahr abgezogen werden kann – eine ziemlich unangenehme Arbeit, die mit Umsicht ausgeführt werden muß. Sie ist aber, wenn alle Vorkehrungen des Gesundheitsschutzes beachtet werden, weder schwierig noch gefährlich.

Anwendung von Lösungsmitteln

Alten Wachsüberzug kann man mit Terpentinersatz, eine französische Politur mit Spiritus entfernen. Diese Methoden beanspruchen jedoch relativ viel Zeit, so daß man sie eigentlich nur bei kleineren Reparaturen anwendet.

Handelsübliche Abbeizmittel
Im Handel wird eine Reihe fertiger Abbeizer, die man für Möbel verwenden kann, angeboten. Sie sind in jedem Bau- oder Heimwerkergeschäft erhältlich.

Allzweck-Abbeizer
Diese Abbeizer sind so zusammengesetzt, daß jede Art von Überzügen auf Möbeln entfernt werden kann, einschließlich wasserlöslicher Farben und Lacke. Sie enthalten normalerweise hautätzende Chemikalien, und die entstehenden Dämpfe können sehr unangenehm werden. Deshalb ist die Arbeit nur in gut gelüfteter Werkstatt oder im Freien durchzuführen. Schutzhandschuhe und Schutzbrille sind unbedingt zu tragen. Bei einigen chemischen Abbeizmitteln ist außerdem eine Gesichts- oder Atemschutzmaske vorgeschrieben. Die Hinweise auf den Behältnissen müssen strikt beachtet werden. Zu empfehlen ist ältere gebrauchte Kleidung oder eine Gummischürze. Den Fußboden deckt man mit Plastfolien oder Zeitungen ab.

Abbeizer für Ölfarben
Einige moderne Ölfarben sind äußerst schwierig abzubeizen. Manchmal kann bereits ein guter Allzweck-Abbeizer wirken. Es werden jedoch auch Mittel, die speziell für Polyurethan-Lacke und traditionelle Harzlacke vorgesehen sind, angeboten. Auch hier sind die Sicherheitsvorschriften unbedingt einzuhalten.

Flüssige und gelierte Abbeizer
Die meisten chemischen Abbeizer sind als Gel erhältlich. Sie haften auch an einer vertikalen Fläche. Einige Firmen bieten auch flüssige Versionen an, die vor allem in Holzschnitzereien und Profile tiefer eindringen.

Abwaschen mit Spiritus oder Wasser
Abbeizmittel sind vom Holz herunterzuwaschen, wenn keine Farbe mehr anhaftet. Da Wasser Fasern quellen läßt, besser Terpentinersatz oder Spiritus verwenden.

Haushaltsabbeizer
Bestehen Bedenken vor starken Chemikalien, kann auf sogenannte Haushaltsabbeizer zurückgegriffen werden. Die entstehenden Dämpfe sind ungefährlich, und es ist nicht notwendig, Handschuhe zu tragen. Allerdings wirken diese Abbeizer bei alten Überzügen verhältnismäßig langsam.

Spiritus

Stahlwolle

Schutzhandschuhe

Farbspachtel

Mehrzweck-Farbenabbeizmittel

Gesichtsmaske

Schutzbrille

Ablösen der Überzüge mit chemischen Abbeizmitteln

Bevor die Arbeit beginnt, sollte man sich nach speziellen Vorschriften zur Entsorgung von Lösungsmitteln und gefährlichen Stoffen erkundigen. Zum Auftragen des Abbeizers nimmt man am besten einen sauberen alten Pinsel.

1 Auftragen des Abbeizers

Eine reichliche Menge Abbeizer wird aufgestrichen, dabei auch in Ecken, Profile und Vertiefungen tropfen. Man läßt nun etwa 10 bis 15 Minuten einwirken und schabt anschließend probeweise eine kleine Fläche ab, um zu sehen, ob die Farbe bis auf das Holz erweicht ist. Ist das noch nicht der Fall, muß ein zweites Mal eingestrichen werden.

2 Abschaben

Nach weiteren 5 bis 10 Minuten hebt man mit einem Farbspachtel den gelösten Überzug ab. In Richtung der Holzfasern schaben. Dabei sollte darauf geachtet werden, daß die Holzoberfläche nicht mit den Ecken der Spachtel beschädigt wird. Die gelöste Masse streicht man auf einer dicken Zeitung ab und schlägt diese bis zur Entsorgung ein.

3 Reinigen der Profile und Schnitzereien

Mit einem angespitzten Griffel holt man die dicken, gelösten Farbreste aus den Kehlen und Vertiefungen. Zuletzt überarbeitet man sie mit feinster Stahlwolle. Ist die Wolle voll Farbe, das Innere nach außen wenden. Bei Eichenholz muß Sackleinen verwendet werden, da Metallteile bei dieser Holzart Flecken hervorrufen.

4 Abwaschen der Oberfläche

Ist der Teil des Überzuges entfernt, müssen die Reste aus den Poren mit kleinen Stückchen feinster Stahlwolle, die in frischen Abbeizer getaucht wurden, in Richtung der Holzfasern herausgerieben werden. Dann wird die Oberfläche mit Terpentinersatz oder Spiritus und einem Tuch abgewaschen.

Industrielles Abbeizen

Es ist sicher verlockend, aus Zeitersparnis Möbel zum Abbeizen an einen Fachbetrieb zu geben. Allerdings können Schäden durch das Eintauchen in heißes Ätznatron und das nachfolgende Abspritzen mit Wasser, was unweigerlich die geleimten Verbindungen lockert, das Furnier abhebt und Risse erzeugt, entstehen. Die Chemikalien verursachen außerdem häßliche Flecken.

Massivholzmöbel eignen sich in diesem Fall etwas besser für Behandlungen in kalten chemischen Lösungen, obwohl auch hier die Fasern aufquellen, was wiederum extra zu beseitigen ist. Immer mehr Betriebe nehmen wegen der Gesundheitsgefährdung Abstand von solchen Methoden wie dem Tauchen der Möbel in kalten Lösungen.

Einige Betriebe entfernen die Überzüge durch kurzes Eintauchen der Möbel in warme Lauge. Diese Methode ist besonders bei Spanplatten und Sperrholz gut anwendbar. Deshalb sollte man sich eine Garantie geben lassen, bevor altes furniertes und vor allem gestrichenes Möbel zum Abbeizen in Auftrag gegeben wird.

Alte Möbel werden von Hand in einer Wanne mit kalten Chemikalien abgeschabt.

VORBEREITEN DER GRUNDFLÄCHE

Nach dem Entfernen des alten Überzuges muß das blanke Holz für den neuen vorbereitet werden. Dabei sollte man die Patina des alten Holzes durch nur leichtes Anschleifen der Fasern weitgehend erhalten. Die Teile, die anstelle defekter oder ausgefallener Partien eingesetzt werden sollen, müssen vorbereitet und geschliffen sein. Man sollte nicht glauben, daß eine schlecht vorbereitete Oberfläche durch eine Holzfärbung oder einen Lackanstrich überdeckt wird. Ein klarer Überzug bringt eine unebene Maserung, Kratzer und Dellen noch deutlicher hervor. Es ist wichtig, die schlimmsten Beschädigungen vor dem Schleifen der Oberfläche zu beseitigen. Schleifmittel werden auch zur Rasur der hart gewordenen Schlußschichten zwischen den Anstrichen verwendet, um einen guten Untergrund zum Polieren und Lackieren zu schaffen.

Ausfüllen von Fehlstellen

Das Material zum Ausfüllen von Rissen und kleinen Löchern ist in verschiedenen typischen Holzfarben erhältlich. Da es jedoch Farben und Polituren nicht in genau derselben Weise aufsaugt wie das Holz daneben, schleifen einige Restauratoren das Holz und versiegeln es, bevor sie versuchen, die Farben anzugleichen. Andere füllen gleich aus, nachdem sie schon vorher eine Probe an einem ähnlichen Stück Holz oder an einer unauffälligen Stelle des Möbels vorgenommen haben, um zu sehen, wie der vorgesehene Überzug mit dem Holzkitt reagiert.

Äthanol-Versiegelung

Holzkitt

Wachsreparaturstange

Elektrischer Lötkolben

Spachtel

Schellackstange

Holzkitt

Holzkitt ist eine fertige Masse, vergleichbar dem Fensterkitt. Man kann damit am besten Lackoberflächen, aber auch die meisten Polituren, reparieren. Wird ein farbloser Überzug verwendet, wählt man einen Holzkitt in der ähnlichen Farbe wie das Holz. Dazu wird eine kleine Menge Holzkitt durch schrittweises Hinzufügen der Holzfarbe gemischt, bis der genaue Farbton erreicht ist. Stimmt er immer noch nicht, kann er später mit Künstler-Ölfarben retuschiert werden. Ist die Oberfläche sauber und trocken, wird der Holzkitt mit einer Spachtel in den Riß oder das Loch gedrückt und nach dem Härten leicht geschliffen, bis er eben ist.

Ausfüllen mit Wachs

Farbige Wachsreparaturstangen sind ideal zum Ausfüllen von Wurmlöchern und Haarrissen. Ein Stück Wachs wird zwischen den Fingern geknetet, bis es weich genug ist, um es mit einer Spachtel in die Löcher einzudrücken. Dann schabt man das Wachs - nachdem es etwas ausgehärtet ist - mit einer Japanspachtel ab und poliert mit der Rückseite eines Sandpapiers.

Schmelzen der Schellackstangen

Damit der feste Schellack flüssig wird und in ein Loch tropfen kann, wird er mit einem Lötkolben erwärmt. Dann streicht man die Masse, solange sie noch weich ist, mit einem angefeuchteten Stechbeitel glatt, schneidet überstehende Teile des ausgehärteten Schellacks mit einem scharfen Stechbeitel ab und schleift ihn mit feinem Sandpapier.

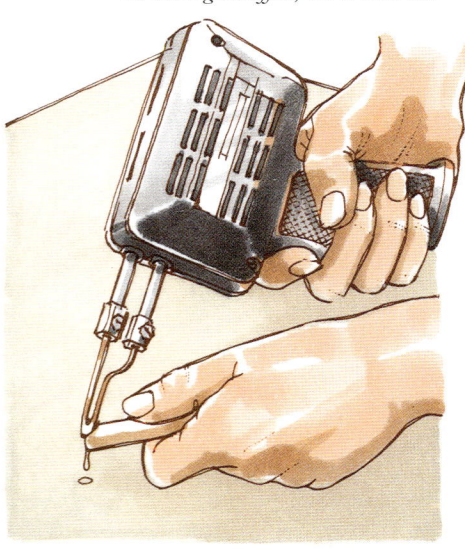

Ausbessern von Rissen und Brandflecken

Ein Brandfleck durch eine brennende Zigarette oder ein Kratzer quer über die Holzfasern kann meistens mit Sandpapier weggeschliffen werden. Tiefere Dellen beseitigt man schneller mit der Ziehklinge. Da dadurch fast immer die Patina leidet, sollte dieser Abschnitt mit Holzfarbe angeglichen werden.

Gebrauch der Ziehklinge

Es wird diagonal über die Fasern von der gegenüberliegenden Seite abgezogen, zum Schluß parallel zu den Fasern.

Dellen beheben

Fällt ein schwerer Gegenstand auf die Holzoberfläche, werden die Fasern durch einen Eindruck beschädigt. Dieser Eindruck kann mit Holzkitt repariert werden. Aber auch Wasser oder Dampf lassen das Holz quellen und heben die Fasern, bis die Oberfläche wieder eben ist.

1 Auftragen von Wasser

Mit einem spitzen Pinsel wird heißes Wasser in die Delle geträufelt. Das Holz muß die Feuchtigkeit aufsaugen.

2 Dämpfen

Über die Delle wird ein feuchtes Tuch gelegt und die heiße Eisenspitze des Lötkolbens in das Tuch gesteckt. Der sich bildende Dampf bringt die Fasern zum Quellen. Wenn die Oberfläche sich gehoben hat, muß dieser Abschnitt leicht mit feinem Sandpapier geschliffen werden.

Sandpapiere

Sandpapier ist die übliche, wenn auch nicht ganz exakte Bezeichnung für alle Arten von Schleifpapier zum Glätten von Holz und Polituren. Teilchen von Schmirgel oder feine Körnchen wurden auf Papier oder eine textile Unterlage geklebt. Beide Materialien können um einen Klotz aus Holz oder Kork gelegt werden. Bei schmalen Stellen ist es besser, das Papier zu falten und mit den Fingerspitzen zu drücken.

Korund-Sandpapier

Dieses Papier, meist braun oder hellgrau, wird allgemein als das beste Papier zum Schleifen von Hartholz bezeichnet.

Rötliches (Flint-) Sandpapier

Rötlich-braunes Sandpapier ist für jede Holzart gedacht, wird aber gern für Weichholz verwendet.

Siliziumkarbid-(SiC)-Sandpapier

Bekannt als Naß- und Trockensandpapier wird hier schwarzes Siliziumkarbid verwendet, das zusammen mit Wasser zur Schleiflackherstellung dient. Es gibt auch ein graues Papier mit diesem Belag, der Zinkoxidpulver enthält, trocken benutzt wird, und ideal zum Abschleifen französischer Politur ist.

Rötliche Granat-(bzw. Flint-)Sandpapiere

Korund- (Aluminium-Oxid-)Sandpapier

Naß- und Trockensandpapier

Fertiges Siliziumkarbid-Sandpapier mit Gleitmittel

Sandpapiersorten

Sandpapiere werden nach den Korngrößen des Schleifmittelbelages eingeteilt. Sie werden als grobe, mittlere und feine Sorten zum Schleifen von Holz und sehr feine zum Polieren angeboten, diese sind durch Nummern gekennzeichnet - je höher die Nummer, desto feiner. Außerdem gibt es offen gestreutes Schleifmittel, das nicht so leicht verschmiert, wenn man harzige Weichhölzer oder Lacke bearbeitet, sowie geschlossen gestreutes und in einer Kunststoffschicht eingegossenes zum Schnellschleifen. Niemals eine härtere Sorte als notwendig verwenden - in der Folge zunehmend feinere Sorten!

Handschliff

Für die Möbelrestaurierung ist eine Schleifmaschine ungeeignet, weil meist abgebeizte Flächen geschliffen werden, bei denen nur ein leichtes Anschleifen der Fasern nötig ist, oder nur kleinere Reparaturen anstehen.

1 Schleifen flacher Oberflächen

Einen Streifen Sandpapier abschneiden und um einen Kork- oder Weichholzklotz wickeln. Durch flaches Führen des Klotzes in Faserrichtung ist versehentliches Rundschleifen der Kanten zu vermeiden. Von Zeit zu Zeit sollte der Staub von der Oberfläche und aus dem Sandpapier entfernt werden, letzteres erfolgt durch Schlagen der Sandpapierränder auf eine feste Unterlage.

2 Schleifen mit Holzschablonen

Um einfache Kehlen zu schleifen, Sandpapier um einen der Kehle angepaßten Rundstab oder Dübel wickeln. Wenn man keine Unebenheiten mehr fühlt, die Oberflächen mit einem feuchten Tuch abwischen. Ist das Holz trocken, werden überstehende Fasern mit ganz feinem Sandpapier abgeschliffen.

3 Schleifen mit Sandpapier

Sandpapier zu einem schmalen Streifen falten und die Kehlen mit den Fingerspitzen schleifen. Ecken und enge Spalten werden mit der Knickkante des Streifens bearbeitet. Anschließend wischt man das Holz ab und schleift nach.

Ausfüllen der Poren in der Maserung

Holzarten wie Mahagoni, Rosenholz, Eiche und Esche haben große, offene Poren, die keinen perfekten Überzug gestatten, wenn man sie nicht vorher schließt. Dazu eignen sich transparente Porenfüller. Die meisten sind als holzfarbene Pasten erhältlich. Besteht die Absicht, bei bereits gebeiztem Holz nachträglich die Poren zu füllen, muß man zuerst die Beizfarbe mit ein oder zwei Schichten farbloser französischer Politur oder einer Kunststoffversiegelung überziehen. Weichhölzer oder engporige Harthölzer wie Birke oder Ahorn müssen nicht vorbehandelt werden.

Anwendung des Porenfüllers

Mit einem groben Stück Jute wird er aufgenommen und kräftig in Kreisen eingerieben. Dann die nicht verarbeitete Paste quer zur Faserrichtung mit einem sauberen Stück Jute von der Oberfläche abreiben und aus Kehlen und Schnitzereien mit einem spitzen Griffel entfernen. Über Nacht läßt man alles trocknen und schleift dann die Oberfläche leicht in Richtung der Fasern.

Versiegelung von Oberflächen

Bei engporigen Hölzern wie gelbe Zeder, Birke, Fichte und Ahorn kann durch Aufsprühen oder Aufstreichen einer Holzversiegelung eine sich seidig anfühlende Oberfläche hergestellt werden.

Versiegelung des Holzes

Zunächst prüfen, ob der Lack, der als Deckschicht verwendet werden soll, auch auf dem versiegelten Untergrund hält. Das Holz vollständig glatt schleifen und jeglicher Staub entfernen, bevor die Versiegelung aufgetragen wird. Sie muß trocken sein, damit man sie nochmals mit feinstem Sandpapier schleifen kann. Es folgt eine zweite Schicht. Nach dem Trocknen wird die Oberfläche mit 0000-Grad-Stahlwolle abgerieben.

FÄRBEN DES HOLZES

Manchmal ist es notwendig, das Holz anders zu tönen, bevor man einen neuen Überzug auf ein Möbel aufbringt, so z.B., wenn ein einzelner Fleck entfernt werden soll, um von der Sonne ausgebleichtem Holz wieder die ursprüngliche Färbung zu geben oder um ein eingesetztes neues Holzteil anzugleichen. Im letzten Fall ist es besser, man bleicht sowohl das neue Teil als auch die alten chemisch, so daß beide in der gleichen Farbe getönt werden können.

Zweikomponenten-Bleichmittel

Kleesalz

Gekalktes Wachs

Entfernen einzelner Farbflecke

Kleesalz ist das traditionelle Holzbleichmittel. Es ist in kristalliner Form bei speziellen Anbietern für Restaurierungsmaterialien oder in Apotheken bzw. Drogerien erhältlich. Es ist das ideale Bleichmittel zur Entfernung kleiner Farbflecken, darf aber nur in Glas- oder Plastebehältern aufbewahrt und gelöst werden, niemals in Metallgefäßen.

Ausbleichen von Farben

Zum Ändern der Farbe eines Holzstückes ist ein Zweikomponenten-Bleichmittel zu verwenden. Da sich nicht alle Hölzer gut bleichen lassen, empfiehlt es sich, vorher an einer Probe zu testen.

1 Herstellung einer Kleesalzlösung

Einem bis zur Hälfte mit warmem Wasser gefülltem Glas wird unter vorsichtigem Rühren portionsweise Kleesalz hinzugefügt und aufgelöst, bis die Lösung gesättigt ist. (Niemals Wasser über das Kleesalz gießen!) Das ist der Fall, wenn sich die Kristalle nicht mehr zersetzen. Die Flüssigkeit muß dann 10 Minuten stehenbleiben.

1 Gebrauch des Zweikomponenten-Bleichmittels

Die Lösung der ersten Flasche gleichmäßig auf die zu bleichende Fläche streichen. Angrenzende Flächen nicht bespritzen. Auch darf die Lösung nicht laufen. Nach ca. 20 Minuten die Lösung aus der zweiten Flasche mit einem anderen Pinsel auftragen.

2 Auftragen des Bleichmittels

Man streicht die Lösung mit einem Glasfaser- oder Nylonpinsel (normale Haarpinsel lösen sich auf) nur auf die Stelle, an der sich der Fleck befindet. Dann läßt man das Holz trocknen und streicht nochmals solange auf, bis vom Fleck nichts mehr zu sehen ist, dann die Lösung durch Auftupfen mit Wasser neutralisieren. Dann läßt man das Holz trocknen und schleift es leicht. (Gesichtsmaske tragen!)

2 Neutralisierung des Bleichmittels

Das Mittel muß bis zu 4 Stunden wirken. Sobald der gewünschte Farbton erreicht ist, muß das Holz mit schwacher Essigsäure (1 Teelöffel Essigsäure auf 0,5 Liter Wasser) abgewaschen werden. Nach dem Trocknen ist noch einmal leicht zu schleifen.

Vorsicht beim Gebrauch von Bleichmitteln

Oft werden Reinigungsmitteln als harmlos empfunden. Es darf jedoch nicht leichtfertig mit ihnen umgegangen werden. Besonders Holzbleichmittel sind gefährlich. Für Kinder dürfen sie nicht erreichbar sein. Es sind Schutzhandschuhe, Schutzbrille, Gummischürze oder Arbeitsschutzanzug zu tragen. Der Arbeitsraum muß belüftbar sein, oder es wird im Freien gearbeitet, wo ein Eimer mit Wasser in greifbarer Nähe steht, so daß Bleichmittelspritzer sofort von der Haut abgewaschen werden können.

Gekalktes Holz

Durch das Kalken bei Eichenholzfurnier wird ein starker Effekt erreicht. Der Überzug wird mit einer speziellen Wachspaste hergestellt, die in die tiefen Poren und Schlitze der Maserung gefüllt wird. Wenn die Paste trocken ist, kontrastiert das weiße Wachs mit den dunklen Fasern, wodurch die gewachsene Zeichnung der Maserung hervortritt. Vor dem Kalken muß mit einem in Terpentinersatz getauchten Tuch jeglicher Schmutz vom Holz entfernt werden.

Kalken hebt Maserung hervor.

1 Öffnen der Poren

Dazu bürstet man das Holz in der Richtung der Fasern und reinigt dadurch die Vertiefungen. Um festzustellen, ob eine gleichmäßige Verteilung der geöffneten Poren erreicht ist, läßt man Licht auf der Oberfläche spiegeln. Bei Bedarf muß Holzfarbe aufgetragen und die Oberfläche mit einer transparenten Schellackschicht versiegelt werden.

2 Aufbringen des gekalkten Wachses

Ein zuvor in die gekalkte Wachspaste getauchtes Stück Jute wird in sich überdeckkenden Kreisen in die Fasern eingerieben. Dann das Wachs quer gegen die Faserrichtung abwischen, ohne es aus den Poren wieder herauszuholen. Nach etwa 10 Minuten wird das zuviel aufgetragene Wachs durch leichtes Polieren mit einem trockenen Baumwolltuch entlang der Faserrichtung entfernt.

Einfärben mit Holzbeize

Im Gegensatz zu Antrichstoffen und Lacken, die direkte Oberflächenüberzüge darstellen und nicht das Holz selbst färben, dringen Holzbeizen tief ein. Sie werden durch ein Ablösen des deckenden Farbüberzuges nicht beeinflußt, ausgenommen man wendet Bleichmittel an. Holzbeizen werden benutzt, um langweilig wirkende Maserungen interessanter zu machen oder um neues Holz so zu färben, daß es als Ersatz in ein altes Möbel hineinpaßt.

Arten von Beizen

Traditionell wurden Holzbeizen in Pulverform geliefert, die vom Restaurator zu der gewünschten Tönung selbst gemischt wurden. Solche Pulverbeizen sind noch heute bei einigen speziellen Lieferanten erhältlich. Es ist aber sehr viel Erfahrung notwendig, um damit zurecht zu kommen. Deshalb sind Heimwerkern flüssige Fertigbeizen, die es in vielen Holztönen gibt, zu empfehlen, zumal auch sie gemischt werden können, so daß eigentlich jeder Farbton zu erzielen ist. Außerdem ist eine Aufhellung mit geeigneten Verdünnern möglich (siehe gegenüber).

Räuchern des Holzes

Man kann die Farbe von Hölzern, wenn sie Gerbsäure enthalten, chemisch ändern, indem das Holz Ammoniakdämpfen ausgesetzt wird. Eiche reagiert am besten darauf, es bildet sich ein wirkungsvolles Goldbraun. Auch Walnuß-, Kastanien- und Mahagoni-Holz sind geeignet. Eine kräftige Ammoniaklösung, bekannt als Salmiakgeist, ist in Apotheke oder Drogerie erhältlich. Man kann auch Haushalts-Salmiak verwenden, es dauert allerdings länger, bis ein Effekt erzielt wird. Alle Metallteile sind vom Holz zu entfernen, weil sie es verfärben können, bevor es geräuchert wird. Das Tragen einer Schutzbrille und einer Atemmaske ist unbedingte Pflicht beim Umgang mit einer Ammoniaklösung.

Herstellung eines Räucherzeltes

Ein Räucherzelt besteht aus einem Holzgestell mit schwarzer Plastikfolie. Darunter setzt man das Möbelstück sowie mehrere mit Ammoniak gefüllte flache Schalen und verschließt das Zelt dicht mit Klebeband. Nach 24 Stunden ist das gewünschte Ergebnis erzielt.

Fertige
Holzbeize

Schutzhand-
schuhe

Mal-
schwamm

Farbiger Lack

Farbpulver

Auftragen der Beize

Bevor die ausgewählte Holzbeize auf ein Möbel aufgetragen wird, sollte mindestens ein ähnliches Stück Holz getestet werden, indem zwei oder drei Schichten übereinander gelegt werden. Dann vergleicht man das Ergebnis mit dem angestrebten Farbton. Wenn möglich, sollte das Möbel so gedreht werden, daß man immer auf einer horizontalen Fläche streicht. Damit die Beize nicht läuft, streicht man die Unterseiten zuerst ein, kann sofort umdrehen und behandelt die Oberseiten. Jetzt kann die Beize ohne Verlaufen trocknen.

Wasserlösliche Beizen

Wasserlösliche Beizen werden bevorzugt, da sie langsam trocknen. Sie geben einem unerfahrenen Restaurator Zeit, die Farbe gleichmäßig aufzubringen, da man das Ergebnis durch einen neuen Anstrich verändern kann. Ist die Tönung zu dunkel, kann sie durch Auftupfen mit einem feuchten Tuch wieder aufgehellt werden. Einmal trocken geworden, wird eine wasserlösliche Beize durch das Überdecken mit anderen Überzügen nicht mehr beeinflußt. Da die Fasern aufquellen können, wässert man vorher, beseitigt auftretende Quellungen durch Abschleifen und beizt dann.

Spirituslösliche Beizen

Spirituslösliche Beizen werden manchmal von überlasteten Werkstätten verwendet, weil sie schnell trocknen. Für den Heimwerker kann das ein Nachteil sein, weil es für ihn schwierig ist, zuviel aufge-

tragene Beize wieder abzutupfen oder sie gleichmäßig aufzustreichen. Deswegen verwenden auch Fachleute lieber einen Beizspray. Werden diese Beizen mit Methylalkohol verdünnt, kann damit französische Politur abgetönt werden. Die Farbe wird unansehnlich, wenn man französische Politur über eine in Spiritus gelöste Beize legt.

Lösungsmittel-Beizen

Die meisten Beizen sind Lösungsmittel-Beizen (manchmal auch Ölbeizen genannt) und können mit Terpentinersatz verdünnt werden, dürfen aber nicht mit den spirituslöslichen Beizen verwechselt werden. Obwohl sie schnell trocknen, sind Lösungsmittel-Beizen leicht zu verarbeiten. Will man einen Polyurethanlack oder eine Wachspolitur über eine Beize legen, muß das eingefärbte Holz zuerst mit einer Schellack-Versiegelung bedeckt werden.

Farbiger Lack

Das Ablösen der alten Lackierung kann vermieden werden, indem man sie mit einer farbigen und deckenden Lackschicht überzieht. Farbiger Kunstharzlack ist zwar widerstandsfähig, er sollte aber noch eine Schutzschicht aus Klarlack erhalten.

1 Vorbereitung der Oberfläche

Das Holz muß sauber, frei von Schmutz und in Richtung der Fasern fein geschliffen sein. Um zu vermeiden, daß Hirnholzflächen durch die Aufnahme von Lösungsmittel-Beizen zu dunkel werden, muß man sie erst mit einer Mischung aus zwei gleichen Teilen von Terpentinersatz und Leinöl 24 Stunden vor dem Beizen versiegeln.

2 Beizen des Holzes

Um genügend Beize auf das Holz zu bringen, verwendet man einen Rundpinsel oder einen Malschwamm, legt besonderen Wert auf die Kanten und verstreicht die Beize sorgfältig. Wird ein wasserlösliches Produkt benutzt, muß überflüssige Beize sofort mit einem saugenden Lappen entfernt werden.

3 Beizen gedrechselter Teile

Dazu verwendet man ein weiches Tuch. Es wird in die Beize getaucht (dabei unbedingt Schutzhandschuhe tragen), ausgewrungen und die Beize in das Holz eingerieben. Auch vertikale Flächen können auf diese Weise besser bearbeitet werden.

FRANZÖSISCHE POLITUR

Im 19. Jahrhundert wurde bevorzugt die französische Politur angewendet, um einen hohen Glanz auf Möbel aus Mahagoni oder anderen, damals modischen Hölzern, zu bringen. Als Restaurator wird man früher oder später mit dieser Politur konfrontiert. Aber die empfindliche Struktur und auch das Mystische, das diese Technik seit Generationen an sich hat, kann einen Heimwerker zur Verzweiflung bringen. Die traditionelle französische Politur verlangt eine lange Praxis. Inzwischen gibt es aber neue Methoden, die das Ganze vereinfachen. Der Schlüssel zum Erfolg liegt darin, langsam zu arbeiten und mit Hilfe zahlreicher dünner Schichten, zu deren Auftrag man mehrere Tage benötigt, einen durchschimmernden Film zustande zu bringen.

Vorbereiten der Politur

Hier ist es wichtig, daß die französische Politur in staubfreier Umgebung und bei guten Lichtverhältnissen aufgetragen wird. Ideal wäre ein separater Raum, so daß man nicht in der eigentlichen Werkstatt arbeiten muß. Aber das dürfte für Heimwerker ein unerreichbarer Luxus sein. Arbeitsraum, Hobelbank und Werkzeuge sollten möglichst sauber sein, bevor mit dem Polieren begonnen wird. Denn es kostet sehr viel Zeit und Mühe, den auf die noch nicht trockene Politur gefallenen Staub nachträglich wieder zu entfernen.

Der Arbeitsraum sollte warm und trocken sein. Feuchtigkeit führt zu einer milchig-schummrigen Oberfläche während des Trocknens. Keinesfalls einen Heizlüfter anstellen, weil er unvermeidlich Staub aufwirbelt. Nicht fest installierte Gasheizer geben eine große Menge Feuchtigkeit ab, sind also ungeeignet. Die Oberfläche muß sorgfältig vorbereitet werden, und man darf nicht vergessen, vor der Politur die Beize einzustreichen. Vorsorglich sind Wegwerfhandschuhe anzuziehen, welche die Hände sauber halten und vor Lösungsmitteln schützen.

Gebleichte Politur

Gewöhnliche Deckpolitur

Granatfarbene Politur

Transparente Politur

Spiritus

Luftdicht zu verschließendes Gefäß für den Reibeballen

Auffrischmittel für die französische Politur

Wegwerfhandschuhe

Mit Wachs und Stahlwolle erreicht man einen zarten Glanz.

Arten der französischen Politur

Alle französischen Polituren bestehen aus Schellack, der in Spiritus gelöst ist. Es gibt jedoch zahlreiche Varianten. Die gewöhnliche französische Politur ist in den meisten Fällen ausreichend. Dunkle, rotbraune bzw. granatfarbene Politur verwendet man zur Restaurierung alter Mahagoni-Möbel, „milchig-weiße" Politur für helle Hölzer. Die meisten Heimwerkergeschäfte führen französische Polituren, auch im Spezialhandel sind sie erhältlich.

Herstellen eines Reibeballens

Französische Politur wird mit einem Ballen aus Einlagestücken von Polsterwatte o.ä. aufgetragen, die in ein 225 x 300 mm großes weißes Viereck aus Baumwollstoff eingeschlagen werden.

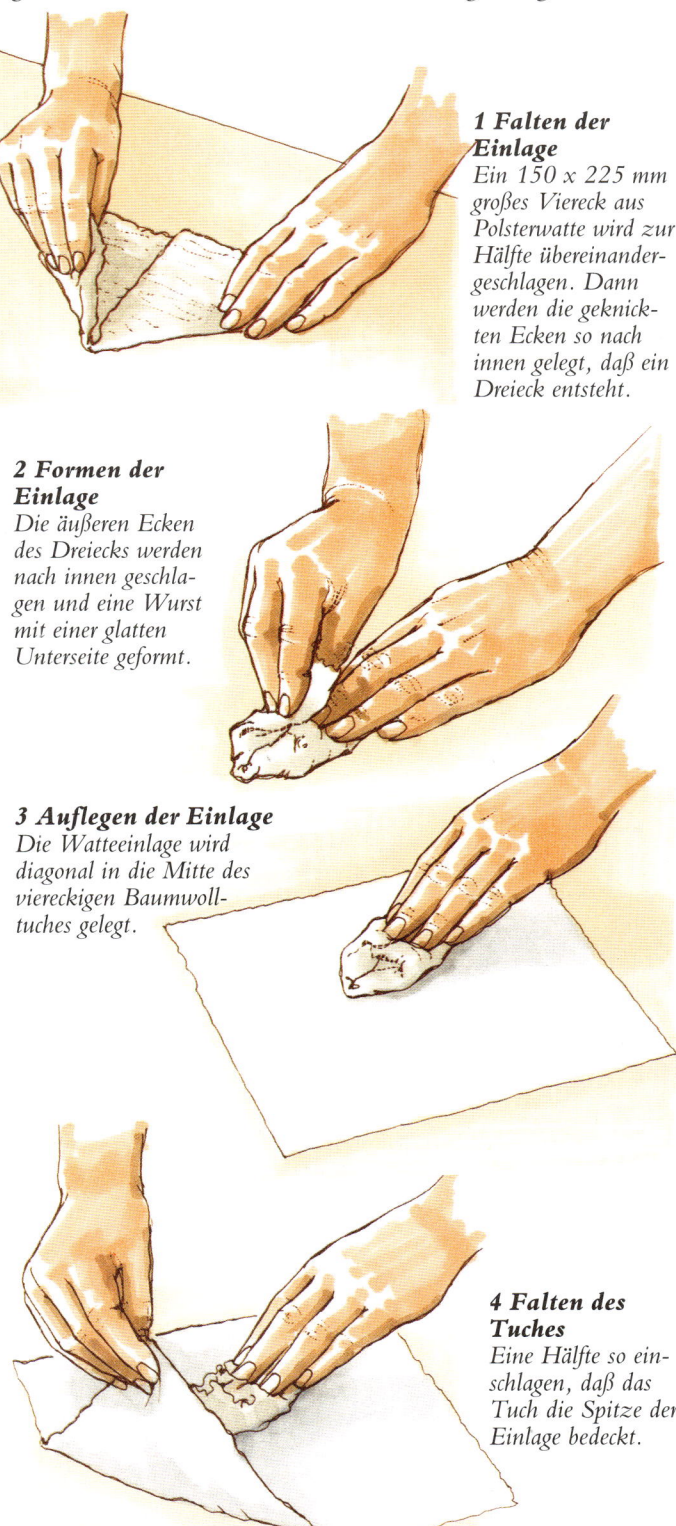

1 Falten der Einlage
Ein 150 x 225 mm großes Viereck aus Polsterwatte wird zur Hälfte übereinandergeschlagen. Dann werden die geknickten Ecken so nach innen gelegt, daß ein Dreieck entsteht.

2 Formen der Einlage
Die äußeren Ecken des Dreiecks werden nach innen geschlagen und eine Wurst mit einer glatten Unterseite geformt.

3 Auflegen der Einlage
Die Watteeinlage wird diagonal in die Mitte des viereckigen Baumwolltuches gelegt.

4 Falten des Tuches
Eine Hälfte so einschlagen, daß das Tuch die Spitze der Einlage bedeckt.

5 Einwickeln der Einlage
Nun werden alle Ecken des Tuchdreiecks der Reihe nach über die Mitte gewickelt, bis sie einen perfekten Ballen bilden.

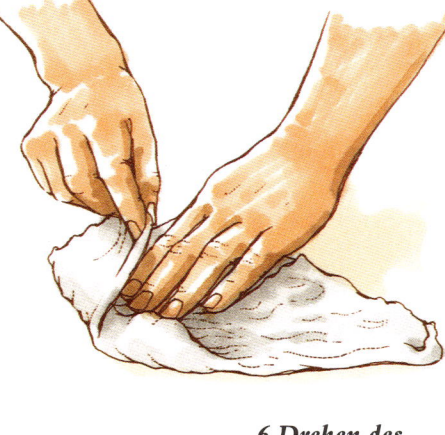

6 Drehen des Tuches
Die eingewickelte Einlage mit einer Hand festhalten und die freien Enden zusammenbinden, bis der Ballen unten fest wird.

7 Halten des Ballens
Die gewundenen Enden des Tuches werden über die Rückseite der Einlage geschlagen, damit man etwas zum Anfassen hat, dabei ist auf eine glatte, saubere Unterseite zu achten.

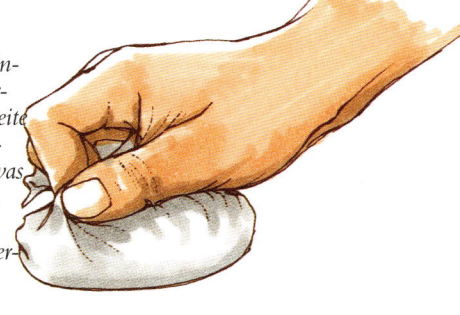

Tränken des Ballens

Kurz nach der ersten Benutzung bzw. regelmäßig nach einer bestimmten Zeit wird der Ballen trocken. Dann muß Politur auf die ausgewickelte Watte gegossen werden. Der Ballen darf nie von außen getränkt werden.

Tränken der Einlage
Nach Öffnen des Tuches nicht zuviel Politur auf die Einlage gießen. Anschließend den Ballen wieder einwickeln und überflüssige Politur herausquetschen. Ein Tropfen Leinöl, mit der Fingerspitze auf die Unterseite des Ballens gerieben, macht ihn geschmeidig.

29

Auftragen der Politur

Politur wird durch Reiben des Ballens über das Holz verteilt. Mit einem frisch getränkten Ballen wird nicht viel Druck benötigt, aber je länger man reibt, desto stärker muß man drücken, um die Politur geschmeidig zu halten. Der Ballen wird gleichmäßig über die Oberfläche bewegt. Er darf nicht darauf liegenbleiben, weil er sonst festklebt. Während

Arbeitspausen ist der Ballen in ein sauberes, luftdichtes Schraubgefäß zu legen, damit er nicht hart wird. Das Holz muß zuerst mit leicht verdünnter Politur und einem Stück Watte versiegelt werden, das man parallel hin- und herführt, wobei sich die versiegelten Streifen an den Rändern überdecken müssen.

1 Ausfüllen der Maserung

Bei engporigem Faserwuchs genügen wenige Mengen konzentrierter Politur, um die Poren zu schließen. Dabei sind mit einem Ballen sich überlappende kreisförmige Bewegungen durchzuführen, um Beschädigungen auf der Fläche einschließlich der Kanten und Ecken zu überdecken.

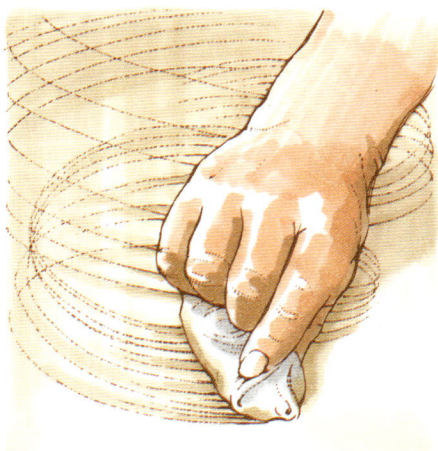

2 Gleichmäßiges Verteilen der Politur

Die gleiche Fläche ist mit Bewegungen in Form einer Acht nachzupolieren. Dadurch wird die französische Politur noch besser verteilt. Es ist erneut darauf zu achten, daß auch die Kanten mitpoliert werden.

3 Schlußbearbeitung mit parallelem Polieren

Zum Schluß bearbeitet man die Fläche nochmals mit gerade und parallel geführten Bewegungen, die sich überlappen müssen. Dann wird die Arbeit für eine halbe Stunde unterbrochen, anschließend der Vorgang drei- bis viermal wiederholt.

4 Wegschleifen von fehlerhaften Stellen

Nachdem die Politur über Nacht getrocknet ist, schleift man jede fehlerhafte Stelle und Staubpartikel, die in der Oberfläche eingeschlossen sind, mit ganz feinem Sandpapier ab, indem man nur entlang der Faserrichtung reibt und dann den Staub mit einem sauberen Staubtuch entfernt.

5 Schaffen einer Deckschicht

In Abständen von 30 Minuten wird das Holz mit weiteren vier bzw. fünf Politurschichten versehen, die danach härten. In den nächsten vier bis fünf Tagen werden weitere Schutzschichten aufgetragen, bis man erkennt, daß die Farbe gleichmäßig und das Gesamtbild zufriedenstellend ist.

6 Entfernen von Leinölspuren

Leinölspuren können mit Spiritus entfernt werden. Dazu wird eine neue Balleneinlage mit einigen Tropfen Spiritus getränkt und der Ballen gerade über die Oberfläche geschwungen. Wenn er hängen bleibt, muß er erneut getränkt werden. Das kurze Überreiben ist nach zwei bis drei Minuten zu wiederholen.

Glanz- oder Satinoberfläche

Nach dem Entfernen der Ölspuren muß die Oberfläche eine halbe Stunde aushärten. Dann poliert man sie mit einem trockenen Staubtuch auf Hochglanz. Anschließend bleibt das bearbeitete Möbel für ungefähr eine Woche stehen, bis die Politur vollständig ausgehärtet ist.

1 Polieren

Ist der Glanz einer völlig gehärteten Politur nicht zufriedenstellend, kann sie mit einer handelsüblichen Polierpaste oder einem Möbelpflegemittel poliert werden.

2 Mattieren

Einige Restauratoren bevorzugen nicht so stark glänzende Überzüge. Um dies zu erreichen, nimmt man ganz wenig von der Deckschicht mit 0000-Grad feiner Stahlwolle und etwas Wachspolitur ab. Dazu vorsichtig entlang der Faserrichtung reiben, bis die Politur gleichmäßig matt ist. Zuletzt mit einem Staubtuch abwischen.

Schnitzereien mit französischer Politur

Es ist unpraktisch, Schnitzereien mit einem Ballen zu bearbeiten. Statt dessen nimmt man einen Pinsel aus Schwanzhaaren des Eichhörnchens oder mit weichen Borsten und streicht leicht verdünnten Schellack auf die Schnitzereien, aber nicht zu viel, weil er sonst läuft. Nachdem die Politur hart geworden ist, wischt man die erhöhten Stellen mit einem mit Spiritus getränkten Ballen ab und poliert mit einem Staubtuch. Es darf nicht zu stark gerieben werden, sonst kommt das Holz zum Vorschein.

Schnitzerei mit verdünnter Politur.

Aufstreichen der französischen Politur

Die Möbelindustrie benutzt die beschriebenen Methoden unverändert, einige Handwerker streichen Schellack mit dem Pinsel auf. Bei der Pinselarbeit muß die Politur einen Zusatz erhalten, der sie länger geschmeidig hält. Bei normaler französischer Politur würde das Streichen Striemen hinterlassen.

1 Herstellen einer Schutzschicht

Die erste Schicht wird mit einem flachen Lackierpinsel aufgetragen, dann 20 Minuten trocknen lassen. Anschließend muß man mit Siliziumkarbid-Sandpapier schleifen und den gesamten Vorgang zweimal wiederholen.

2 Polieren mit Stahlwolle

Weiche Wachspolitur wird auf den gehärteten Schellack mit einem Kissen aus 0000-Grad feiner Stahlwolle aufgetragen. Entlang der Faserrichtung ist vorsichtig zu polieren und das Wachs gleichmäßig auf der ganzen Oberfläche zu verteilen.

3 Endbehandlung mit einem Staubtuch

Zuletzt poliert man die Politur mit einem weichen Staubtuch, bis sie glänzt.

WACHSPOLITUR

Wachspolitur – einer der ältesten Holzüberzüge – kann als Überzug über Schellack und Ölfarben oder auch als alleinige Deckschicht verwendet werden. Sie ist nicht besonders strapazierfähig, aber sie ist leicht mit Hilfe anderer Polituren auffrischbar. Wachspolitur ist vor allem wegen ihres matten Glanzes beliebt. Selbst ein Anfänger kann damit durchaus beachtliche Resultate erreichen.

Auftragen von Poliercreme

Das Holz ist mit einer Schicht französischer Politur zu überziehen, die mit einem bereits mit Gleitmitteln versehenem Siliziumkarbid-Sandpapier geschliffen wird.

Antikwachs-politur

Wachscreme

Wachspaste

1 Auftragen des Wachses

Etwas Poliercreme wird in eine flache Schale gegossen, anschließend wird sie locker mit einem flachen Lackierpinsel auf das Holz gestrichen, dann muß das Wachs eine Stunde aushärten.

2 Aufbau des Oberflächen-überzugs

Eine zweite Schicht wird mit einem weichen Tuch kreis-förmig und zuletzt mit parallel zur Faserrichtung ge-führten Bewegungen aufgetragen. Dann muß das Wachs aushärten.

3 Polieren der Wachspolitur

Nach einer Unter-brechung von ein oder zwei Stunden poliert man mit einem sau-beren Staubtuch die Oberfläche kräftig in der Faserrichtung, bis sie den gewünschten Glanz erhält.

Verwendung von Wachspaste

Zunächst ist das blanke Holz wie vor der Anwendung von Wachscreme zu präparieren und zu versiegeln (siehe links).

1 Auftragen der ersten Schicht

Mit einem Tuch wird eine ausreichende Menge Wachs mit sich überlappenden, kreisförmigen Bewe-gungen gleichmäßig aufgetragen. Dieser Vorgang wird durch Polieren entlang der Faserrichtung abgeschlossen.

2 Benutzung von Stahlwolle

Nach 15 bis 20 Mi-nuten trägt man noch mehr Wachspolitur mit 0000-Grad feiner Stahlwolle auf, aber diesmal nur parallel zur Faser-richtung. Nach und nach entsteht eine Schutzschicht, wobei das Wachs nach jedem Auftrag aushärten muß.

Holzüberzugsöl

ÖLÜBERZÜGE

Die meisten Menschen verbinden geöltes Holz mit relativ modernen Möbeln aus Teak- oder Hartholz, obwohl Leinöl seit Jahrhunderten als Holzüberzug verwendet wurde. Heutige Ölüberzüge sind so leicht anwendbar, daß ein Erfolg praktisch garantiert ist, sogar dann, wenn man keine Erfahrungen mit Holzüberzügen hat. Sollte der Überzug seine Lebendigkeit mit der Zeit verlieren, kann er mit einem neuen Anstrich aufgefrischt werden, vorausgesetzt, die Oberfläche wurde in der Zwischenzeit nicht gewachst. Öl kann für jedes Holz benutzt werden. Besonders gut wirkt sein weicher Glanz auf abgebeizter Kiefer, die dann eine kräftige Bernsteinfarbe erhält. Hitze oder Wasser schaden der Oberfläche, wobei die in Mitleidenschaft gezogenen Stellen nach einiger Zeit von allein verschwinden.

Ölen von Holz

Die folgenden Methoden werden zum Aufbringen von Ölüberzügen empfohlen. Günstig ist es, Tungöl mit etwas Terpentinersatz zu verdünnen, um die Streichfähigkeit zu verbessern.

1 Versiegeln der Oberfläche
Den ersten Ölüberzug zügig mit einem ziemlich breiten Lackierpinsel auftragen und prüfen, ob die Oberfläche durchgehend getränkt ist. Vor dem Trocknen die Oberfläche mit einem weichen Tuch abwischen. Nach sechs Stunden folgt die zweite Schicht, die man über Nacht trocknen läßt.

2 Erzeugen des Glanzes
Ein weiterer Ölüberzug mit einem weichen Tuch auftragen und die Oberfläche mit einem Staubtuch polieren. Für eine seidenweiche, satinartige Oberfläche muß man das Öl vollständig trocknen lassen und poliert dann leicht entlang der Faserrichtung mit einem Kissen aus 0000-Grad feiner Stahlwolle.

Wachspolitursorten

Wachspolitur gibt es in vielen Tönungen , mit denen man eine sanft schimmernde Oberfläche erzeugen kann. Erhältlich sind auch verschiedene Sorten dunkelbrauner „Antik"-Wachspolituren für die Erhaltung der Patina alter Möbel und zur Entfernung feiner Kratzer. Es lohnt sich, vor dem Wachsen die Poren der Fasern zu schließen, die Oberfläche mit Schellack zu versiegeln, um so eine Verschmutzung und Verfärbung des Holzes zu vermeiden.

Politurcreme
Polituren in Gestalt weicher Cremes können auf das Holz aufgestrichen werden. Dadurch bildet sich langsam eine Wachsschutzschicht.

Politurpaste
Festere Politurpasten werden mit einem Tuch oder feiner Stahlwolle aufgetragen. Sie ergeben einen idealen Überzug über eine schon vorhandene Schicht oder dienen zur Erneuerung der Wachspolitur.

Silikonpolitur
Diese sind am günstigsten. Sie lassen sich leicht zu hohem Glanz polieren, vertragen sich jedoch nicht mit anderen Überzügen und anderen Wachspolituren.

Ölsorten

Möchte man einen originalen Ölüberzug über ein altes Möbel herstellen, muß man Leinöl nehmen, das jedoch so langsam trocknet, daß sich Staub in die klebrige Oberfläche einbettet. Moderne, schnelltrocknende Öle sind besser geeignet.

Tungöl
Hier kann die Trocknung ebenfalls bis zu 24 Stunden dauern. Staubpartikel, die sich festsetzen, können mit feinem Siliziumkarbid-Sandpapier zwischen dem Auftragen der einzelnen Ölschichten weggeschliffen werden.

Dänisches und Teakholz-Öl
Diese enthalten synthetische Harze, damit sie strapazierfähiger werden und trocknen je nach Feuchtigkeit und Raumtemperatur innerhalb von sechs Stunden.

Speiseöl
Wird gern zum Überziehen von Schneidbrettern und anderen Holzartikeln verwendet, die zur Herstellung und zum Servieren von Lebensmitteln benutzt werden.

Selbstentzündung

Öl gibt beim Trocknen Hitze ab, und es ist bekannt, daß sich ölgetränkte Textilien entflammen. Ölige Lappen sind deshalb bis zu ihrer Entsorgung in einem Eimer mit Wasser aufzubewahren.

33

ANSTRICHSTOFFE, ÖLFARBEN UND NITROLACKE

Anstrichstoffe, Ölfarben und Nitrolacke sind vergleichbare Überzüge, da sie alle auf der blanken Holzoberfläche aufliegen und einen Schutzfilm darstellen. Traditionell benutzen Möbeltischler transparente Überzüge, um die Zeichnung der Maserung zur Geltung zu bringen, während opake Farben vor allem bei Objekte aus nicht einwandfreiem Materialien Verwendung finden. Das betrifft auch Weichhölzer und, abgesehen von Küchentischen und -stühlen, die gewohnheitsmäßig einmal pro Woche gereinigt werden, auch die meisten Kiefernholzmöbel wie Anrichten und Kommoden. Allerdings bevorzugen Restauratoren heute transparente Überzüge über Weichhölzer.

Auswahl des Überzuges

Ein moderner, strapazierfähiger Lack ist äußerst praktisch. Hat man aber ein abgebeiztes Stück, das mit einem transparenten Überzug versehen werden soll, ist es besser, so wie vorher zu lackieren. Das trifft auch zu, wenn etwas minderwertigeres Holz verwendet wurde. Das Abbeizen könnte nämlich offene Verbindungsstellen oder häßliche Risse, die mit Holzkitt ausgefüllt wurden, zum Vorschein bringen.

Wasserlöslicher Acryllack

Einmal-Anstrichfarbe

Lack auf Lösungsmittelbasis

Schellack-Verbinder

Vorstreichfarbe auf Lösungsmittelbasis

Anstrichstoffe
Gängige Farben aus dem Heimwerkerbedarf sind für Möbelüberzüge völlig akzeptabel. Bei den meisten Lösungsmittelfarben ist vorzustreichen. Dadurch wird das Holz versiegelt. Es folgt eine gut deckende Farbe, über die dann der Schlußanstrich, der matt, halbmatt oder glänzend sein kann, und der die Oberflächenfärbung bestimmt. Erhältlich sind auch Einmal-Anstrichstoffe, bei denen kein Vorstreichen erforderlich ist. Wasserlösliche Acrylfarben trocknen so schnell, daß ein Möbelstück an einem Tag fertiggestellt werden kann. Sie müssen jedoch in einer trockenen Atmosphäre aufgetragen werden.

Klarlack
Ölfarben auf Lösungsmittelbasis haben etwas weniger Deckkraft als Anstrichstoffe, dafür sind sie sehr widerstandsfähig, wasserabweisend und hitzebeständig. Sie sind deshalb ideal für Möbel des täglichen Gebrauchs. Klarlacke, die synthetisches Harz wie Polyurethan enthalten, gibt es glänzend, halbmatt oder matt. Einige Farben muß man vor dem Gebrauch mit einem Katalysator mischen. Diese Zweikomponenten-Farben geben höchst ungesunde Dämpfe ab, sie sind auch nicht besser als fertige Farben zu verarbeiten. Wasserlösliche Acryllacke sind praktisch geruchlos. Es ist jedoch nötig, das Holz vor dem Lackieren zu befeuchten und zu schleifen, um zu verhindern, daß der Überzug durch gequollene Fasern ruiniert wird.

Nitrolack
Viele der in den 20er und 30er Jahren hergestellten Möbel wurden mit Nitrolack gespritzt; einem schnelltrocknenden, fast wasserklaren Überzug. Steht kein Spritzgerät zur Verfügung, kann man sich mit einer streichfähigen Version von Nitrolack behelfen (siehe gegenüber).

Auftragen der Überzüge mit einem Pinsel

Ein gewisses Maß an Vorsicht und Geduld ist alles, was zur Erzielung eines erstklassigen Resultates benötigt wird. Pinsel mit Wildschweinborsten werden als die besten angesehen, aber solche mit synthetischen Borsten in guter Qualität sind ebenso geeignet. Möchte man Allzweckpinsel aus einem Satz kaufen, sollte man nach 25 und 50 mm breiten und zusätzlich nach einem 100 mm breiten für große, flache Oberflächen fragen.

Auftragen von Ölfarben

Nachdem das Holz vorbereitet wurde, ist eine Versiegelung mit Ölfarbe, die mit 10 bis 20 % Terpentinersatz verdünnt ist, aufzubringen.

Aufnehmen der Farbe

Nur die Pinselspitze in die Ölfarbe tauchen. Dann muß man die Borsten an die innere Wandung der Büchse drücken, damit die überflüssige Farbe herausläuft. Die Farbe niemals oben am Rand abstreichen, weil dadurch Luftblasen entstehen.

Streichen einer flachen Oberfläche

Die Farbe wird in alle Richtungen über die Oberfläche und Profile gestrichen, zuletzt ohne aufzudrücken nur in Richtung der Fasern. Zuletzt sind zwei Schichten Farbe aufzutragen.

Streichen von Profilen

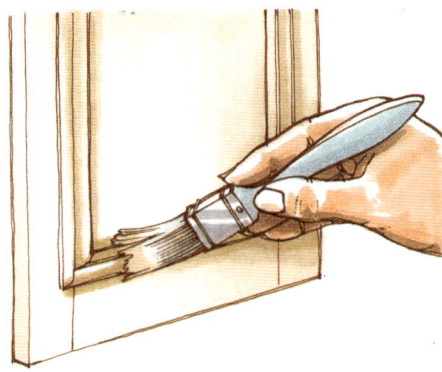

Wenn man quer über die Profile streicht, laufen unweigerlich Tropfen aus dem mit Farbe gefüllten Pinsel heraus. Deshalb sollte immer von den Ecken ausgehend längs der Profile gestrichen werden.

Überzugsvarianten

Mattlack trocknet so, daß eine fein strukturierte Oberfläche entsteht. Einen ähnlichen Überzug erhält man durch Abreiben einer Glanzlackoberfläche mit 0000-Grad feiner Stahlwolle, die zuvor in Wachspolitur getaucht wurde. Im Anschluß ist mit einem Staubtuch zu polieren.

Aufstreichen von Nitrolack

Da Nitrolack sehr schnell trocknet, muß man relativ schnell einstreichen. Es müssen zwei oder drei Schichten aufgetragen werden, die jeweils in der Zwischenzeit mit feinem Siliziumkarbid-Sandpapier zu schleifen sind.

Lackieren

Mit einem weichen Tuch wird eine Versiegelungsschicht aus zu 50% verdünntem Nitrolack aufgetragen. Dann streicht man Nitrolack darüber, indem die Borsten leicht zu einem flachen Bogen gedrückt werden und der Lack mit langen Bewegungen aufgebracht wird.

Polieren der Schlußschicht

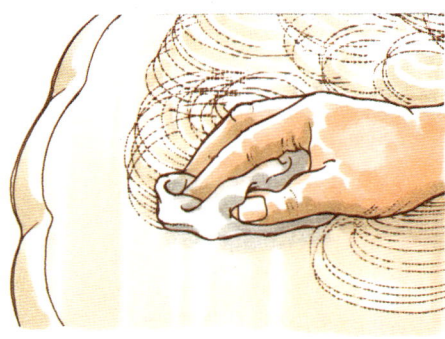

Ist die obere Schicht nicht gelungen, mit sehr feinem Siliziumkarbid-Sandpapier abschleifen und die Oberfläche mit einer Politur nachbearbeiten.

Auftragen von Anstrichstoffen

Normaler Anstrichstoff wird wie Ölfarbe aufgetragen. Einmal-Anstrichfarbe oder wasserlösliche Acrylfarben werden ohne zu träufeln parallel aufgestrichen, damit Pinselspuren behoben werden. Um hart gewordenen, unbeabsichtigten Farbfluß oder eingelagerte Staubpartikel zu entfernen, taucht man einen Streifen Naß- und Trockensandpapier in Wasser und schleift die Oberfläche glatt. Die entstandene breiige Masse mit einem Tuch abwischen,und erneut streichen.

Bearbeitung von Ästen im Holz

Äste in frischem Weichholz können Harz ausscheiden, das die Farbschicht durchblutet. Sie werden deshalb versiegelt.

Aufspritzen von Überzügen

Niemand wird bestreiten, daß das Aufspritzen von Anstrichstoffen, Ölfarben oder Nitrolacken einen ausgezeichneten Überzug ergibt. Wenn nicht beabsichtigt wird, die Möbelrestaurierung professionell zu betreiben, lohnt es sich kaum, Zeit und Geld für Spritzgeräte zur Herstellung von Holzüberzügen zu investieren. Zusätzlich zur Möglichkeit, sich Spritzpistolen und andere Geräte ausleihen zu können, ist dann nämlich noch eine Spritzkabine nötig, sofern nicht im Freien gearbeitet wird.

Spritzgeräte und Einrichtungen

Eine Spritzpistole zerstäubt die Überzugsflüssigkeiten und erzeugt einen feinen Nebel aus Anstrichstoffen, Ölfarben und Nitrolacken, der sich auf der Oberfläche niederschlägt.

Sicherheitsvorkehrungen

Mit der Behörde ist zu klären, ob es gestattet ist, in einer Heimwerkstatt Holzüberzüge zu spritzen, ohne gegen Feuer-, Gesundheits- und Sicherheitsvorschriften zu verstoßen.

● Das Werkstück ist zwischen dem Arbeitenden und einem Spritzkabinen-Absauggerät so zu stellen, daß das vorbeigehende Spritzmittel weggezogen wird.
● Keinesfalls darf eine Spritzpistole auf eine Person gerichtet werden.
● Rauchen oder offene Flammen sind beim Spritzen nicht gestattet.

● Sind Kinder in der Nähe, dürfen die Spritzgeräte nicht unbeaufsichtigt sein.
● Ist die Pistole mit einer Sicherung ausgestattet, muß diese immer geschlossen sein, sofern nicht gespritzt wird.
● Bei Verstopfung muß erst durch Herausziehen des Verschlusses der Luftdruck herausgelassen werden, bevor gereinigt werden kann.

Spritzpistolen

Durch Drücken des Abzuges einer Spritzpistole wird ein Ventil geöffnet, durch das Preßluft hineingelangt. Gleichzeitig wird Anstrichstoff, Ölfarbe oder Nitrolack aus einem unten abgerundeten Behälter, der oben auf der Pistole aufsitzt, herausgezogen und mit der Luft vermischt. Die zerstäubte Farbe tritt aus einer kleinen Öffnung einer Düse. Man kann die Form des Strahls von einem engen Konus bis zu einem weiten Fächer regulieren, je nachdem, ob schmale Gegenstände wie Stuhlbeine oder eine große ebene Fläche wie eine Tischplatte besprüht werden sollen.

Kompressor

Er preßt die Luft zusammen und leitet sie durch einen flexiblen Schlauch in die Spritzpistole. Vorteilhaft ist ein elektrischer Kompressor, weil er einfach an das Stromnetz angeschlossen werden kann. Mit dem Lieferanten ist zu klären, daß der vorgesehene Apparat auch für eine Spritzkabine geeignet ist. Ist das nicht der Fall, muß er außerhalb aufgestellt und eine Verlängerung des Schlauches durch die Kabinenwand geführt werden.

Sicherheitsgeräte

Schutzbrillen sind ebenso vorgeschrieben wie Atemschutzmasken, auch bei Arbeit im Freien.

Spritzkabine

Um im Innenraum sicher zu spritzen, sollte man sich eine einfache Kabine aus Hartfaserplatten bauen, die an ein Gestell aus Weichholz angenagelt werden. Die Innenwände schützt man mit abnehmbaren Papierbahnen. Ein Entlüfter an der Rückwand saugt die Lösungsmitteldämpfe ab. Er muß innen mit einem Gazefilter zum Auffangen von Partikeln abgedeckt werden. Vor dem Entlüfter baut man einen Drehtisch für das Werkstück auf, am besten, indem man eine runde Spanplatte auf ein ausrangiertes Fußgestell eines Drehstuhles montiert. Die Atmosphäre innerhalb der Spritzkabine kann hochentflammbar sein, deshalb sollten spezielle explosionsgeschützte Lampen installiert werden, die von außen kontrollierbar sind.

Verdünnen der Farben vor dem Spritzen

Obwohl man z. B. Nitrolack in einer Konsistenz kaufen kann, die zum Spritzen gut geeignet ist, sind die meisten Anstrichstoffe und Ölfarben zu dick und müssen mit den vorgeschriebenen Verdünnern behandelt werden.

Testen der Zähflüssigkeit

Man verdünnt eine kleine Menge Farbe entsprechend den Empfehlungen des Herstellers und rührt mit einem Stab um. Dann hält man den Stab über die Farbe und beobachtet, wie die Farbe von der schräg nach unten gehaltenen Spitze abläuft. Wenn dies glatt und ohne Unterbrechungen geschieht, kann gespritzt werden, fließt die Farbe schubweise, muß noch mehr verdünnt werden. Zur Kontrolle spritzt man die Testfarbe mit der Pistole auf ein altes Brett.

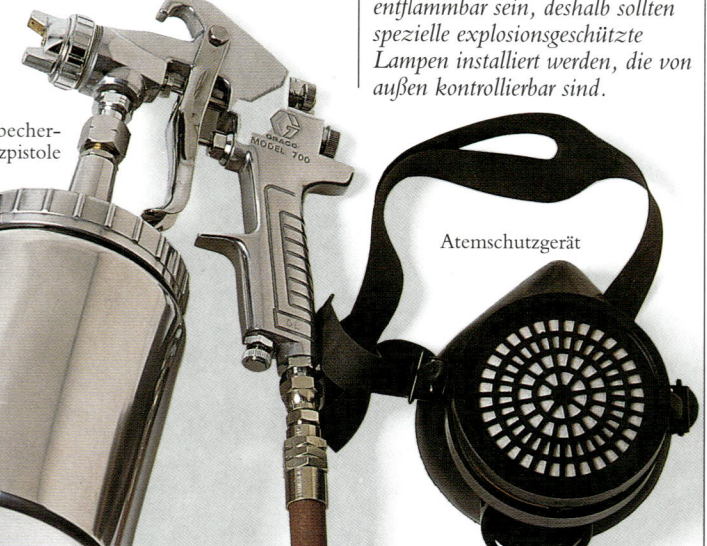

Fließbecherspritzpistole

Saugbecherspritzpistole

Atemschutzgerät

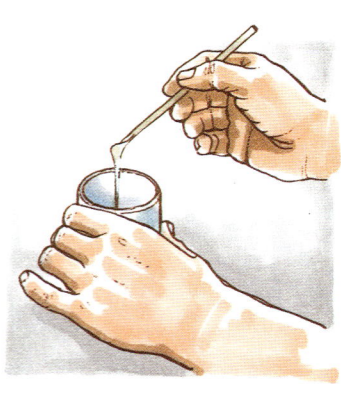

Spritztechniken

Mit aufgespritzten Holzüberzügen kann ein wirklich zufriedenstellendes Ergebnis erzielt werden, wenn man eine gleichmäßige Oberfläche zustande bringt.

Spritzen einer Platte

Um eine vertikal aufgestellte Platte zu spritzen, ist die Pistole so einzustellen, daß ein fächerartiger Strahl entsteht, der im rechten Winkel zur Platte auftreffen muß.

1 Waagerechtes Führen der Pistole

Die Pistole hält man gegen den seitlichen Rand der Platte, bedient den Abzug und spritzt einmal einen Streifen bis zum gegenüberliegenden Rand, ohne den Abzug loszulassen. Durch Beugen der Hand wird die Pistole während des Spritzens im Abstand von etwa 200 mm direkt auf die Platte gerichtet. Das Gerät darf nicht im Bogen geführt werden, auch wenn es einfacher erscheint, da sonst keine gleichmäßige Fläche entsteht.

2 Überlappen der Streifen

Anschließend wird der Sprühstrahl in die Gegenrichtung geführt und zwar so, daß er zu 50 % den ersten Streifen überdeckt. Diesen Vorgang wiederholt man bei allen weiteren Streifen.

Spritzen einer Tischplatte

Am günstigsten ist es, wenn man die Platte vom Gestell löst, sie mit der Oberseite nach unten waagerecht auf einen Drehtisch legt. Nach dem Trocknen wird die Platte gewendet.

Gleichmäßiges Aufspritzen auf die Oberfläche

Zuerst sind die Kanten, dann sich überlappende Streifen zu spritzen, wobei die Pistole im Winkel von 45° zur Oberfläche gehalten werden muß. Es sollte vom Körper weg gespritzt werden, die Tischplatte nicht mit dem Farbbehälter berühren.

Überziehen von Beinen und Zargen

Wenn man die Gestelle von Stühlen oder Tischen überzieht, zuerst die Innenseiten der Beine und Zargen spritzen.

Spritzen von eckigen Beinen

Beim Spritzen von eckigen Beinen richtet man die Pistole gegen die Ecken.

Spritzen der Innenflächen eines Schrankes

Zuerst das Innere, dann das Äußere eines Schrankes spritzen.

Planung einzelner Schritte

Es ist eine günstige Reihenfolge, bei der alle Innenwände erfaßt werden, zu wählen. So könnte zuerst die Decke, dann die linke Seite und die Rückwand, schließlich die rechte Seite und zuletzt der Boden behandelt werden.

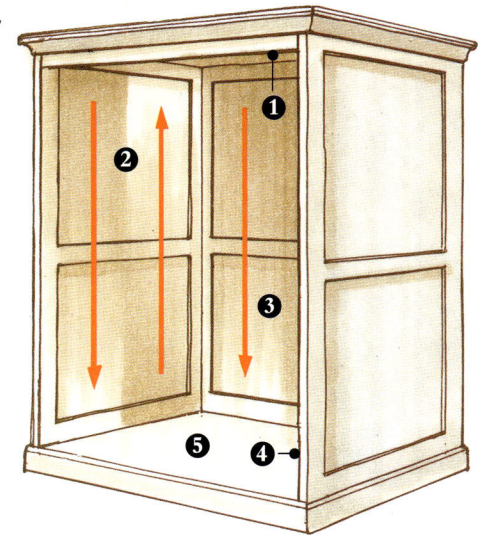

SCHABLONIEREN

Schablonieren ist eine Jahrhunderte alte Methode zum Dekorieren von Wänden, Fußböden und Möbeln. So sind Bordüren oft auf Tischplatten zu finden, während flächige Motive häufiger auf Türen, Schubkästen und Stuhllehnen angebracht sind. Entweder schneidet man seine eigenen Schablonen, um früher aufgetragene Muster zu restaurieren, oder man kauft fertige Schablonen.

Schablonen

Hobbygeschäfte bieten eine große Auswahl traditioneller Muster und Motive an, die in Ölkartons oder Plastikblätter geschnitten sind. Erhältlich sind diese Materialien auch ohne oder mit aufgezeichneten Mustern, die man selbst ausschneidet. Mehrfarbige Motive erfordern zwei oder mehr völlig gleiche Schablonen.

Schablonenpinsel

Spezialpinsel mit kurzen Borsten, die unten glatt abgeschnitten sind, um die Farbe auf die Oberfläche zu tüpfeln. Es werden viele verschiedene Pinsel entsprechend der Größe der Muster benötigt. Außerdem sollte man für jede Farbe einen extra Pinsel benutzen.

Schneidunterlage

Schablonenfarbe

Künstler-Acrylfarben

Mehrzweckmesser

Plastikblätter

Schablonenpinsel

Schablonenmotive vereinheitlichen unterschiedliches Mobilar.

Eine schablonierte Bordüre gibt einem Tisch ein neues Aussehen.

Farben

Eigentlich kann jede Farbe zum Schablonieren verwendet werden, aber - abgesehen von speziellen Schablonenfarben - sind Künstler-Acrylfarben in Tuben am besten geeignet. Sie sind einzeln in allen Farbtönen erhältlich und sie trocknen schnell. Es ist zu empfehlen, sich nicht die ganze Breite von Farbtönen zuzulegen. Damit vermeidet man von vornherein eine zu große Farbigkeit und kommt dem handwerklichen Charakter früherer Arbeiten näher. Die Farben sind in einem cremigen Zustand am besten zu verwenden. Es ist möglich, direkt auf nicht überzogenes, aber mit verdünnter matter Ölfarbe oder Grundierung versiegeltes Holz zu schablonieren. Eine weitere Variante ist das matte oder halbmatte Grundieren mit wasserlöslicher Acrylfarbe oder normaler Farbe auf Lösungsmittelbasis. Soll auf eine schon mit Farbe überzogene Oberfläche schabloniert werden, ist diese zuerst mit Zuckerseife zu waschen. Vor dem Schablonieren muß die Farbe vollkommen trocken sein.

Herstellen der Schablonen

Um ein Muster wiederherzustellen, wird das Original auf ein Schablonenblatt übertragen. Bei transparenten Plastikschablonen kann das Muster direkt vom Original mit einem feinen, mit neutralem Farbstoff gefüllten Filzstift auf die Schablone gebracht werden. Um auf Ölkarton zu kopieren, legt man die Bleistiftpause mit der Vorderseite auf die Schablone und überträgt die Linien durch Reiben. Es ist darauf zu achten, daß um das Muster herum genügend Platz auf dem Schablonenblatt ist.

Ausschneiden der Schablone

Die Schablone wird auf eine Schneidunterlage aus Kunststoff oder Karton gelegt. Beim Schneiden sollte die Schablone gedreht werden und nicht das Werkzeug, das aber in jedem Fall ein Mehrzweckmesser oder Skalpell sein sollte.

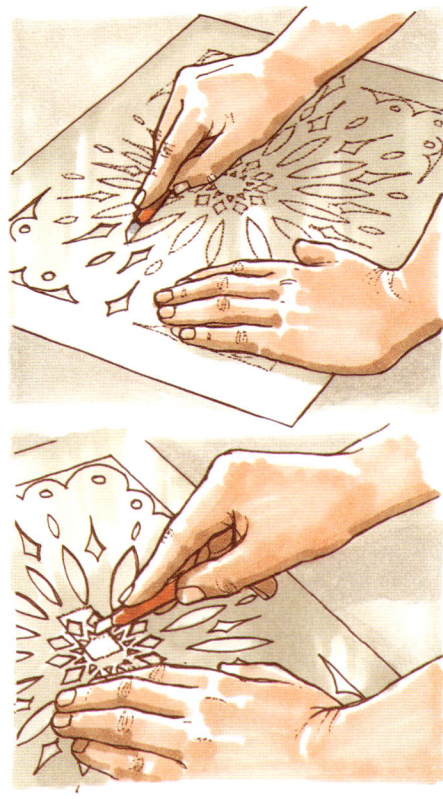

Reparatur einer Zwischenfläche

Bei engteiligen Mustern können die schmalen Verbindungsflächen mit Papierstreifen verstärkt werden. Reißen die Flächen durch, repariert man beiderseitig mit Selbstklebeband.

Deckungsgleichheit der Schablonen

Zum Aufbringen der Farben bunter Muster benötigt man mehrere Schablonen. Wenn Ölkarton-Schablonen verwendet werden, locht man sie auf einmal an derselben Stelle, so daß Markierungen mit einem weichen Bleistift gemacht werden können. Bei transparenten Plastikschablonen werden Kennzeichen immer an derselben Stelle aufgepaust und dann mit Filzstift nachgezogen.

Schablonieren mit dem Pinsel

Die Schablone wird mit Klebemasken auf dem Werkstück befestigt. Sie muß absolut flach aufliegen, sonst läuft die Farbe unter die Schablone.

1 Auftragen der Farbe

Die Borstenenden des Pinsels werden in eine Schale mit Farbe getaucht und dann auf ein Papiertuch getupft, bis die Borsten fast trocken sind. Dann legt man erst die Farbe um die Kanten jeder ausgeschnittenen Form, anschließend in die Mitte. Die Farbe ist nach und nach zu verstärken, bis der gewünschte Farbton erreicht ist.

2 Abnehmen der Schablone

Die Schablone wird an einem Rand fest auf das Werkstück gedrückt, die vordere gegenüberliegende Ecke hochgehoben und der Farbauftrag geprüft. Wenn man eine Farbe aufgetragen hat, wird die gesamte Schablone entfernt und mit einem Lappen abgewischt. Dann kann sie an anderer Stelle wieder eingesetzt werden.

3 Schutz der Schablonierung

Die Farben sollten über Nacht trocknen, anschließend überstreicht man die Fläche mit zwei Schichten aus mattem oder halbmattem Transparentlack.

39

VERGOLDEN

Das Reparieren von Objekten, auf denen echtes Blattgold aufliegt, ist für Heimwerker nicht zu empfehlen. Der Umgang mit dem Gold erfordert nicht nur viel Zeit und Übung, sondern das Material ist auch sehr teuer, und es wird viel Spezialwerkzeug benötigt. Deshalb ist es praktischer und ökonomischer, sich an einen ausgebildeten Vergolder zu wenden. Außerdem ist zu beachten, daß viele der vermeintlich vergoldeten Sachen mit einer Messinglegierung oder Goldfarben überzogen sind. Das ist ebenso billiger, wie Blätter aus unedlem Metall, die nur ein Viertel von solchen aus Gold kosten. Außerdem ist der Umgang damit leichter. Darüber hinaus gibt es noch zahlreiche andere Produkte, mit denen man Bilder- und Spiegelrahmen ohne größere Kosten ausbessern kann.

Klarlack

Flüssige Politur

Fertige geleimte Kreide

Goldcreme

Wachsstangen

Wachskreide

Polimentgrund

Goldlack

Blattmetall

Ausbessern von beschädigten Rahmen

Es ist nicht immer ratsam, einen alten Rahmen aufzufrischen, weil dabei die Zeichen des Alters unkenntlich gemacht werden. Sogar billige Rahmen erscheinen nach gewisser Zeit schöner. Sie glänzen nicht mehr so neu, weil dunkle Grundfarbe schon durchschimmert. Ein solcher Zustand sollte unbedingt erhalten bleiben; andererseits stören Kratzer, Löcher und defekte Profile. Zur Reparatur dienen Goldwachsstangen und Wachsmalstifte, die in vielen Goldtönen angeboten werden.

Auffrischen von goldfarbenen Rahmen

Es ist möglich, daß alte Bilderrahmen ursprünglich original blattvergoldet waren, aber später übermalt wurden, um ihnen ein neuartiges Aussehen zu geben. Beim Erstellen eines neuen Rahmens sollten deshalb die kombinierten Goldüberzüge wieder verwendet werden. Ganz wichtig ist es, die Untergründe gut vorzubereiten. Der Grund muß gut geschliffen und die Poren gefüllt, oder der Rahmen mit Naß- und Trockensandpapier geglättet sein.

Schließen von Kratzern

Der Wachsmalstift wird über den Kratzer gerieben, bis die rote oder weiße Grundierung weg ist. Dann schabt man das Wachs mit einem flexiblen Kunststoffstab von der Oberfläche ab und überstreicht den Kratzer mit Goldfarbe oder -creme.

Ausfüllen von Löchern

Man schneidet ein erbsengroßes Stück von einer Wachsstange ab und erweicht es auf einem Heizkörper. Anschließend wird das Wachs in das Loch gepreßt und mit dem Taschenmesser geglättet. Der Abschluß erfolgt mit Goldcreme.

1 Auftragen von Polimentgrund

Polimentgrund versiegelt und schützt den traditionellen dunkelroten Bolusgrund. Poliment aufstreichen, dann trocknen lassen, bis es hart ist, und mit 0000-Grad feiner Stahlwolle oder sehr feinem Sandpapier schleifen. Durch eine zweite Schicht wird die richtige Tiefe der Farbe erreicht.

2 Auftragen von Goldcreme

Goldcreme muß kreisförmig gerieben und gleichmäßig mit einem weichen Tuch auf die Oberfläche verteilt werden. Der Abschluß erfolgt mit geraden Bewegungen. Für Schnitzereien und Profile verwendet man eine gebrauchte Zahnbürste.

3 Polieren und Überziehen

Goldcreme sollte 12 Stunden aushärten, anschließend mit einem weichen Tuch polieren. Ist das Resultat noch nicht befriedigend, muß mehr Goldcreme aufgetragen werden. Diese ergibt einen dauerhaften Überzug wie Wachspolitur. Zum Schutz wird die Creme mit einem speziellen, etwas glänzenden und flüssigen Goldüberzug bedeckt.

Gebrauch von Goldlack

Mit einem goldfarbenen Lack kann man einen Rahmen in kurzer Zeit vergolden, wobei die Qualität nicht so gut ist. Zum Ausbessern einzelner Stellen eignet er sich gut, muß aber zuletzt mit Goldcreme überzogen werden.

Auftragen des Goldlacks

Die vorbereitete Oberfläche wird mit Poliment bestrichen. Zum Auftragen benutzt man einen weichen Pinsel und sorgt dafür, daß keine Striemen entstehen.

Künstliches Altern eines Goldüberzuges

Sollte eine neue Vergoldung zu grell wirken, kann man ihr durch kräftiges Abreiben der erhabenen Stellen bis auf den roten Untergrund, eventuell auch mit 0000-Grad feiner Stahlwolle, ein antikes Aussehen verleihen.

Abreiben mit dunkler Wachspolitur

Um einen Goldüberzug alt wirken zu lassen, reibt man „antike" Wachspolitur mit dem Finger auf. Anschließend wird mit einem weichen Tuch nachpoliert. Dann trägt man Goldcreme und zuletzt flüssigen Goldüberzug auf.

Vergoldung mit Blattmetall

Blattmetall ist ein preiswerter Ersatz für echtes Blattgold. Es handelt sich um eine Legierung unedler Metalle, die als sehr dünne 100 x 100 mm große, viereckige Blätter zu 25 Stück in einem Buch angeboten werden. Das Anlegen ist etwas leichter als bei Blattgold. Es ist aber nötig, daß das Blattmetall mit Klarlack oder Lasur überzogen wird, damit es nicht oxidiert.

Vorbereiten der Holzoberfläche

Alle Beschädigungen müssen beseitigt und der Holzrahmen vollkommen glatt geschliffen sein. Dann wischt man ihn mit Terpentinersatz ab, um jede Spur von Verschmutzung zu beseitigen, und trägt die traditionelle geleimte Kreide-Grundierung auf. Sie ist als dunkelrote Paste für goldenes und in weißer Tönung für silbernes Blattmetall erhältlich. Dieses Mittel kann auch als Füller für die Reparatur von Fehlstellen in einer alten Grundierung verwendet werden.

1 Aufbringen der geleimten Kreideschicht

Die fertige Grundierung ist in einem Wasserbad zu erhitzen, bis sie flüssig genug ist. Überflüssige Paste darf sich nicht in Vertiefungen und Kehlen sammeln. Die Schicht muß über Nacht trocknen, dann schleift man mit feinem Naß- und Trockensandpapier. Es müssen vier oder fünf Schichten aufgebracht werden.

2 Versiegeln der Kreideschicht

Hierzu wird ein Ballen, getränkt mit einer Flüssigkeit (Schellack : Spiritus = 1 : 1) verwendet. Bei Bedarf können die Fehlstellen nach dem vollständigen Trocknen mit in Seifenwasser getauchter 0000-Grad feiner Stahlwolle leicht geschliffen und abgetrocknet werden.

Leimen der Oberfläche

Zunächst ist eine Schicht von handelsüblichem, schnelltrocknendem Klebstoff aufzutragen. Das Blatt wird zum Aufkleben entsprechend der Gestalt der Auflage in einzelne Segmente zerschnitten. Es dürfen keine Fugen entstehen.

1 Aufstreichen des Klebstoffes

Eine gleichmäßige Klebstoffschicht ist parallel aufzustreichen, ohne aufzudrücken. Dabei sind alle Kanten zu erfassen, das Zusammenlaufen des Klebers ist zu vermeiden.

2 Prüfen des Klebstoffes

Der Klebstoff muß fest sein, aber gerade noch die Blattsegmente halten können. Nach Vorschrift des Herstellers arbeiten, und die Leimoberfläche durch kurzes Berühren mit den Fingerknöcheln prüfen. Sie ist dann richtig, wenn sie sich etwas klebrig anfühlt, aber die Eindrücke der Knöchel nicht zu sehen sind.

Vergolden mit Blattmetall

Vor dem Anfassen des Blattmetalls die Hände mit Talkum einreiben, damit sich das Metall nicht zwischen den Fingern auflöst.

1 Vorbereiten des Blattmetalls

Man entfernt die Deckel des Blattmetallbuches und schneidet den Rücken des Buches mit der Schere ab. Jedes Blatt zusammen mit der Seidenpapierunterlage, die unter jedem Blatt liegt und die nicht beschädigt werden darf, in passende Drei- oder Vierecke schneiden.

2 Auflegen des Blattmetalls

Mit beiden Händen jedes Segment zusammen mit dem Seidenpapier mit der Vorderseite auf die geleimte Oberfläche legen und mit den Fingern aufreiben. Zuletzt das Seidenpapier abziehen.

3 Aneinanderlegen der Segmente

Das nächste Segment wird so aufgelegt, daß es das erste ungefähr 3 mm überdeckt, bis die gesamte geleimte Fläche überdeckt ist. Anschließend sind die nächsten Teile des Rahmens in gleicher Weise zu bearbeiten, bis der ganze Rahmen vergoldet ist.

4 Aussetzen mit Blattresten

Mit einem Ochsenhaarpinsel sich überlappende Segmentteile entfernen und evtl. Fugen schließen. Dabei nur entlang der Überlappung streichen und ein Stück Karton unter den Rahmen legen, damit die übriggebliebenen Blatteile darauf fallen. Die Reste mit der Pinselspitze aufnehmen und in Fehlstellen eingepassen.

5 Polieren des Blattmetalls

Am nächsten Tag das Blattmetall mit einem Baumwolltuch polieren, bis es sanft glänzt. Um ein unschönes Anlaufen zu verhindern, überzieht man die Oberfläche mit einem Klarlack für Metall.

REINIGUNG UND KONSERVIERUNG VON METALL

Es gibt nur relativ wenige Möbel, die aus Metall bestehen. Deshalb sollte man sich glücklich schätzen, wenn man einen gegossenen Gartenstuhl oder -tisch entdecken konnte. Es ist jedoch damit zu rechnen, daß diese Möbel ziemlich teuer sind. Deshalb ist es, abgesehen von Stahlrohrmöbeln aus den 20er und 30er Jahren, höchst unwahrscheinlich, daß man Metallmöbel zu restaurieren hat. Allerdings könnte das Wissen über die Verfahren des Reinigens und Polierens von Metallen auch dann von Nutzen sein, wenn man lackierte oder verrostete Türgriffe, Scharnierbänder, Gleitrollen und andere Beschläge selbst bearbeiten möchte.

Ablösen von Farbe

Selbst bei großen Metallgegenständen gibt es beim Ablösen von Farben mit Beize oder Sandstrahl geringere Schwierigkeiten als bei Holzmöbeln. Wenn man diese Arbeit selbst ausführen möchte, sollte man zunächst handelsübliche Abbeizmittel anwenden, ein reliefverziertes Stück nimmt aber sehr viel Zeit in Anspruch. Heißluft würde nicht zum gewünschten Erfolg führen, weil das Metall die Hitze wieder abstrahlt.

1 Tauchbaden kleiner Metallgegenstände

Man demontiert lackierte Türgriffe, Wappenschilde und andere Beschläge, legt ein Stück in eine Alufolienschale und gießt flüssigen Abbeizer darüber. Dann wird mit einem kleinen Pinsel der Abbeizer auf die gesamte Oberfläche verteilt.

2 Abtragen aufgeweichter Farbe

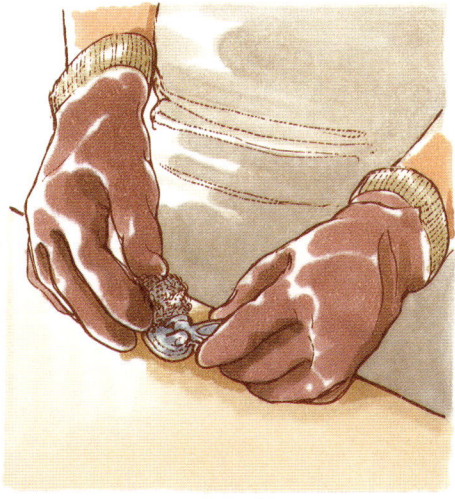

Die aufgeweichte Farbe wird mit einem 0000-Grad feinen Polierkissen aus Stahlwolle abgeschliffen, wobei Gummihandschuhe zu tragen sind. Reste, die nicht abgeschliffen werden können, sind erneut mit Abbeizer zu behandeln. Wenn das Metall sauber ist, wird es in heißem Wasser gewaschen und getrocknet.

Reinigen von angelaufenem Messing

Wenn Messing der Luft ausgesetzt wird, erhält es durch Oxydation eine stumpfe braune Farbe. Diese Schicht ist gewöhnlich sehr dünn und kann mit einem Metallputzmittel oder einer organischen Säure wieder entfernt werden.

Reinigen von Messing

Mit dem gesalzenen Fruchtfleisch einer Zitrone wird das Metall eingerieben, bis sich die braune Schicht aufgelöst hat. Alternativ dazu können je ein Eßlöffel Essigsäure und Salz in einen halben Liter heißes Wasser gegeben werden. Hierein taucht man 0000-Grad feine Stahlwolle und entfernt damit die Korrosion.

Polieren von Messing

Nachdem man Messingartikel mit einer organischen Säure gereinigt hat, poliert man sie sorgfältig. Um einen dauerhaften Schutz zu erreichen, überstreicht man sie mit Klarlack für Metall.

Lackieren von Eisenmöbeln

Türbeschläge oder Griffe aus Stahl bzw. Eisen müssen in trockenen Innenräumen keine Schutzschichten erhalten. Bei Rost wischt man sie gelegentlich mit einem öligen Lappen ab, oder bedeckt sie leicht mit geliertem Petroleum.

Rostschutz für Eisenmöbel

Gartenmöbel aus Eisen müssen vor Witterungseinflüssen geschützt werden, andernfalls rosten sie innerhalb kurzer Zeit. Dazu wird das blanke Metall mit einem Rost-Primer, dann mit einer guten Lösungsmittel-Grundierung und Ölfarbe eingestrichen.

Stühle
und Bänke

Stühle haben über die Jahrhunderte hinweg Möbelgestalter fasziniert. Das ist auch heute noch so. Wahrscheinlich kommen bei einem Stuhl – stärker als bei einem anderen Möbel – die künstlerischen Fähigkeiten des Schöpfers zum Ausdruck. Ein Stuhl muß nicht nur auf die Körperformen des Menschen abgestimmt sein, sondern auch die verschiedensten Belastungen aushalten und außerdem ein interessantes und attraktives Aussehen haben. Alle Stühle, die vor der Vernichtung gerettet werden konnten, verdienen es, auch weiterhin bewahrt zu werden.

STUHLKONSTRUKTION

Trotz aller Stilunterschiede sind Stühle meist aus Holz gearbeitet, wobei in der Hauptsache drei Methoden angewendet werden: Rahmenkonstruktion, Sprossenkonstruktion und Bugholz. Die Entwicklung des Eisenkunstgusses im 19. Jahrhundert, die Fertigung von gebogenen Stahlrohren sowie die Erfindung von Kunststoff im 20. Jahrhundert gaben den Entwerfern die Möglichkeit, Alternativen zu entwickeln. Doch die älteren „traditionellen" Methoden beruhen auf dem Werkstoff Holz, das die Szene nach wie vor beherrscht. Im vorliegenden Buch werden typische Stuhlformen abgebildet. Sie zeigen die Konstruktionsmethoden und die Probleme, mit denen der Restaurator unter Umständen konfrontiert wird.

Rahmenstühle

Der typische Rahmenstuhl hat Sitzzargen, die in die Vorder- und Hinterbeine eingesteckt sind. Üblich sind Schlitz- und Zapfenverbindungen. Es wird aber auch, vor allem bei maschinengefertigten Stühlen, gedübelt. Deren Festigkeit wird von der Größe der Verbindungen bestimmt, darüber hinaus durch die Stoßflächen und die Formen der Anschlußstücke.

Rahmenstuhl mit Lehnenbrett

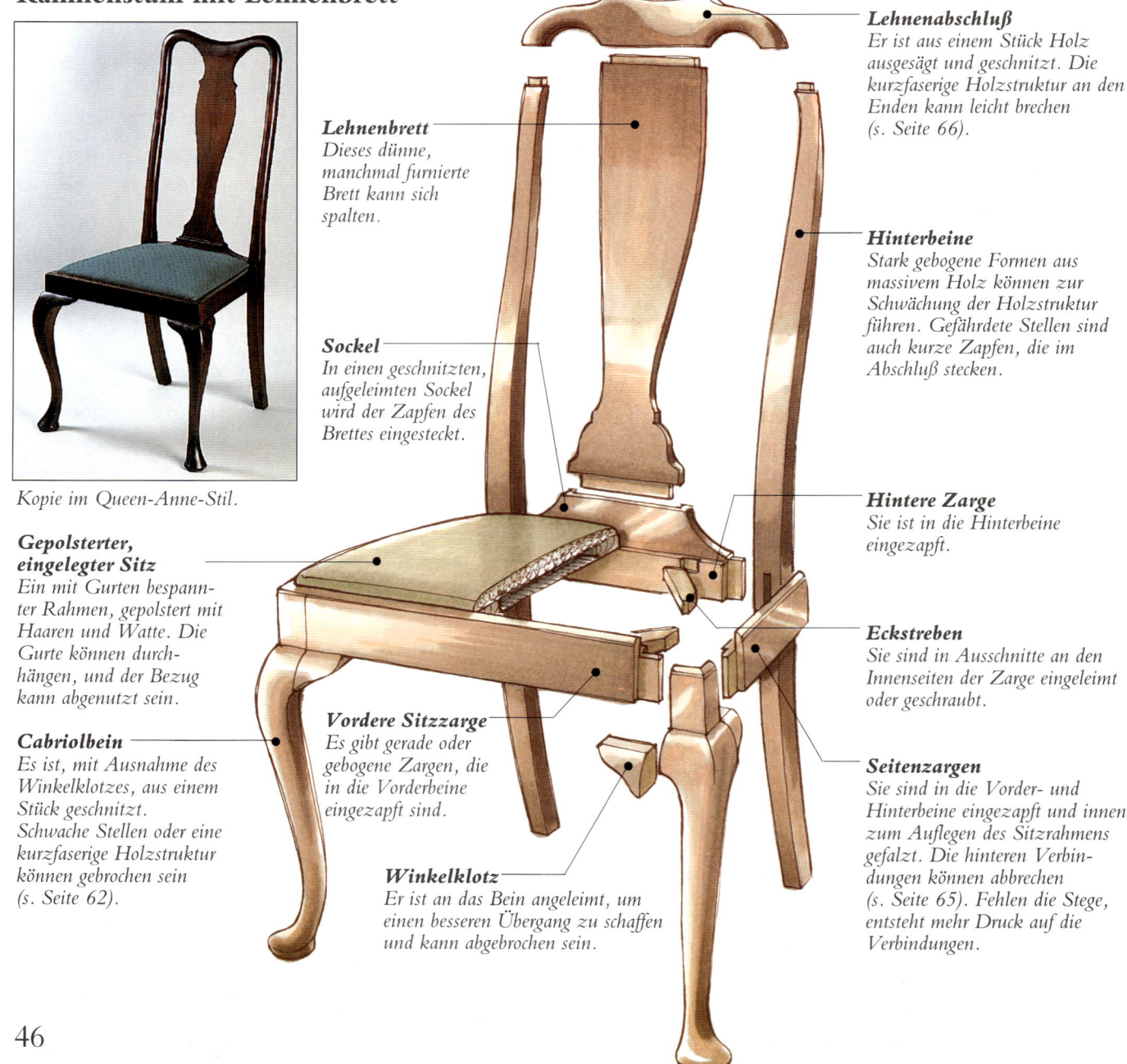

Kopie im Queen-Anne-Stil.

Lehnenbrett
Dieses dünne, manchmal furnierte Brett kann sich spalten.

Sockel
In einen geschnitzten, aufgeleimten Sockel wird der Zapfen des Brettes eingesteckt.

Gepolsterter, eingelegter Sitz
Ein mit Gurten bespannter Rahmen, gepolstert mit Haaren und Watte. Die Gurte können durchhängen, und der Bezug kann abgenutzt sein.

Cabriolbein
Es ist, mit Ausnahme des Winkelklotzes, aus einem Stück geschnitzt. Schwache Stellen oder eine kurzfaserige Holzstruktur können gebrochen sein (s. Seite 62).

Vordere Sitzzarge
Es gibt gerade oder gebogene Zargen, die in die Vorderbeine eingezapft sind.

Winkelklotz
Er ist an das Bein angeleimt, um einen besseren Übergang zu schaffen und kann abgebrochen sein.

Lehnenabschluß
Er ist aus einem Stück Holz ausgesägt und geschnitzt. Die kurzfaserige Holzstruktur an den Enden kann leicht brechen (s. Seite 66).

Hinterbeine
Stark gebogene Formen aus massivem Holz können zur Schwächung der Holzstruktur führen. Gefährdete Stellen sind auch kurze Zapfen, die im Abschluß stecken.

Hintere Zarge
Sie ist in die Hinterbeine eingezapft.

Eckstreben
Sie sind in Ausschnitte an den Innenseiten der Zarge eingeleimt oder geschraubt.

Seitenzargen
Sie sind in die Vorder- und Hinterbeine eingezapft und innen zum Auflegen des Sitzrahmens gefalzt. Die hinteren Verbindungen können abbrechen (s. Seite 65). Fehlen die Stege, entsteht mehr Druck auf die Verbindungen.

Um den beträchtlichen Druck, der auf einem Stuhlrahmen liegen kann, abzufangen, sind die Zargen normalerweise hochkant gesetzt, damit eine größere vertikale Fläche gegen die Hebelwirkung der Beine entsteht. Die unterhalb der Zargen zwischen die Stuhlbeine gesetzten Stege verstärken die gesamte Konstruktion. Rahmenstühle, die besonders betonte Bögen und Schnitzereien haben, sind schwieriger zu reparieren als einfache und undekorierte Exemplare. Zur Herstellung von Rahmenstühlen mit gebogenen Teilen benötigt man große Holzabschnitte, aus denen sie herausgeschnitten werden.

Gestaltungsvarianten
Typische Stühle mit gerahmten Sitzen.
1 Chippendale-Stuhl mit übergepolstertem Sitz.
2 Stuhl mit Doppelbogenlehne und Rohrsitz (19. Jahrhundert).
3 Eßzimmerstuhl mit eckiger Lehne und eingelegtem Sitz (um 1930).

❶

Rahmenstuhl mit ovaler Lehne

Lehnenabschluß
Er ist aus einem Holzstück herausgeschnitten und oben in die Hinterbeine eingedübelt. Die kurzfaserige Holzstruktur an den Enden kann brechen.

Übergepolsterter Sitz
Der Stuhlrahmen hat Gurte mit Spiralfedern. Der Bezug kann sich leicht abnutzen und sollte bei Reparaturen am Rahmen erneuert werden.

Lehnensprosse
Sie ist in die Hinterbeine eingezapft, kann geschnitzt sein oder bildet zusammen mit dem Oberteil einen ovalen Ring.

Hintere Zarge
Sie ist in die Hinterbeine eingezapft und mit dem Sitzbezug bedeckt. Die Zargen werden bevorzugt von Holzschädlingen befallen und reißen von den Nagellöchern, die durch das Neupolstern offenbleiben, aus.

❷

Seitenzargen
Sie sind in die Hinter- und Vorderbeine eingezapft und können vollständig vom Bezug bedeckt sein oder zeigen einen polierten Streifen.

Gedrechselte Beine
Sie sind mit der Maschine gedrechselt und brechen an zu engen Stellen. Manchmal sind mit Messing überzogene Schwenkrollen angebracht, auch sie können sich lösen.

❸

47

Sprossenstühle

Sprossenstühle - auch als Windsor-Stühle bekannt - können an ihrer eigenartigen Konstruktion, bei der gedrechselte Spindeln und Stäbe in einen massiven Holzsitz gesteckt werden, erkannt werden. In ländlichen Gegenden hergestellt, kommen diese ausgesprochenen Landhausstühle in vielen lokalen Abwandlungen vor. Besonders verbreitet sind sie in Nordamerika, wo sich auch zahlreiche weitere Varianten ausbildeten. Die Beine waren früher normalerweise gedrehte Spindeln. Es gibt aber auch solche mit einfachen vorderen Cabriolbeinen. Unterschieden werden die Stühle vor allem nach der Lehnenform. So gibt es Rad-, Kamm-, Fächer-, Ring- und Bogenlehnen. Für englische Stühle ist typisch, daß die Beine und Spindeln aus Buche, der Sitz aus Ulme und die Bögen aus Esche oder Eibe hergestellt wurden. Einige andere bestehen aus Mahagoni. Die Stühle sind manchmal rot, schwarz, gelb oder grün gestrichen, was besonders für Amerika gilt. Leiter-Lehnen, die wegen ihrer Quersprossen so heißen, sind ähnlich konstruiert, haben aber gerade Beine und Zargen in gedrechselten Formen sowie Peddigrohr- oder Binsensitze.

Bogenlehne in Kammform aus Neu-England

Lehnenbogen
Aus in Dampf gebogenem Eschen-, Eichen- oder Buchenholz hergestellt. Er hat Bohrlöcher, durch die Rundstäbe gesteckt werden, und ist in die Armlehne eingezapft.

Armlehne
Als Material dient in Dampf gebogene Esche, Eiche oder Buche.

Sitz
Er besteht aus Kiefer- oder Pappelholz. Die Sattelform wird durch Beil und Schnitzwerkzeug erreicht und kann sich krümmen und reißen.

H-förmiger Steg
Gedrechselte Stege aus Eibe, Esche, Birke oder Buche werden zu einem H zusammengesteckt und verbinden die Beine.

Lehnenabschluß in Kammform
Die gebogenen Lehnenbretter haben gebohrte Löcher, in welche die Lehnenstäbe gesteckt werden.

Stäbe
Sich verjüngende Rundstäbe, aus gerade gewachsenem, abgespaltenem Eschen-, Buchen- oder Nußbaumholz gearbeitet. Sie können wegen ihrer dünnen Ausführung brechen.

Armstützen
In Spindelform aus Eibe, Birke oder Buche gedreht, sind sie in die Löcher des Sitzes und der Armlehne eingeleimt.

Beine
Sie werden aus Eiben-, Birken- oder Buchenholz gearbeitet und in Löcher auf der Unterseite des Sitzbrettes eingeleimt. Die Beine amerikanischer Windsor-Stühle sind schräger eingesetzt als die englischer. Mit der Zeit können sich die Verbindungen lockern.

Gestaltungsvarianten
Typische Beispiele für Stühle mit Sprossenkonstruktion.
1 *Windsor-Stuhl im Chippendale-Stil mit Bogenlehne.*
2 *Leiterlehnstuhl mit einfachem Binsensitz.*

❶

❷

Bugholzstühle

Die klassischen Bugholzstühle, die in die Cafés der ganzen Welt im späten 19. Jahrhundert und bis heute ein besonderes Flair brachten, waren eine Erfindung von Michael Thonet. Die Stühle bestehen aus gedrechselten Buchenholzstäben, die im Dampfbad erweicht und dann zum Teil stark gebogen wurden. Sie sind leicht, wurden billiger produziert als die traditionellen Rahmenstühle und stellen die ersten industriell gefertigten Serienmöbel dar. Die Rahmen sind aus einzeln gebogenen Holzstäben mit Holz- und Schloßschrauben zu stabilen, doch leicht flexiblen Stühlen zusammengefügt. Die Sitze sind meist aus Peddigrohr geflochten, es gibt aber auch solche mit geformten und mit dekorativen Preßmustern versehenen dünnen Platten sowie mit Flachpolstern. Bald entstanden in der gleichen Technik zahlreiche andere Möbel wie Stühle mit Seitenstreben, Armlehnstühle, Sitzbänke und Schaukelstühle sowie Tische und Kleiderständer. Man kann noch alte Bugholzstühle zu günstigen Preisen finden. Wenn bestimmte Teile nicht mehr repariert werden können, bieten sich möglicherweise Ersatzteile aus einem anderen defekten Stuhl an.

Thonet-Bugholz-Armlehnstuhl

Arm- und Rücklehne aus einem Stück
Aus einem gebogenen Stab bestehend, der an die Lehne sowie den Sitzrahmen angeschraubt ist.

Sitz
Eine Kiefernplatte oder Sperrholz werden in den ausgefrästen Falz des Rahmens eingeleimt. Das Holz kann sich wölben, die Schichten lösen sich, wenn der Leim mürbe ist. Es gibt auch flach gepolsterte und geflochtene Sitze.

Lehne und Beine aus einem Stück
Aus einem gedrechselten Holzstab gearbeitet, der gedämpft, in einer Form gebogen und mit Schloß- und Holzschrauben befestigt wird.

Reifenzarge
Aus einem gedämpften und gebogenen, schräg überplatteten Massivholzstreifen gefertigt, mit Holzschrauben an den Beinen befestigt. Die Überplattungen können sich lösen und die Holzschrauben sich lockern.

Vorderbeine
Sie werden konisch gedrechselt, gedämpft und gebogen sowie in den Sitzrahmen mit Leim eingezapft. Jede Verbindung ist mit einer Holzschraube von innen gesichert. Sie kann sich lockern, wenn der Leim mürbe wird.

Sitzrahmen
Der Sitzrahmen ist ein gedämpfter und gebogener Massiv- oder Sperrholzstreifen mit einer geleimten, schrägen Überplattung. Er hat gebohrte Löcher, durch welche die Schloßschrauben der Hinterbeine durch- bzw. die Vorderbeinzapfen eingesteckt sind. Die Überplattung kann sich bei zu hoher Feuchtigkeit lösen.

Gestaltungsvarianten
Typische Beispiele von Bugholzstühlen.
1 Stuhl mit Seitenstreben und gepreßtem Kiefernholzsitz.
2 Thonet-Bugholz-Schaukelstuhl mit Peddigrohrgeflecht in Sitz und Lehne.

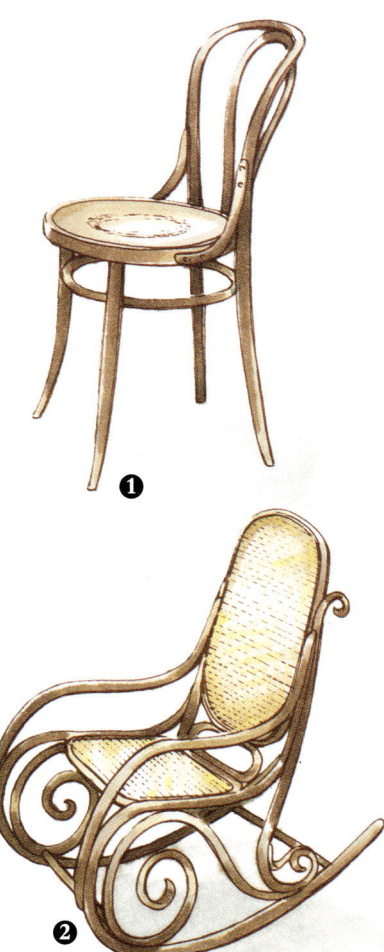

❶

❷

Metallstühle

Schmiedeeisen wird schon seit langer Zeit für hand-gefertigte Möbel verwendet. Aber erst seit der industriellen Revolution hat man Metall, vor allem gegossenes Eisen, häufig für die Herstellung von Massenbedarfsartikeln benutzt. Die Eisengießereien wurden in die Lage versetzt, volle und komplizierte Güsse für zusammenpassende, dekorativ gestaltete Teile durchzuführen. Wegen des hohen Gewichtes von gegossenem Eisen entstanden hauptsächlich Gartenmöbel, die inzwischen auch aus Aluminium sind. Gegossenes Eisen ist zwar dicht, aber spröde. Stahl, der später entwickelt wurde, hat eine größere Dehnungsfähigkeit und kann zu Rohren mit geringerem Gewicht verarbeitet werden. Die Designer des Bauhauses im frühen 20. Jahrhundert verwendeten gebogene Stahlrohre, um freischwin-gende Stuhlgestelle zu schaffen. Stühle in dieser Art wurden bald zu Design-Klassikern. Metallmöbel sind allgemein widerstandsfähiger als solche aus Holz. Gegossenes Eisen ist jedoch ziemlich spröde und bricht bei einem starken Schlag. Dagegen sind Stahlrohrmöbel elastischer und biegsamer, ohne zu brechen. Metall zerfällt normalerweise nicht, aber ohne eine Schutzschicht korrodiert es.

Stahlrohrstuhl

Lehnenrahmen
Der verchromte Stahlrohrrahmen ist mit dem Fußgestell und dem Sitzrahmen verschraubt.

Bezüge
Dicke Leder- oder Leinen-bahnen werden mit genähten Schlaufen über die Rohre gezogen. Die Bahnen können sich ausdehnen und ihre Form verlieren.

Gestaltungsvarianten
Typische Metall-Sitzmöbel
1 Stahlrohrstuhl von Mart Stam, 1926.
2 Stahlrohrstuhl von Mies van der Rohe, 1927.
3 Viktorianische Eisenkunstguß-Gartenbank mit Holzlattensitz.
4 Gartenbank aus geschmiedetem Eisen, 19. Jahrhundert.

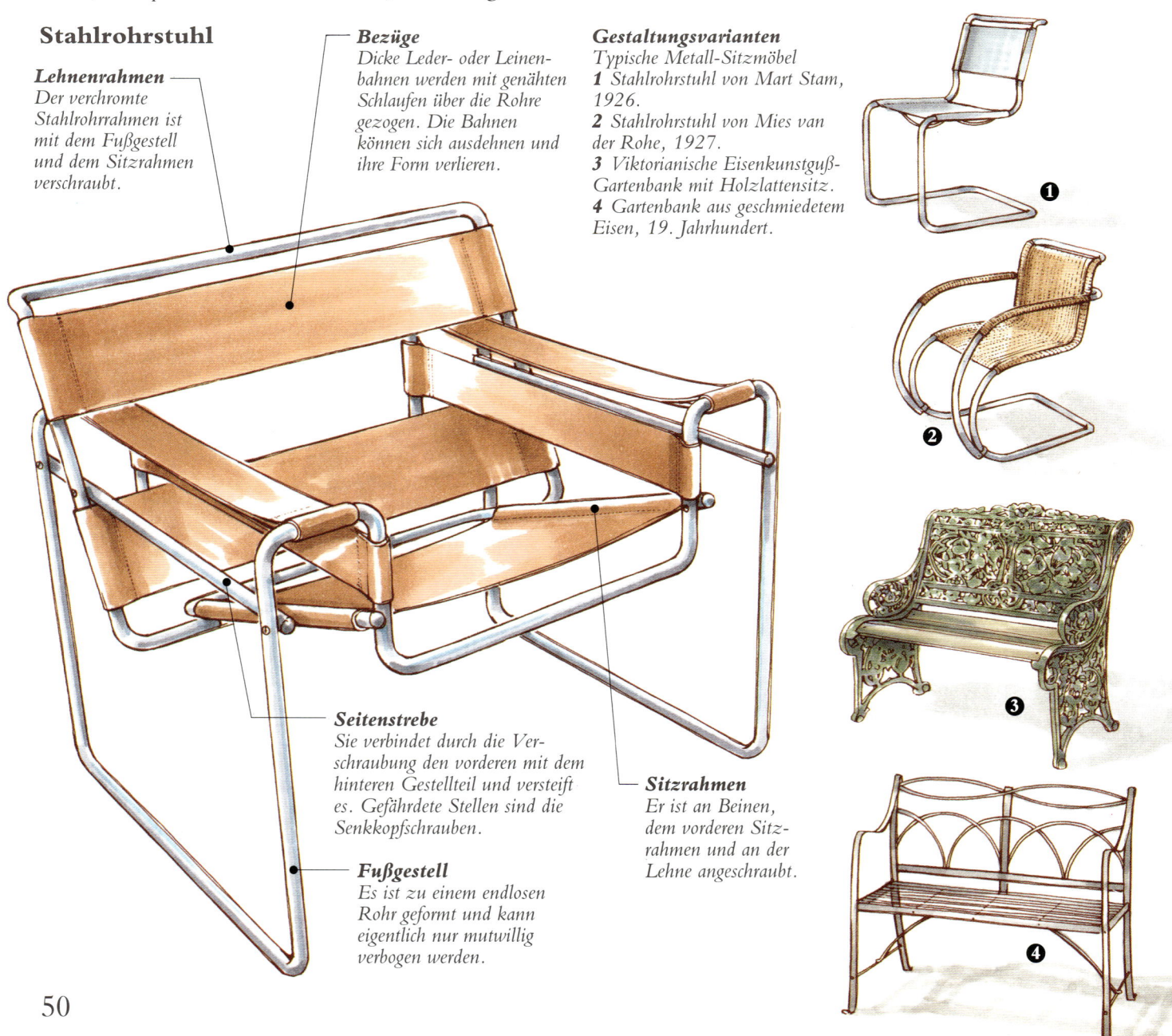

Seitenstrebe
Sie verbindet durch die Ver-schraubung den vorderen mit dem hinteren Gestellteil und versteift es. Gefährdete Stellen sind die Senkkopfschrauben.

Fußgestell
Es ist zu einem endlosen Rohr geformt und kann eigentlich nur mutwillig verbogen werden.

Sitzrahmen
Er ist an Beinen, dem vorderen Sitz-rahmen und an der Lehne angeschraubt.

FESTIGEN LOCKERER VERBINDUNGEN

Der Zustand eines Stuhlgestells ist zum großen Teil von der Art der Beanspruchung sowie der Qualität des Materials und der Verarbeitung abhängig. Ein alter, in Rahmenbauweise hergestellter Stuhl wird durch das Austrocknen des Leims und die Belastung wacklig. Um lockere Verbindungen sollte man sich baldigst kümmern, da das Holz der Verbindung bei Beanspruchung zusammengedrückt wird und die ganze Konstruktion leidet. Windsor-Stühle überstehen starke Beanspruchung durch ihre gespreizte Bauart und die konischen, eingesteckten Verbindungen besser als konventionelle Rahmenstühle. Hauptursache für lockere Verbindungen ist das Schwinden des Holzes, wodurch die gedrechselten Stege locker werden. Bei Bugholzstühlen sind manchmal die vorderen Beine in den Sitzrahmen nur eingeleimt und deshalb schneller locker, und ohne Reparatur wird der Schaden immer größer.

Nachleimen der Verbindungen

Hierzu das Gestell etwas auseinanderziehen, um neu zu leimen. Man kann auch Leim einspritzen, besser aber das Gestell für die Reparatur vollständig demontieren.

1 Leimen eines Sprossensteges

Die Beine eines Sprossenstuhles werden auseinandergezogen und ein Brett dazwischengeklemmt. Ist das Ende des Sprossensteges zerdrückt oder es befindet sich noch ein abgebrochenes Stück im Loch des Beines, wickelt man es in ein feuchtes Tuch, damit es quillt, leimt die Verbindungsstellen und spannt das Stuhlgestell ein.

2 Einpassen der Zarge

Ist die Verbindung wenig gelockert, wird das Ende der Zarge etwas abgetragen, damit es wieder straff in dem konischen Loch sitzt.

Leimen der Sitzzarge

In erster Linie werden die Schlitz- und Zapfen-Verbindungen zwischen den Hinterbeinen und den Seitenzargen des Sitzrahmens beansprucht. Wenn der Lehnenrahmen wackelt, ist das ein Zeichen dafür, daß die Verbindungen geschwächt sind und repariert werden müssen. Man sollte wegen der Polsterung möglichst lange darauf verzichten.

1 Einspritzen von Leim in eine Verbindung

Von innen wird ein Loch in Bein und Zarge gebohrt, Leim in die Verbindung gespritzt und beides zusammengeklammert.

2 Versteifen einer Ecke

Rahmenstühle haben meist Eckklötze zur Verstärkung. Sind diese locker, nimmt man sie ab, reinigt sie und leimt sie zugleich mit einer Holzverschraubung wieder an. Fehlen sie, fertigt man neue Klötze aus Hartholz von 25 mm Stärke. Dann bohrt man oben Löcher hinein, glättet diese und leimt und schraubt die Klötze an.

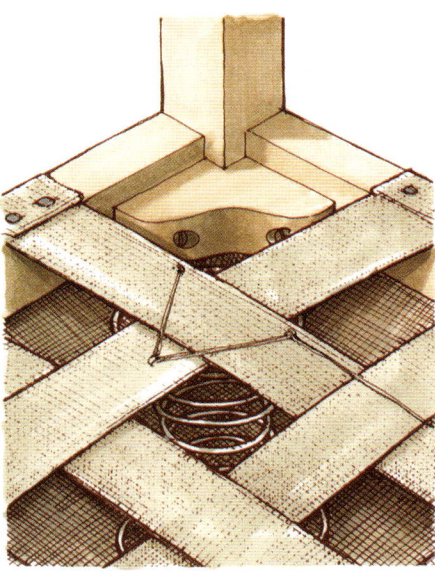

Verbindungen mit Schloßschrauben

Die Hinterbeine eines typischen Bugholzstuhles sind mit Schloßschrauben am Sitzrahmen befestigt. Die Vierkantmutter wird durch eine gewinkelte Unterlegscheibe arretiert.

Befestigen einer Schloßschraube

Um eine Verbindung wieder zu festigen, wird der Winkel der Scheibe gerade gebogen und die Mutter festgezogen, aber nicht zu straff, weil sonst der Bolzenkopf in das Holz eindrückt. Dann biegt man den Winkel wieder zurück, damit die Mutter arretiert wird.

51

Geschraubte Verbindungen

Lehnen, Armlehnen, Seitenstreben und Reifenzargen von Bugholzstühlen sind mit sichtbaren oder verdeckten Holzschrauben befestigt. Um lockere Verbindungen zu schließen, müssen die Schrauben nur angezogen werden. Fehlen sie ganz – etwa zwischen der Reifenzarge und den Vorderbeinen – kann man versuchen, eine stärkere Schraube zu verwenden. Ist das Loch zu groß, muß es verfüllt und neu gebohrt werden.

1 Ausfüllen eines Schraubloches

Den Reifen oder das Bein abheben. Nach dem Leimen eines passenden Dübels in das alte Bohrloch diesen nach dem Trocknen eben schleifen. Danach in die Mitte des Dübels ein Loch bohren, die Teile verschrauben.

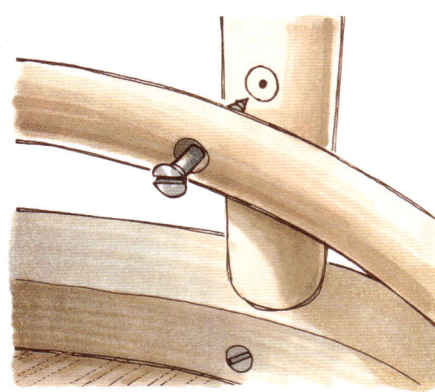

2 Festziehen verdeckter Schrauben

Sind die Schrauben von außen eingesetzt, wurden sie meist mit Dübeln verdeckt. Letztere werden mit einem Hohleisen oder Bohrer entfernt und die Schrauben festgedreht. Ein neuer Dübel möglichst aus gleichem Holz, wird mit dem Zapfenschneider angefertigt und eingeleimt. Dann sticht man ihn glatt, färbt ihn wie den Rahmen und überzieht ihn.

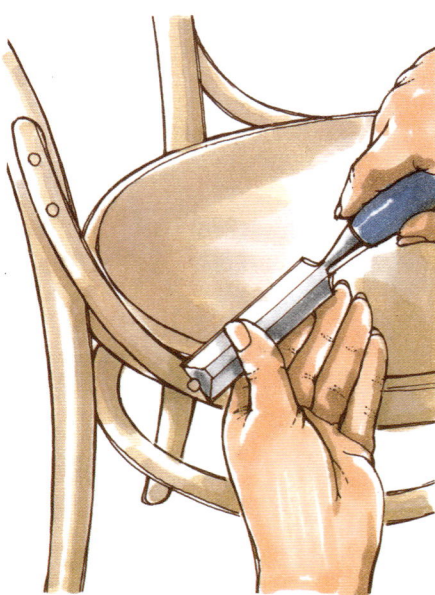

Geschraubte Sitzrahmen

Bei Stühlen mit geflochtenen Sitzen sind die Rahmen in die Nuten der Hinterbeine eingeleimt und geschraubt. Diese Befestigungen können locker werden.

Festigen der Verbindung

Wenn die Schraube herausgerissen ist, wird die Stelle gesäubert, verleimt und neu verschraubt, oder man dübelt das Loch und bohrt neu.

ZERLEGEN EINES STUHLES

Um konstruktive Teile zu reparieren, ist es einfacher, zuerst den Stuhl zu zerlegen. Sind jedoch Teile des Gestells noch fest, sollte das nicht erfolgen, es sei denn, es wird eine andere Reparatur behindert. Die Einzelteile sollten für später gekennzeichnet werden.

Zusatzbefestigung

Verbindungen sind gewöhnlich so konstruiert, daß sie mit Leim halten. Einige haben zur Verstärkung noch gekreuzte Dübel. Diese bohrt man aus und verdübelt neu.

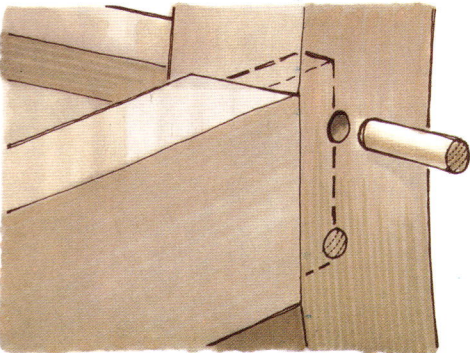

Verdeckte Schrauben

Dreht man Schrauben ein, ist es günstig, sie mit einem Dübel zu verdecken. Wenn sie trotz des Dübels zu sehen sind, sollten sie herausgedreht werden.

Herausziehen von Nägeln

Nägel spachtelt man zu. Dazu wird nach Vertiefungen an der Verbindungsstelle zum Ausfüllen gesucht, sichtbare Nägel zieht man mit einer Beißzange heraus.

Anfertigen eines Hohlbohrers

Ein Hohlbohrer entfernt das Holz um tief eingeschlagene Nägel, so daß man sie herausziehen kann. Dazu werden Zähne in das Ende eines 12 mm starken Stahlrohres gesägt und mit einer Feinfeile bearbeitet. Danach wird ein Dorn durch den Bohrer gesteckt und beim Bohren eine Lehre benutzt.

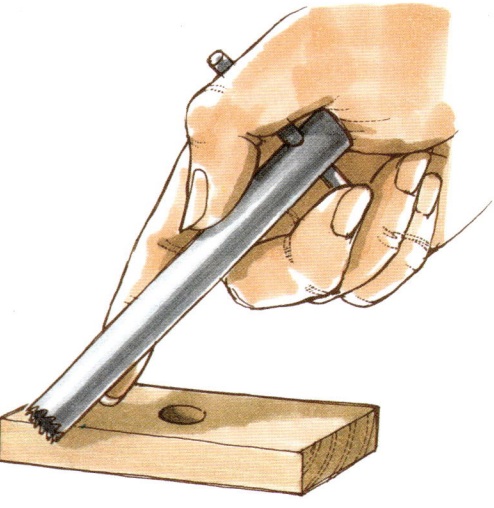

Metall-Verbindungen

Metallbänder und -schwundklammern können zur Verstärkung angeschraubt worden sein. Ist das nicht korrekt ausgeführt, entfernt man sie und repariert komplex.

Sitzrahmen

Zum besseren Zerlegen des Stuhles nimmt man das Polster ab und studiert die Konstruktion, um einen gangbaren Weg zu finden. Zuerst werden die Vorder-, dann die Hinterzargen samt Beinen abgetrennt.

Zerlegen eines Stuhlgestells

Die Verbindungen werden durch einen Schlag mit dem (Gummi-)Hammer gelöst. Dabei immer einen Weichholzklotz zwischen Hammer und Werkstück legen. Das Gestell einspannen. Gewaltsames Rütteln ist zu vermeiden, sondern systematisch von einer Seite zur anderen zu arbeiten.

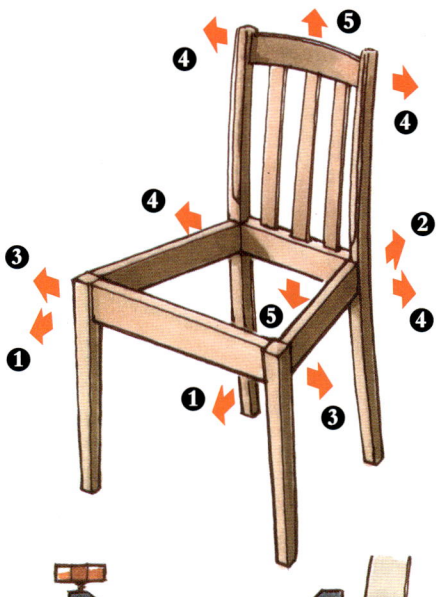

Benutzung von Greifzwingen

Die Verbindungen eines leichten Stuhles mit einer Greifzwinge trennen. Dazu die Arme entgegengesetzt auf den Holm schieben und die Zwinge zwischen den gegenüberliegenden Zargen befestigen.

Benutzung von Zwingen bei Einzelverbindungen

Bei Einzelverbindungen Sitzrahmen in den Schraubstock spannen und den Druck zwischen Hobelbank und Verbindung wirken lassen.

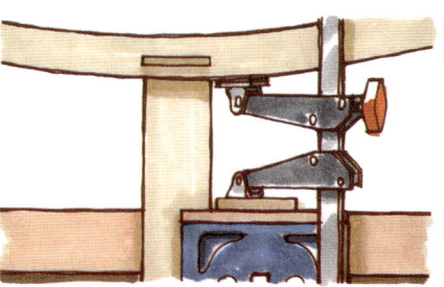

Lehnen

Bei den meisten Stühlen sind die Hinterzargen in die Beine eingezapft. Senkrechte Sprossen sind normalerweise stumpf in den oberen Abschluß und die untere Quersprosse oder in die Sitzzarge eingesteckt. In diesem Fall die Beine zuerst lösen.

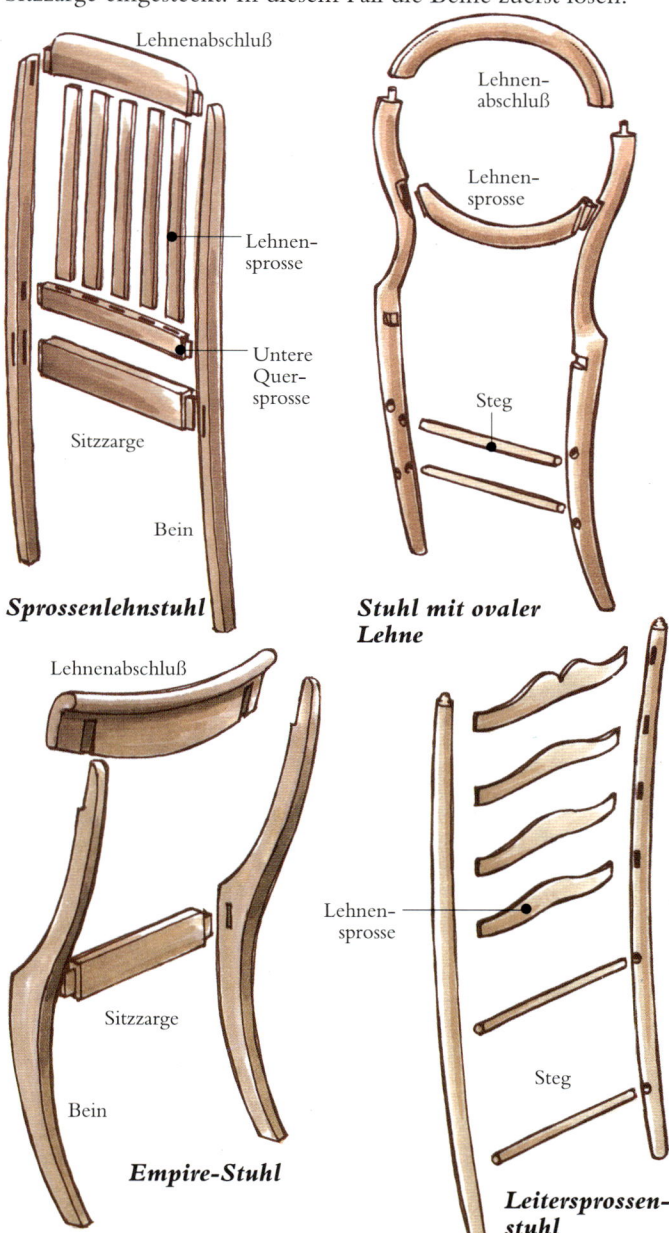

Lehnenabschluß

Lehnensprosse

Untere Quersprosse

Sitzzarge

Bein

Sprossenlehnstuhl

Lehnenabschluß

Lehnensprosse

Steg

Stuhl mit ovaler Lehne

Lehnenabschluß

Sitzzarge

Bein

Empire-Stuhl

Lehnensprosse

Steg

Leitersprossenstuhl

Lehnentypen

Wenn die Beine in die Lehne übergehen, ist der Abschluß stumpf eingesteckt oder gedübelt. Die Lehnensprosse ist seitlich in die Beine eingezapft. Zum Lösen des Abschlusses verwendet man Hartholzkeile. Ein Abbrechen des Holzes an den Verbindungen ist zu vermeiden, deshalb muß man unbedingt erst den Leim erweichen (s. Seite 54). Wenn der Lehnenabschluß eines Empire-Stuhles von Schwalbenschwänzen gehalten wird, löst man ihn durch Klopfen auf die Unterkante. Solche Lehnen können auch geschraubt sein. Die geschnitzten Sprossen der Leitersprossenstühle liegen in Schlitzen der Hinterbeine.

Lösen verleimter Verbindungen

Die meisten alten Möbel sind mit Tischlerleim gearbeitet, der wasserlöslich und deshalb reversibel ist. Widersteht eine Verbindung der Zerlegung, legt man so lange feuchte Tücher auf, bis der Leim weich ist. Dampf beschleunigt diesen Vorgang, wenn er in die Fugen eindringen kann. Er zieht jedoch auch die Oberfläche in Mitleidenschaft.

Herstellen eines Dampfzuführers

Ein Dampfzuführer kann mit Hilfe von zwei Aluminium- oder Messingrohren von 150 mm Länge und 3 mm Durchmesser, die durch zwei Weinkorken gesteckt werden, selbst hergestellt werden. Die Rohre werden mit einem Silikonschlauch verbunden. Während der Korken so geschnitten wird, daß er in den Ausguß eines Wasserkessels paßt, formt man den anderen so, daß er gut zwischen Daumen und Zeigefinger liegt. Die Metallrohre gibt es in Modellbau- oder Eisenwarengeschäften.

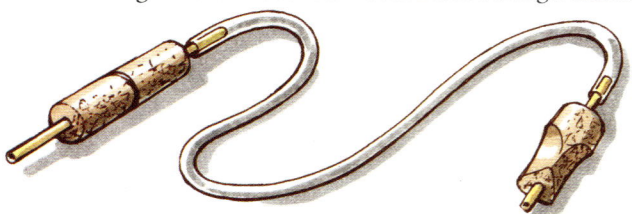

Benutzen eines Dampfzuführers

In das Gestell wird ein etwas größeres Loch gebohrt und der Dampf vorsichtig in die Verbindung geleitet. Der Wasserkessel darf nicht zu voll sein. Schutzhandschuhe tragen. Nach einigen Minuten unterbricht man und klopft die Verbindung auseinander.

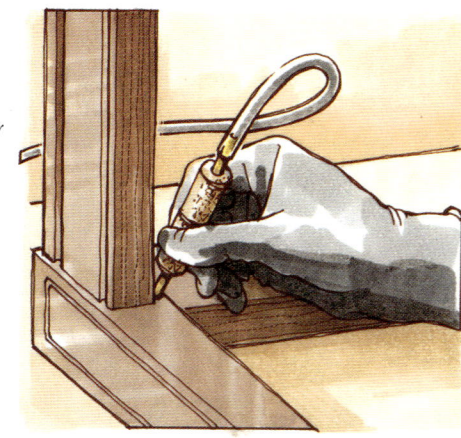

Erhitzen des Werkstückes

Trockene Hitze aus einem Fön, Heißluftgerät oder Elektroheizer erweicht ebenfalls Leim. Diese Methode eignet sich für Verbindungen, die nicht hinter dickem Holz liegen.

Zuführen der Heißluft

Die Heißluftzufuhr auf die Verbindung konzentrieren, damit der Leim erweicht, dann zieht man das Holz auseinander. Die deckende Schicht ist vermutlich nachzubehandeln.

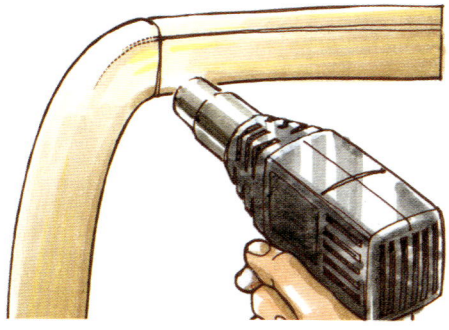

Benutzung von Spiritus

Alter Tischlerleim kann auch mit Spiritus gelöst werden. Der Spiritus wird mit einer Spritze injiziert, dadurch können Beschädigungen vermieden werden.

1 Vorbereitung der Verbindung

Sind in einer Verbindung bereits offene Fugen sichtbar, kann der Spiritus leicht eingeführt werden. Ist das nicht der Fall, wird ein kleines Loch gebohrt.

2 Einspritzen von Spiritus

Den Stuhl so legen, daß die Flüssigkeit nach unten in einen Hohlraum, z.B. einen Schlitz, laufen kann. Dann wird der Spiritus in die Verbindung gespritzt, wo er vom Holz absorbiert wird. Auf die Oberfläche dürfen keine Tropfen gelangen.

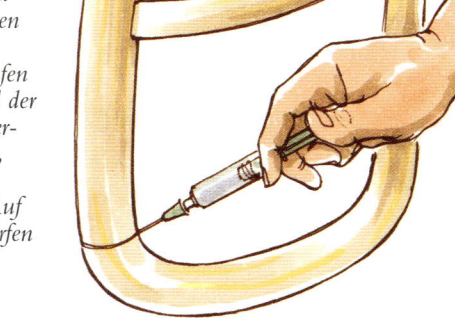

3 Lockern der Verbindung

In Abständen weiteren Spiritus einspritzen, bis sich die Verbindung lockert. Dies kann zwischen 5 Minuten und 2 Stunden dauern. Dann sind die Teile vorsichtig gegeneinander zu drücken, um die Verbindung zu lösen.

Alte Reparaturen

Es ist möglich, daß ein alter Stuhl bereits vorher schon einmal repariert worden ist. Ist das erst kürzlich geschehen, kann der Restaurator einen der modernen Klebstoffe wie PVA-Holzkaltleim, Harzleim oder sogar Epoxydharzkleber verwendet haben. PVA-Leim - obwohl nicht reversibel - kann mit Wasser erweicht werden, wodurch die Verbindungen getrennt werden können. Harze und Epoxydharze lösen sich nicht. Wurde jedoch die Leimstelle vorher nicht gut gereinigt, können Spuren von altem Tischlerleim beim Dämpfen oder Tränken mit Spiritus zu einer Lockerung führen.

REPARATUR VON VERBINDUNGEN

Schlitz- und Zapfen-Verbindungen werden normalerweise an Rahmenstühlen verwendet. In früheren Perioden wurden diese Rahmen nicht geleimt, sie hielten allein durch den festen Sitz der Zapfen. Verleimte Dübel findet man bei Stühlen erst um die Mitte des 19. Jahrhunderts. Ausgeleimte Verbindungen, die Feuchtigkeit oder hohen

Belastungen ausgesetzt sind, beginnen zu wackeln. Durch jede Bewegung verschlechtert sich deren Zustand, das Holz kann sogar brechen. Das Einfüllen von Leim in offene Fugen kann helfen, aber ein erneutes Zusammenfügen ist meist unumgänglich. Dabei sind abgebrochene Teile zu ersetzen.

Gedübelte Verbindungen

Dübel findet man im Sitzrahmen, am Lehnenabschluß oder an einer geschnitzten Armlehne. Gelegentlich wurden sie auch zur Reparatur eines gebrochenen Zapfens verwendet, können aber ebenfalls bei übermäßigem Druck brechen. Wenn die Verbindung nicht mehr hält, sollte man möglichst viel alten Leim entfernen und neu leimen. Muß eine neue Verbindung angebracht werden, sind Dübel zu verwenden.

1 Festigen von Dübelverbindungen

Können defekte Dübel nicht mit der Zange herausgezogen werden, schneidet man sie mit einer Säge ab. Das Zentrum des Dübels wird mit einem etwas schmalen Bohrer ausgebohrt, anschließend sticht man mit dem Hohlbeitel nach, ohne das Originalholz zu entfernen und den Winkel sowie die Tiefe des Loches zu verändern. Nach Möglichkeit sollte eine Bohrlehre verwendet werden.

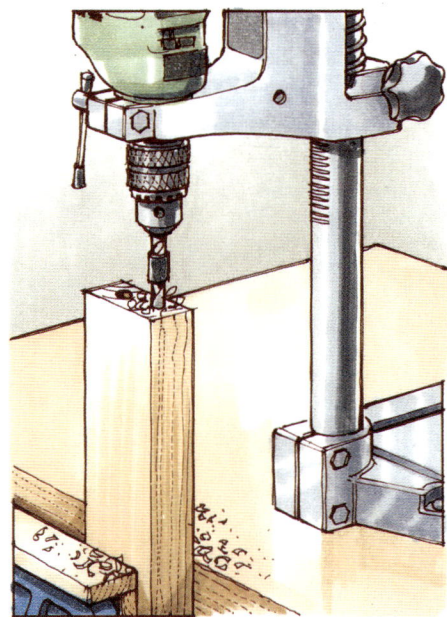

2 Vorbereiten der Dübel

Die Dübel werden so geschnitten, daß sie 2 mm kürzer als die Löcher sind, die Enden werden angefast und Längsrillen eingeschnitten, damit die Luft und überschüssiger Leim entweichen können. Dann kommt Leim in die Löcher, die Dübel werden hineingedrückt und die Verbindung geklammert (s. Seite 62).

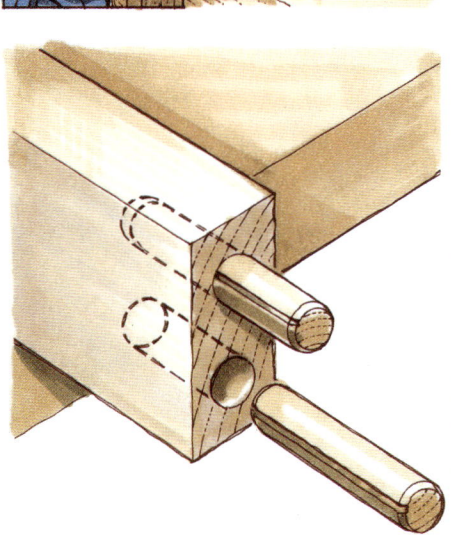

Defekte Schlitze und Zapfen

Die Schlitz- und Zapfen-Verbindung zwischen den Sitzargen und der Lehne sind gefährdet. Das ist besonders der Fall, wenn ein Zapfen mit längsgeschnittenen Kanten von dem härteren Hirnholz des Schlitzes gedrückt wird.

1 Rekonstruktion eines Zapfens

An der Zapfenbrust wird eingesägt, und mit einem Stechbeitel werden die defekten Kanten des Zapfens begradigt.

2 Begradigen der Ersatzhölzer

Überstehende Streifen aus dem gleichen Holz werden auf die abgespänten Kanten geleimt und mit einem Stechbeitel auf die passende Größe gebracht.

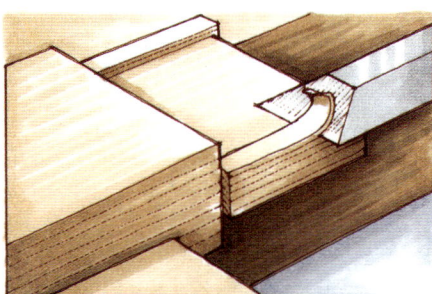

3 Bearbeiten des Schlitzes

Ist der Schlitz ebenfalls deformiert, kann er durch Ausstechen wieder begradigt werden.

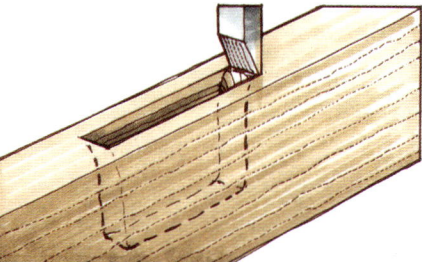

4 Herstellen der lichten Weite

Das Holzteil so einleimen, daß sich die Maserung mit der Längsrichtung des Beines deckt. Oben bündig arbeiten und für das erforderliche Zapfenloch ausstechen.

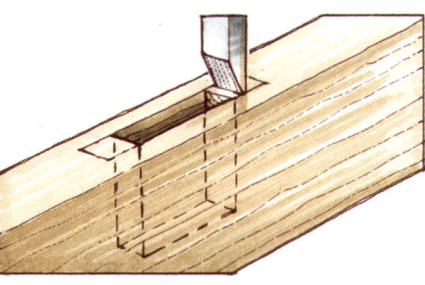

Gebrochene Schlitze und Zapfen

Obwohl Schlitz und Zapfen eine sehr haltbare Verbindung bilden, können Teile abbrechen. Das kann an Schädlingen, natürlichem Verschleiß oder großer Beanspruchung liegen. Die defekte Stelle muß abgeschnitten werden, es sollte aber möglichst viel vom Originalmaterial erhalten bleiben.

Rekonstruktion eines Teiles des Zapfens

Die defekte Stelle wird mit einer Säge bündig zur Zapfenbrust abgeschnitten. Mit einem etwas kleineren Stechbeitel sticht man in der Brust einen Hohlraum im Winkel von 45° schräg aus. Dann kann ein Stück Holz eingeschoben werden. Anschließend wird es in der Stärke des Zapfens und in der Form des Hohlraumes zurechtgeschnitten, nur etwas breiter und länger, danach wird es eingeleimt und geschlichtet.

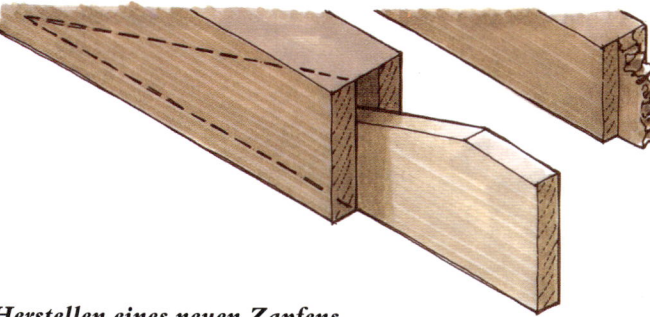

Herstellen eines neuen Zapfens

Der Zapfen wird durch eine Keilfeder ersetzt. Dazu wird das gebrochene Ende des Zapfens bündig mit der Brust geschnitten. Die Zarge wird mit einem Lochbeitel in der Stärke des alten Zapfens umwinkelt, wobei die Länge der Feder dreimal größer als die Breite des Zapfens sein muß. Dann spannt man das Holz in den Schraubstock. Anschließend leimt man eine neue Keilfeder, die etwas breiter und länger als der Zapfen sein soll, ein und schlichtet.

Abstufung

Abgestufte Zapfen

Wenn der defekte Zapfen abgestuft ist, ersetzt man ihn wie beschrieben und sägt die Stufe passend heraus.

Gehrungen

Treffen zwei Zargen im rechten Winkel im Bein aufeinander, sind die Zapfen beidseitig meist gegehrt. In diesem Fall schneidet man die Zapfenenden im Winkel von 45° ab.

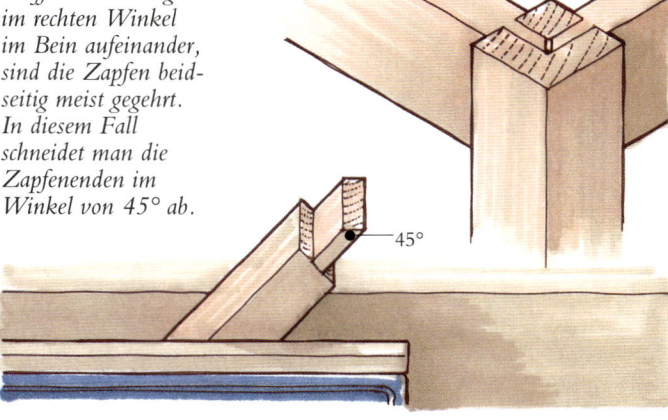

45°

Gerissene Schlitze

Ist der Schlitz zu nahe am Rand, kann die dünnere Fläche reißen. Um Schäden zu vermeiden, sollte sofort repariert werden. Dazu wird Leim in die Risse eingebracht und die Stelle zusammengepreßt. Um den Druck auszugleichen und die Oberfläche zu schützen, sollten jedoch Einlagen verwendet werden.

Gebrochene Schlitze

Ist das Holz ausgebrochen und abhanden gekommen, wird das zu ersetzende Teil so angerissen, daß möglichst viel vom originalen Holz erhalten bleibt. Mit dem Stechbeitel wird geradflächig ausgestemmt und ein neues Stück eingeleimt. Anschließend wird abgeschlichtet, der Schlitz ausgestemmt sowie das Holz gefärbt und mit einem Überzug versehen.

Sprossenstuhl-Verbindungen

Die Verbindungen liegen hier zwischen der Schlitz-und-Zapfen- und der Dübeltechnik, da das gedrechselte Ende als Zapfen durch oder in ein gebohrtes Loch gesteckt wird. Ist das gezapfte Ende locker, kann es eventuell verkeilt werden. Obwohl dadurch eine Verbindung fest wird, sollte man nach Möglichkeit andere Methoden anwenden, weil Keile bei späteren Restaurierungen schwer zu entfernen sind und zum Reißen führen können. So kann z.B. das Loch ausgesetzt und neu gebohrt werden.

Durchgehende Verbindungen

Ein durch den Sitz gehendes Bein kann von oben verkeilt werden. Dazu wird eine Nut in das sichtbare Ende des Beines gesägt, ein 3 mm breiter Hartholzkeil geschnitten, die Verbindung geleimt, das Bein durchgesteckt und der Keil in die Nut geschlagen. Dann schlichtet man ab.

Verdeckte Verbindung

Um in eine verdeckte Verbindung einen Keil zu treiben, muß er halb in die Nut hineingeklebt werden. Dann leimt man die Verbindung und steckt das Bein ein, klammert sie, um den Keil bis zum Ende zu treiben und das Bein im Loch zu spreizen. Zum Klammern eignet sich am besten ein Spanngurt, weil er die verschiedenen Winkel und auch Rundungen einbezieht.

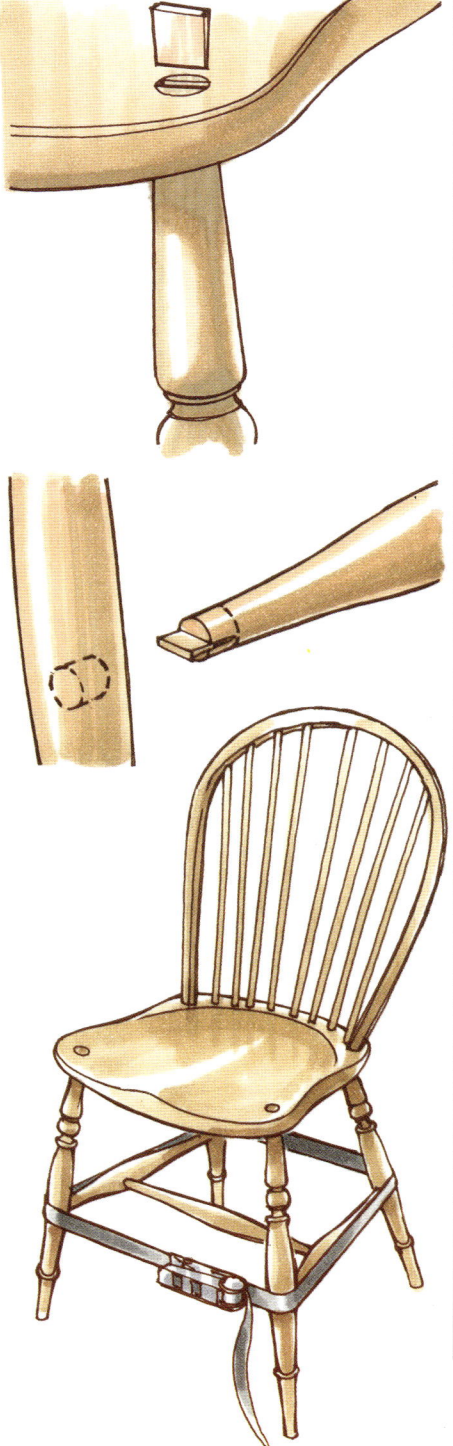

Bugholzreifen

Die Holzfasern eines Bugholzstuhles haben die Tendenz, sich wieder zu strecken, wodurch die Form sich verwirft und lockere Verbindungen auseinanderspringen können.

Festigen einer überplatteten Verbindung

Wenn die überplattete Verbindung auseinandergegangen ist, werden die Stoßflächen mit warmem Wasser gereinigt und feuchte Tücher darüber gewickelt, die nach einigen Stunden die Fasern erweichen. Dann klammert man, nachdem Leim auf die Stoßflächen gestrichen wurde, mit zwei Gegenformen die Verbindung wieder zusammen.

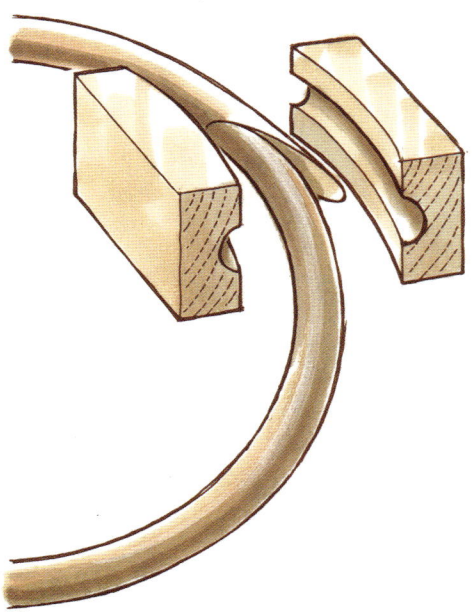

Reparatur einer Vorderbein-Verbindung

Die Vorderbeine sind in Löcher des Sitzreifens eingeleimt. Die Verbindung kann man mit Schrauben oder Klötzchen von innen verstärken.

Durchführen einer Reparatur

Wenn die Verbindungen eines Stuhlrahmens wackeln, können sich bei Druck auf die Vorderbeine deren Verbindungen lösen. Ist eine Vorderbein-Verbindung zu locker, muß das Bein abgenommen werden. Sollte nur der Leim mürbe sein, genügt es, ihn zu erneuern. Dazu leimt man Furnier in senkrechter Faserrichtung um den Zapfen und steckt ihn in das Loch zurück.

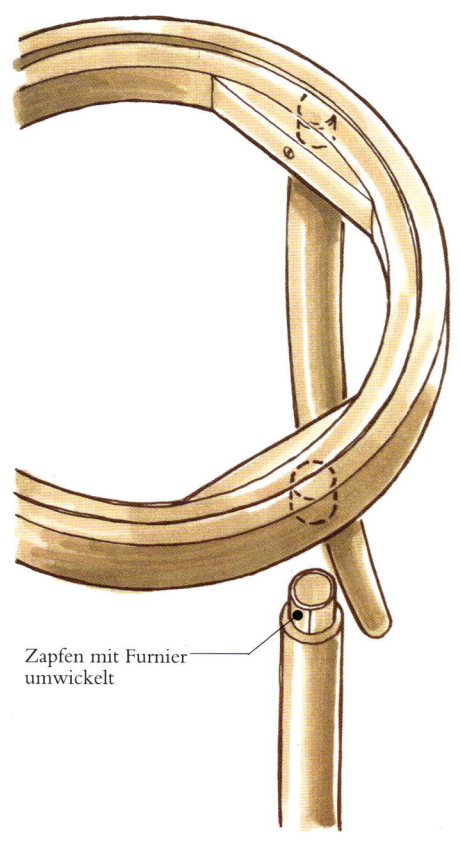

Zapfen mit Furnier umwickelt

57

REPARATUR DER BEINE

Ein Stuhl dient im Prinzip dazu, daß eine Person bequem auf ihm sitzen kann. Doch Stuhlbauer versuchten ständig, ihre Erzeugnisse durch dekorative Verzierungen, angenehme Proportionen und gute Materialien attraktiv zu gestalten.

Obwohl Eßzimmerstühle meistens von hinten gesehen werden, ist ihre Hauptansicht vorn. Ihre Vorderbeine und die Lehnen sind oft verziert, während die unteren Teile der Hinterbeine und die hinteren Rahmen keinen Schmuck haben. Das gleiche trifft auf Armlehnstühle zu, die an der Wand stehen.

Stuhlbeine können wegen natürlichem Verschleiß, Holzwurmbefall, der Anfälligkeit ausgefallener Formen oder durch lockere Verbindungen brechen. Die Methoden der Reparatur sind davon abhängig, ob sie gedreht, vierkantig oder geschweift gestaltet sind.

Reparatur von kurzfaserigen Abschnitten

Stark geschwungene Beine sind häufig aus einem breiten Pfosten geschnitten, wodurch das Holz an den Bögen kurze Fasern hat und brechen kann. Wenn der Bruch sauber ist, und die Flächen gut passen, preßt man sie wieder zusammen.

Leimen eines sauberen Bruches

Beide Bruchflächen werden eingeleimt und eingespannt. Da die Teile leicht wegrutschen, setzt man das Bein zusätzlich in eine Gleitschienenzwinge. Ein Bruch am Beinende kann auch mit einem Dübel verdeckt ausgeführt werden (s. rechts).

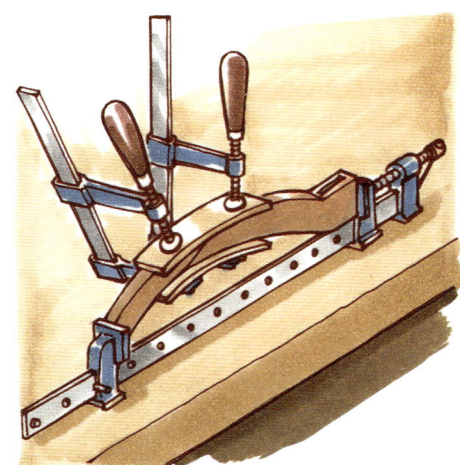

Reparatur eines gebogenen Beines

Wenn ein gebogenes Bein zu sehr gesplittert ist, muß ein neuer, größerer Holzklotz schräg überplattet angeleimt werden. Er kann dann besser zurechtgeschnitzt werden.

1 Anleimer

Die defekte Stelle wird schräg abgeschnitten, um eine möglichst große Klebefläche zu erhalten, eben gefeilt und das neue Holz in der gleichen Faserrichtung wie am Bein angeleimt.

2 Formen des Anleimers

Das andere Bein wird parallel aufgelegt, auf dem Klotz angerissen, ausgesägt und mit der Ziehklinge glattgeschabt.

Gedrechselte Beine

Gedrechselte Teile für Stühle gibt es seit langer Zeit, beispielsweise an den einfachen Stühlen im Windsor-Stil oder an kunstvoll gearbeiteten alten Rahmenstühlen. Obwohl gedrechselte Beine im allgemeinen gut halten, gibt es Schwachstellen an zu schmalen Teilen oder bei Fehlern im Holz. Ein am oberen Ende oder am Fuß entstandener Bruch eines gedrechselten Beines kann dadurch repariert werden, daß man das Bein längs bohrt und einen entsprechenden Dübel einsetzt.

Dübeln in der Längsrichtung

Das gebrochene Ende wird eingeleimt und präzise zusammengepreßt. Nach dem Trocknen wird für den Dübel ein Loch bis in die Mitte des Beines gebohrt, am schmalsten Teil sollten mindestens 3 mm Wandstärke stehenbleiben. Den Dübel kann man speziell anfertigen oder kaufen. Dann werden die Enden angepaßt und längs eine Nut eingeschnitten. Die Bohrung sollte ein ganzes Stück über die Bruchstelle hinausgehen, zuletzt wird der Dübel eingeleimt und geglättet.

Dünn gedrechselte Beine aus morschem Holz können brechen.

Reparatur eines verdeckten Dübels

Gezapfte Sitzzargen in gedrechselten, aber gebrochenen Beinen kann man nicht mit einem Dübel von oben reparieren, weil er sichtbar würde. Deshalb setzt man verdeckte Dübel ein.

1 Bohren des Loches

In das gebrochene Oberteil des Beines bei eingesetzten Sitzzargen wird eine Bohrung so tief wie möglich gemacht. Der Durchmesser darf am schmalsten Abschnitt nicht weniger als 3 mm Wandstärke haben.

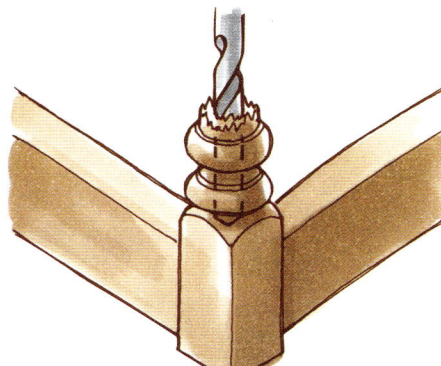

2 Abschneiden des Bruchstückes

Quer zur Schnittstelle wird eine Markierung eingekerbt und das gebrochene Stück direkt an der tiefsten Stelle einer Kehlung abgeschnitten.

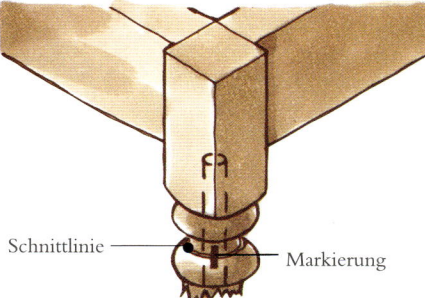

Schnittlinie — Markierung

3 Anleimen des abgebrochenen Stückes

Die gebrochenen Teile werden eingeleimt und zusammengespannt. Dann bohrt man in den unteren Teil des Beines ein Loch.

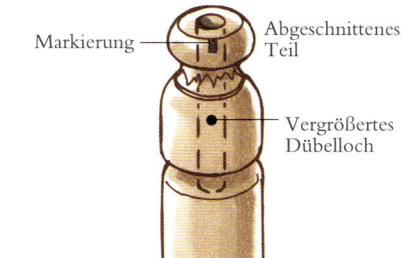

Markierung — Abgeschnittenes Teil

Vergrößertes Dübelloch

4 Verleimen der Verbindung

Da das angefügte Bein durch den Sägeschnitt etwas kürzer ist, muß entweder das andere Bein gestutzt werden, oder man legt passende Furnierscheiben dazwischen, bevor die Teile an den Stoßflächen und die Dübel verleimt werden. Unter Beachtung der Markierung sind die Teile zusammenzuspannen.

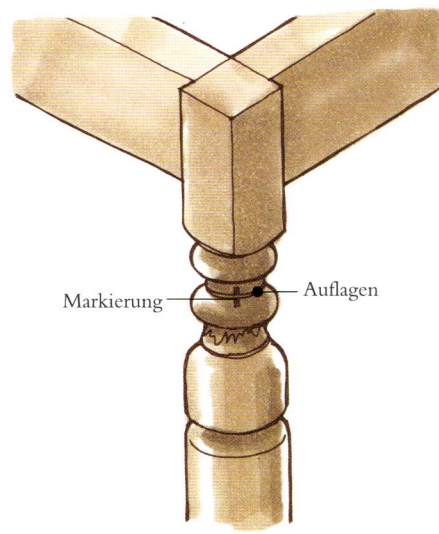

Markierung — Auflagen

Herstellen gedrechselter Teile

Bei einem glatten, runden Bein setzt man einen Holzklotz überplattet an und dreht dem Original entsprechend aus, bei einem profilierten wird das Teil separat gedrechselt und in das Original eingefügt.

1 Vorbereitung des Holzes

Der defekte Teil wird an einer Kerbung abgeschnitten. Die Mitte des Beines wird markiert und ein Loch gebohrt. Das Holz darf dabei nicht zu dünn werden. Dann nimmt man ein Vierkantholz gleicher Sorte zum Drechseln. Nach dem Aufzeichnen der Diagonalen reißt man einen Kreis an, der alle vier Seiten berührt und hobelt die Ecken zu einem Achteckstab ab.

Schablone aus Karton — Zapfenende

2 Herstellen einer Schablone

Zum Übertragen der Profile vom unbeschädigten Bein wird eine Reißnadel verwendet. Größere Genauigkeit erreicht man mit einer Schablone aus Karton. Nach Einspannen des Holzes in eine Drehbank drechselt man einen etwas breiteren zylindrischen Stab als das dickste Profil und prüft ständig die Durchmesser mit einem Außentaster.

Neues Teil — Zapfen — Originalteil

3 Drechseln der Profile

Man reißt die Details mittels Schablone auf dem Werkstück an, drechselt die Profile einschließlich Zapfen heraus und prüft ständig die Umrisse nach. Dann wird eine Nut in den Zapfen geschnitten und das gesamte Stück in das Bein geleimt. Zuletzt wird gefärbt und überzogen.

Reparatur eines eckigen Beines

Das defekte Ende des Beines eines Polsterstuhles wird in der Höhe der Zarge abgeschnitten. Der Zapfen des neuen Endes wird in das Bohrloch geleimt und das Endstück geschlitzt.

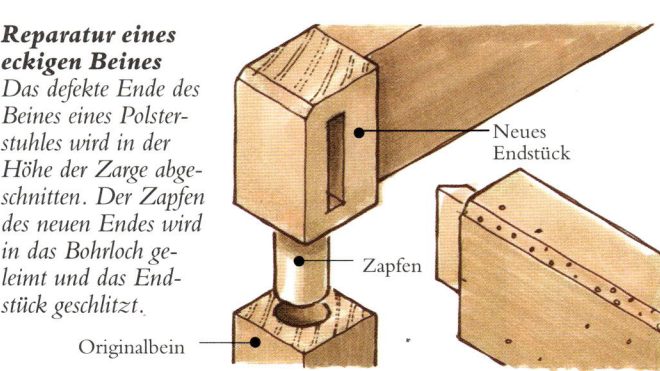

Neues Endstück

Zapfen

Originalbein

Herstellen eines gedrechselten Beines

Sollte der Schaden zu groß sein, ist es einfacher, ein neues Bein herzustellen. Falls eine Drehbank zur Verfügung steht, kann man dies selbst tun, andernfalls läßt man sich das Gewünschte bei einem Drechsler anfertigen.

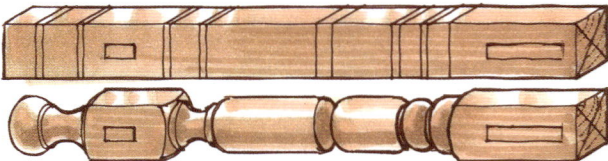

1 Anreißen der Profile

Zuerst ist eine Schablone mit den Profilen anzufertigen. Ist der Stuhlrahmen geschlitzt und gezapft, muß man die Schlitze vor dem Drehen anreißen und danach ausstemmen, da das Holz reißen kann. An den Verbindungen sind die Beine generell vierkantig.

2 Drechseln des Beines in voller Länge

Wenn das Bein zylindrisch ist, müssen Holzstücke in die Schlitze geschoben werden, damit ihre Kanten nicht brechen. Dann ist das Bein abzudrehen und zu schleifen.

Bohren eines gedrechselten Beines

Die Steckverbindungen der Beine eines Sprossenstuhles sind winklig eingesetzt. Nachdem das Bein gedrechselt ist, spannt man es im richtigen Winkel in eine Vorrichtung (s. Seite 61). Dazu wird eine verstellbare schiefe Halterung zur Einstellung der Winkel benutzt und mit der Bohrlehre gebohrt.

Cabriol-Beine

Die bekannten S-förmigen Cabriol-Beine sind seit dem 17. Jahrhundert bei Stühlen, Tischen und Schränken anzutreffen. Die verschiedenen Ausprägungen dokumentieren die Kunstfertigkeit der Stuhlbauer. Es wurden glatte und verzierte Beine hergestellt. Reparaturen an stilechten Originalen sollte man ausgebildeten Restauratoren überlassen, an Kopien kann sich auch ein Heimwerker wagen.

Herstellen eines Cabriol-Beines

Es ist nicht auf den ersten Blick zu erkennen, daß ein Cabriol-Bein, mit Ausnahme des Knieklotzes, aus einem Stück Vierkantholz geschnitzt ist. Um ein Ersatzbein mit der gleichen Ausladung herzustellen, wird die Form von dem vorhandenen Bein abgenommen. Bei den Knieklötzen ist ebenso zu verfahren.

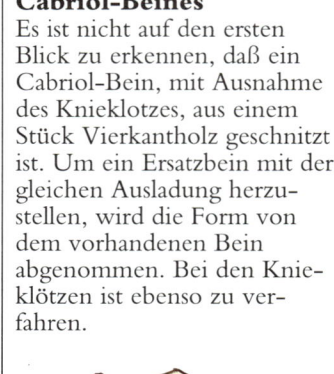

Pfostenstück
Knie
Schlitz
Knieklotz (Ohrstück)
Fessel
Fuß

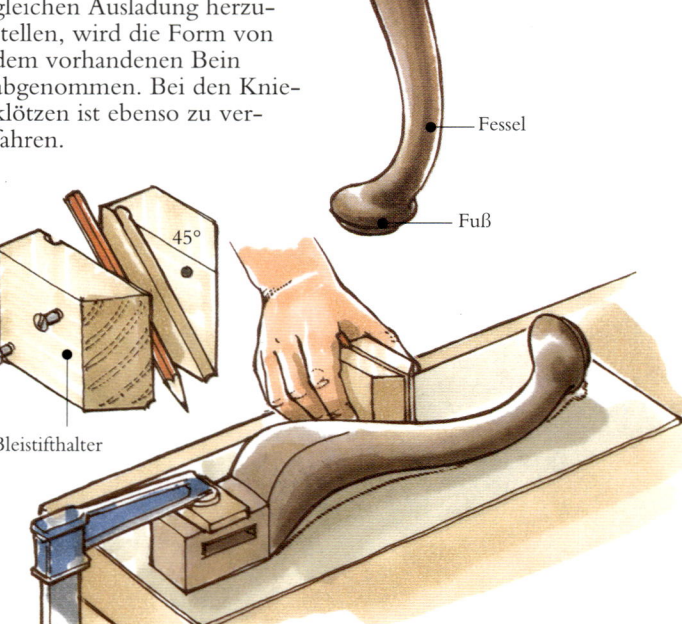

45°

Bleistifthalter

1 Herstellen einer Schablone

Das Bein ist am Pfostenstück auf eine Kiefernholzplatte mit dem Schlitz nach unten einzuspannen, dann zeichnet man mit einem Bleistifthalter den Umriß auf und sägt die Schablone aus.

2 Anreißen

Man reißt an zwei angrenzenden Flächen des Vierkantholzes an und schneidet den Rohling oben und unten bündig, allerdings etwas breiter als das Knie.

3 Drechseln eines gedrückten Kugelfußes

Das Werkstück wird in die Drehbank gespannt und der Fuß roh ausgedrechselt. Danach wird er im Detail ausgearbeitet.

4 Sägen des Rohlings

Mit einer Bügelsäge, noch besser einer Bandsäge, wird mit schmalem Blatt der Umriß auf einer Seite des Beines genau nachgeschnitten. Dann legt man das ausgeschnittene Stück an seinen Platz im Rohling zurück und befestigt es mit Klebeband. Der verbliebene Umriß wird nach oben gedreht und so ausgesägt, daß ein viereckiges Bein entsteht. Zuletzt werden die Schlitze hergestellt.

5 Schnitzen des Beines

Zum Ausschnitzen verwendet man Schablonen, die zuvor von einzelnen Segmenten des intakten Beines abgenommen wurden. Im Detail wird das Bein mit Schabhobel, Raspel, Feile und Ziehklinge geschnitzt.

6 Oberflächenbehandlung des Beines

Der Rahmen wird zusammengesetzt, dann schlichtet man das Pfostenstück mit den Zargen bündig, schleift die Ecke, stemmt gegebenenfalls einen Falz für einen eingelegten Sitz aus, leimt die Winkelklötze an und arbeitet die Rückseite des Beines zu einer sanft geschwungenen Kurve aus. Zuletzt färbt man das Bein und legt einen Überzug darüber.

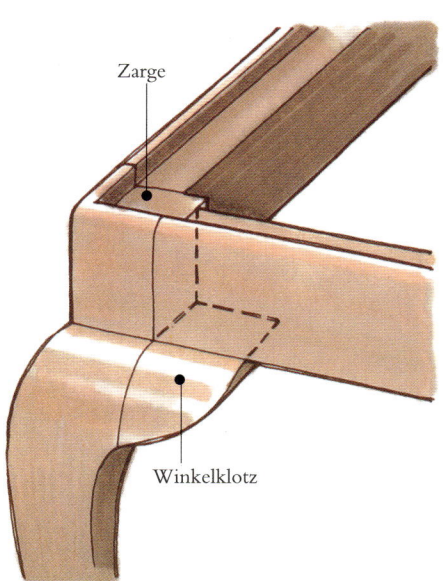

Zarge

Winkelklotz

Herstellen einer Bohrvorrichtung

Gedrechselte Beine können in einem Schraubstock mit zwei V-förmig gekehlten Leisten gehalten werden; mit einer speziellen Vorrichtung läßt es sich jedoch besser einspannen und bohren, bestehend aus einem Sockelbrett und einer Rückwand von 12 mm Stärke und der Länge des Beines. Die Kanten müssen rechtwinklig sein. In der Rückwand befinden sich zwei senkrechte Schlitze für Schrauben. Außerdem ist eine Leiste von gleicher Länge mit V-Kehle und zwei kurzen Schlitzen mit Senkkopfschrauben und Flügelmuttern an der Rückwand befestigt. Eine kurze Leiste mit V-Kehle hält das Bein von der anderen Seite, indem sie mit ein oder zwei Zwingen dagegen gepreßt wird. Auf der Rückwand sind entweder Winkeleinteilungen markiert, oder es wird eine Winkelschmiege benutzt. Die Vorrichtung wird auf die Sockelplatte des Bohrständers gespannt und die Stelle, an der die Bohrung erfolgen soll, unter die Bohrspindel gebracht.

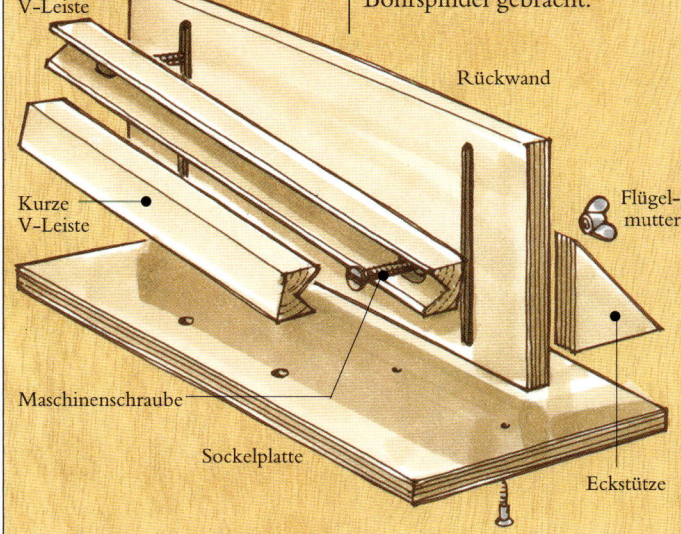

Lange V-Leiste

Rückwand

Kurze V-Leiste

Flügelmutter

Maschinenschraube

Sockelplatte

Eckstütze

Reparatur eines abgebrochenen Fußes

Die Ursache für das Abbrechen eines kugeligen Fußes kann in kurzen Holzfasern liegen. Sollte das Bruchstück verlorengegangen sein, wird es durch ein angeleimtes neues Stück Holz ersetzt.

Befestigen des Holzstückes

Die Bruchfläche abschleifen, anschließend leimt man ein Stück möglichst gleichen Holzes auf die Fläche und schnitzt es entsprechend dem Original aus.

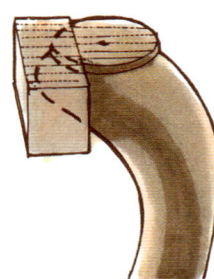

Ausgleichen der Stuhlbeine

Wackelige Stühle sind ein Ärgernis und können vollständig auseinandergehen, wenn das Gestell laufend belastet wird. Wird ein neues Bein eingesetzt, muß es in der Länge den anderen angeglichen werden. Bleiben die originalen Beine erhalten ist zu untersuchen, welches Bein zu kürzen ist, um dem Stuhl bessere Stabilität zu verleihen.

Kürzen eines neuen Beines

Dazu wird der Stuhl auf eine ebene Fläche gestellt, wobei das längere Bein außen überhängt. Mit Bleistift und Lineal werden Winkel und Länge angezeichnet und das Bein an der Markierung abgesägt bzw. abgehobelt. Danach rundet man die Kanten mit Stechbeitel oder Feile ab.

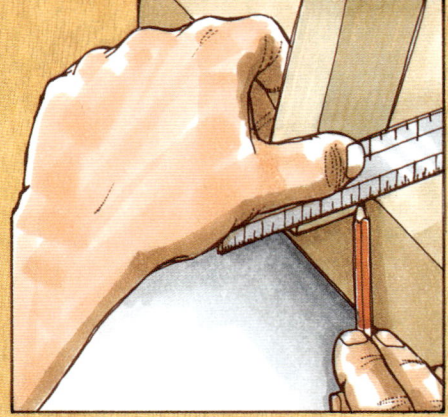

2 Ausgleichen der Beinlängen

Man schiebt dünnen Karton oder Furnier unter das oder die Beine, bis der Stuhl senkrecht steht. Dann entfernt man die Unterlage des kürzesten Beines, ersetzt sie durch einen Keil, zeichnet durch Anlegen der Unterlage eine Bleistiftlinie an die anderen drei Beine und hobelt das längere Bein an der Linie ab.

SPANNEN DER STUHLRAHMEN

Unabhängig davon, ob man eine lockere Verbindung leimt oder einen zerlegten Stuhl wieder zusammensetzt, ist es nötig, die Verbindungen durch Spannen zu festigen. Verwendet werden dafür konventionelle Zwingen, Bügelzwingen, Spanngurte wie sie zum Festzurren bei Fahrzeugen benutzt werden, und sogar Seile.

Zulageklötze

Welches Hilfsmittel auch verwendet wird, um Druck zu erzeugen, stets muß der Stuhl durch Zulegen von Weichholzklötzen oder Ähnlichem geschützt werden. In manchen Fällen sind Gegenformen notwendig, nicht nur, um die Oberfläche zu schützen, sondern um den Druck direkt auf die Verbindungen zu konzentrieren. Die Pfeile in den Bildbeispielen unten verdeutlichen die Richtungen, in denen der Druck auf den Stuhl ausgeübt werden muß.

Viereckige Rahmen

Rahmen mit geraden Seiten sind am einfachsten zu spannen. Für die Ecken benötigt man nur normale Weichholzklötze. Bei abgerundeten Beinen müssen sie dementsprechend geformt werden. Auch bei Verwendung eines Gurtes oder eines Bandes müssen die Ecken geschützt werden.

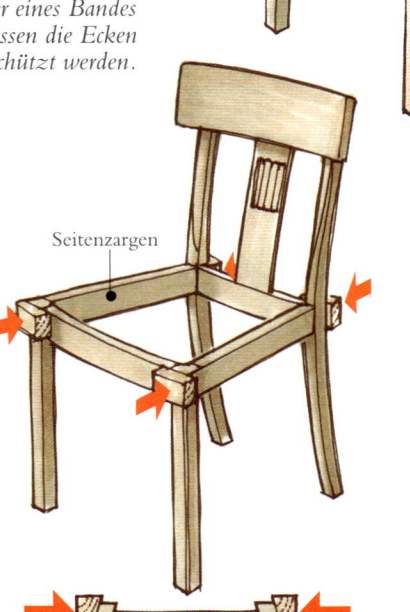

Seitenzargen

Konische Rahmen

Da der Druck parallel zum Zapfen in die Zarge wirken soll, sind abgeschrägte Klötze entsprechend der Beinform herzustellen, damit der Zwingendruck auch die Zarge erfaßt. Möchte man einen kompletten Rahmen zusammenfügen, müssen erst der Vorder- und Hinterrahmen und dann die Seitenzargen gespannt werden.

Hinterrahmen

Vorderrahmen

REPARATUR DER ZARGEN

Sitzzargen und Stege sind wichtige Bauteile. Bei Reparaturen sollte man versuchen, so viel wie möglich von der originalen Zarge zu erhalten. Das gilt auch für übergepolsterte Sitze, wo diese gar nicht sichtbar ist. So erneuert man etwa bei historisch bedeutenden Stühlen defekte Zargen, indem das alte Holz von innen gepfropft wird, um einen Teil der Einmaligkeit und den Charakter einer Stilperiode zu erhalten. Meistens ist es besser, die Zarge vollständig zu ersetzen, denn eine mit in Leim getränkter Jute reparierte Zarge hält Nägel nicht lange.

Zargentypen

Zargen haben normalerweise einen rechteckigen Querschnitt und sind durch Schlitze und Zapfen, manchmal auch Dübel, mit den Beinen verbunden. Stühle mit geflochtenen Sitzen haben eine leichtere Konstruktion, hier sind die Zargen nicht mit den Beinen verzapft, sondern stumpf angesetzt, so daß ein flacher Rahmen entsteht. Die meisten Zargen sind glatt, einige zeigen auch dekorative Schnitzereien an ihren Unterkanten, andere sind nach unten oder vorn abgerundet. Schäden können durch kurzfaseriges Holz entstehen.

Herstellen einer gezapften Seitenzarge
Wenn eine Zarge nicht mehr repariert werden kann, muß eine neue in den Abmessungen der defekten oder der verbliebenen angefertigt werden.

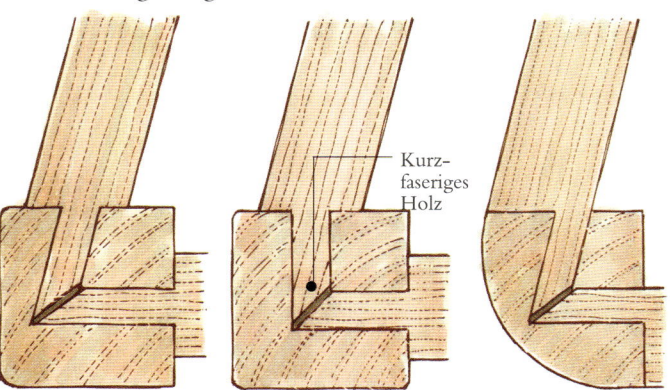

Kurz-
faseriges
Holz

Anreißen der Zarge
Man schneidet das Holz in der gewünschten Größe, reißt die Zapfen an und sägt sie unter Beachtung der Details des alten Stückes aus. Im Normalfall läuft der Zapfen parallel zur Zarge. Bei einem konischen Sitz liegt der Schlitz winklig im Bein. Das kann Schwierigkeiten bereiten, da der Zapfen wegen der kurzen Holzfasern abbrechen kann. Deshalb muß das Holz für eine neue Zarge gut ausgewählt werden. Meist sitzt der Zapfen in der Mitte der Zarge, manchmal aber auch seitlich. Dieser seitliche Zapfen wird verwendet, wenn das Bein anders nicht genügend befestigt werden kann.

Abgerundete Beine
Runde Formen sind schwieriger zu spannen, außerdem werden speziell ausgearbeitete Klötze benötigt.

Herstellen von Eckklötzen
Die Klötze sind übereinstimmend zu den Rundungen des Beines auszuarbeiten. Man verlängert sie, damit eine kleine Zwinge angeschraubt werden kann.

Benutzen von Spanngurten
Nylongurte zum Befestigen auf dem Autodach können auch für Rahmen verwendet werden. Es gibt sowohl Gurte mit Hebelverschlüssen für schwerste Lasten, als auch textile Bänder speziell für Holzwerk.

Vorn und unten gebogene Zargen
Stühle mit mehrfach gebogenen Zargen sind nicht einfach zu spannen, da es keine geraden Flächen zum Ansetzen der Zwingenbacken gibt. In vielen Fällen können Gurte mit Erfolg spezielle Klötze ersetzen.

Herstellen einer Schiene
Für einen aufgesetzten, gebogenen Lehnenabschluß kann man eine feststellbare Schiene anfertigen. Nachdem Löcher in die Enden zweier Stahlbänder gebohrt wurden, schraubt man Holzklötze mit V-Kehlen an beide Enden. Die oberen Klotzecken werden als Auflage für die Zwingen gekappt. Dann wird die Kehle mit dickem Filz belegt und ein Holzpfosten unter den Sitz gesteckt. Darunter liegen die Gegenbacken und der Druck wird oben direkt auf die Verbindung geleitet.

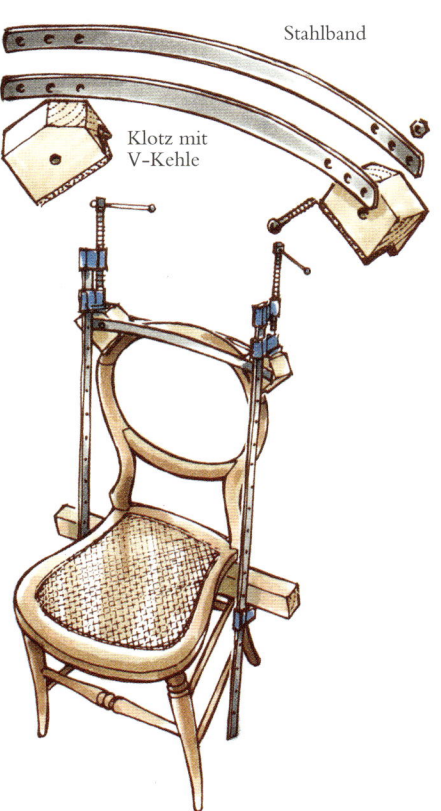

Stahlband

Klotz mit
V-Kehle

Herstellen von Vorderzargen

Für verzierte Vorderzargen benötigt man größere Hölzer, damit die Gesamtform herausgearbeitet werden kann.

1 Herstellen einer gebogenen Zarge

Nach Möglichkeit sollte eine alte Zarge als Schablone verwendet und ihr Umriß auf das neue Holz übertragen werden. Dann wird die Zarge mit der Bandsäge herausgeschnitten, die Enden werden umwinkelt und die Zapfen aus dem Holz gesägt.

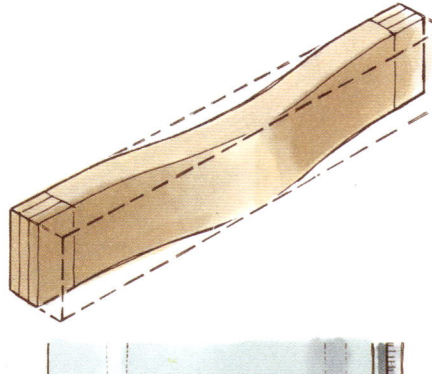

2 Fräsen der Zarge

Eine sichtbare Zarge wird vorn zur Vorbereitung des Überzuges mit Schabhobel, Ziehklinge und Sandpapier geglättet. Stühle mit eingelegten Sitzen erhalten einen Falz.

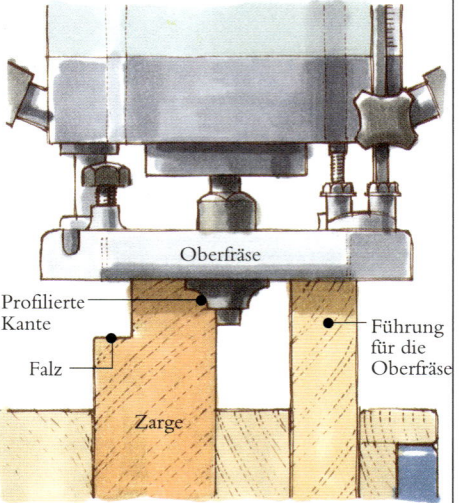

Oberfräse

Profilierte Kante

Falz

Führung für die Oberfräse

Zarge

Herstellen von Zargen im Regency-Stil

Stühle mit gebogenen Beinen haben starke Vorderzargen, die mit den Seitenzargen durch Doppelzapfen verbunden sind. Die neuen Zapfen werden passend für die Schlitze im Bein angerissen und ausgeschnitten. Falls die Vorderkante abgerundet ist, wird der Umriß an beiden Enden aufgezeichnet. Danach hobelt man ab und glättet mit einem geformten Schleifklotz.

Gebrochene Stege

Stege haben einen relativ kleinen Querschnitt und können brechen. Verläuft der Bruch schräg, repariert man mit Leim und spannt die Stelle zusammen. Ist der Steg nahe am Bein abgebrochen oder wurde er so vom Holzwurm zerfressen, daß eine Reparatur unmöglich ist, fertigt man einen neuen an.

Erneuerung eines gezapften Steges

Wenn das Stuhlgestell nicht zerlegt werden kann, wird ein neuer Steg möglicherweise zum Problem. Dieses kann umgangen werden, indem man neue Federn einsetzt. Nach dem Freilegen der Schlitze an den Beinen schneidet man das Holz zu und sägt schräg die entsprechenden Schlitze von der Unterseite her in die beiden Enden (s. Seite 56). Dann werden passende Federn in die Beine geleimt.

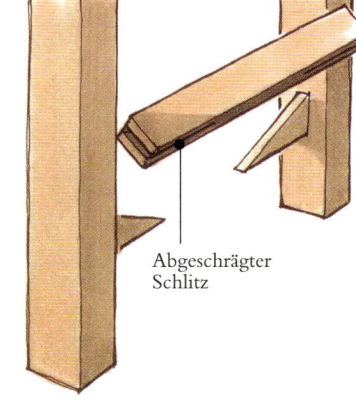

Abgeschrägter Schlitz

Gebrochene Rundstege

Ist der Steg am Bein gebrochen, wird das Stegende abgesägt und ein kurzer Dübel in der Länge des Bruchstückes eingeleimt. Dann bohrt man längs ein tieferes Loch und verbindet mit einem eingeleimten Dübel. Um bei einem Stuhl mit gedrechseltem Fußgestell die Stege wieder zu befestigen, müssen die Beine abgenommen werden. Die Reparaturstelle könnte durch Fußhülsen überdeckt werden.

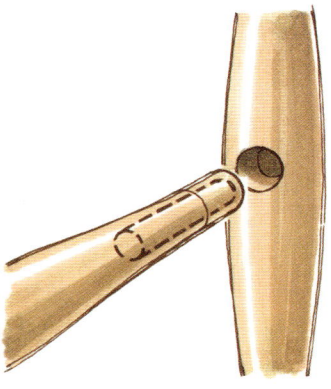

Zersplitterte Rundstege

Kann man den Hauptteil eines Steges nicht mehr reparieren, schneidet man bis auf das intakte Holz zurück und hobelt eine schräge Stoßfläche. Daran wird ein neues Stück Holz geleimt und abgedrechselt.

Flechtstuhl-Zargen

Die dichte Reihe Löcher in den Zargen geflochtener Sitze kann zu Rissen im Holz führen. Man fügt Leim in die Risse und preßt sie zusammen. Dann bohrt man zur Versteifung zwei oder drei Löcher für Dübel von innen in die Zarge zwischen die Flechtlöcher.

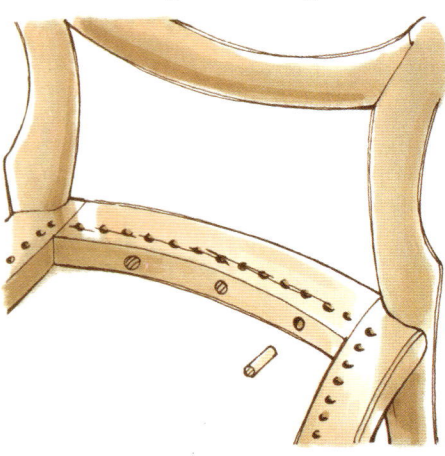

REPARATUR DER LEHNEN

Lehnen geben einem Stuhl den besonderen Charakter. Sie können aus einfachen flachen Leisten und gedrechselten Stäben bis hin zu aufwendig geformten, geschnitzten und durchbrochenen Lehnenbrettern sowie reich gestalteten oberen Abschlüssen bestehen. Häufig ist dann etwas abgebrochen, was auch auf die Verbindungen von Lehnenabschlüssen und durchbrochene Lehnenbretter zutrifft. Die meisten abgebrochenen Teile von

Lehnen können repariert werden, da es sich häufig um nicht mehr als das Neuleimen einer Verbindung, das Ausfüllen eines Risses oder das Ersetzen eines abgebrochenen Stückes handelt. Die Herstellung eines doppelt gebogten Lehnenabschlusses sollte man jedoch einem ausgebildeten Meister überlassen. Denn dazu wird nicht nur ein recht großes Stück Holz, sondern auch eines, das mit dem Holz des alten Stuhles weitgehend übereinstimmt, benötigt.

Gebrochene Lehnenabschlüsse

Schäden an Lehnenabschlüssen sind abhängig von ihren Formen und den Methoden ihrer Herstellung entsprechend den einzelnen Stilperioden. So ist der Abschluß einer Lehne in der Kammform eines Windsor-Stuhles normalerweise gebogt und mit einem einfachen Sägeprofil geschmückt. Die überstehenden Details an den Enden sind häufig weggebrochen.

1 Anzeichnen der Form

Der Umriß wird auf Karton aufgezeichnet. Sollten beide Enden gebrochen sein, überträgt man das, was noch vorhanden ist und ergänzt es. Dann Schablone mit einem Allzweckmesser oder einer Schere ausschneiden.

2 Ausführen der Reparatur

Aus dem gleichen Holz wird ein kleines Klötzchen hergestellt und auf die gebrochene, zuvor geglättete Fläche, aufgeleimt. Man schnitzt das Klötzchen vorn und hinten grob ab, schneidet das Profil mit einer Kopiersäge und glättet mit Feile und Sandpapier.

3 Verzierung

Bei einem einfachen Schnitzmotiv wie einer Spirale reißt man die Form auf dem neuen Holz an und schnitzt nach dem vorhandenen Motiv.

Defekte Lehnenabschluß-Verbindungen

Lehnenabschlüsse sind teilweise nicht sehr gut haltbar, selbst dann nicht, wenn das Holz, aus dem sie geschnitten wurden, sehr robust war. Die Ursache dafür ist, daß vielfach neue Stücke mit kurzen Fasern eingesetzt wurden und auch die Verbindungen zu den Beinen, die meist aus Schlitz und Zapfen bestehen, häufig etwas schwach sind. Brüche können an den Enden dünner Beine vorkommen, wo die Zapfen belastet werden, ebenso an den Abschlüssen rund um die Schlitze der Beine oder am Lehnenbrett.

1 Reparatur des Zapfens

Der Lehnenabschluß ist zu entfernen (s. Seite 54). Sollte das oberste Ende des Beines gerissen sein, und der Zapfen ist noch in Ordnung, reinigt man die Oberfläche und leimt die Teile zusammen.

2 Ersetzen des Zapfens

Ist der Zapfen abgebrochen, ersetzt man ihn durch eine neue Feder, die in den Schlitz des Beines geleimt wird. Dann sägt man die Feder an der Brust ab und stemmt einen neuen Schlitz hinein. Dieser muß mit dem Schlitz des Abschlusses auch im Winkel übereinstimmen. Zuletzt stellt man einen neuen Zapfen her und leimt ihn in das Bein.

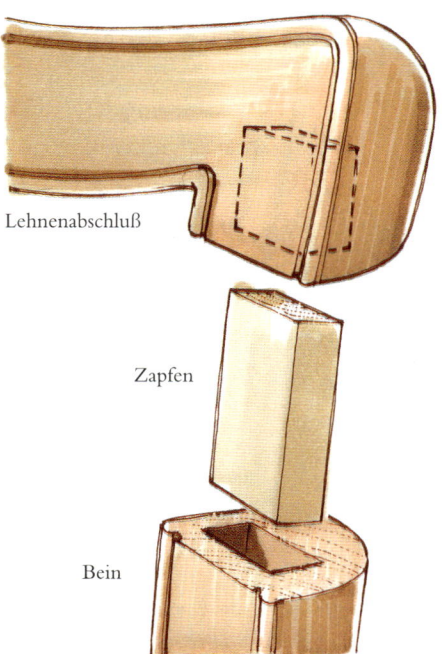

Lehnenabschluß

Zapfen

Bein

Reparatur eines Schlitzes

Häufig kann an der Hinterzarge etwas abreißen. Sollte der Schaden durch Leimen nicht zu beheben sein, muß das abgerissene Stück ersetzt werden. Dazu wird ein gleiches Stück Holz angeleimt. Dann schlichtet man und feilt den Umriß heraus. Zuletzt wird der Schlitz angerissen und weggestemmt.

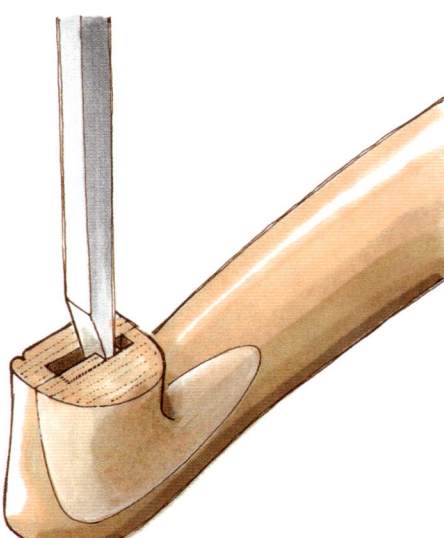

Reparatur eines Schlitzes für das Lehnenbrett

Fehlt der Rand eines Schlitzes, ersetzt man ihn durch ein neues Stück. Dazu wird die Oberfläche des Bruches geglättet und ein neues Stück Holz angefügt, oder eine Aushebung mit schrägen Seiten für ein neues Stück ausgestemmt und geschliffen.

Lehnen im Empire-Stil

Die Lehnen von Stühlen mit gebogenen Beinen haben kraftvoll wirkende abgerundete Lehnenabschlüsse, die mit den Beinen durch eine konische Überplattung verbunden sind. Hier neigt das Holz infolge der Rundung des Abschlusses zum Abbrechen.

Säge-schnitt

Aushebung für das Bein

Neues Holz

Herstellen einer verdeckten Reparatur

Um die Kante eines eingesetzten Stückes zu verdecken, schneidet man eine Aushebung konisch in den Lehnenabschluß und leimt ein neues Stück Holz ein, das oben bündig mit der Lehne gefeilt wird und vorn spitzkantig verläuft. Dann kantet man die Seiten schräg nach innen ab.

Verbindungen für ovale Lehnen

Abschlüsse der ovalen Lehnen von Stühlen des 19. Jahrhunderts sind häufig mit den oberen Beinenden zusammengedübelt, wobei ähnliche Probleme wie bei Kurzfaserigkeit entstehen. Dübel können durch ihre Langfaserigkeit helfen, Verbindungsflächen zusammenzuhalten.

1 Ersetzen eines abgebrochenen Endes

Nach Glattschleifen der Bruchflächen wird ein etwas größerer, ungehobelter Klotz aus gleichem Holz und in gleicher Faserrichtung wie am Rahmen daraufgeleimt. Seine Lage muß mit Klebestreifen oder mit gewachsten Fäden fixiert werden.

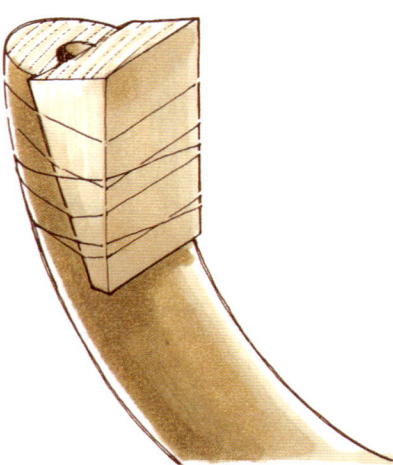

2 Herstellen des Dübelloches

Nach dem Trocknen wird das Ende gerade gefeilt. Nun muß der Durchmesser auf dem neuen Holz angerissen und der Teil für den Dübel mit dem Hohlbeitel abgestemmt werden. Dabei ist die Achse einzuhalten.

3 Formen des neuen Holzes

Nun wird geprüft, ob die Teile passen. Ist das der Fall, werden sie unter Benutzung einer Schiene zusammengeleimt (s. Seite 63). Nach dem Trocknen schnitzt und feilt man den Klotz auf Umriß und Querschnitt des Rahmens zurück.

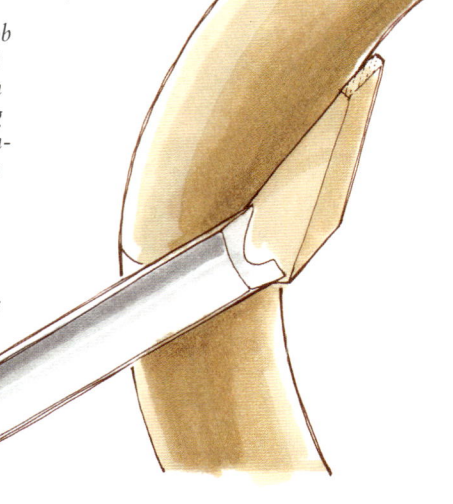

Durchbrochene Lehnenbretter

Lehnenbretter bestehen aus relativ dünnen Holzplatten und sind in die Unterseite des Abschlusses und die Oberseite der Sitzzargen eingezapft. Mit der Laubsäge gearbeitete Platten neigen besonders zum Reißen entlang des Faserwuchses, vielfach ist auch etwas abgebrochen.

1 Herstellen einer Schablone

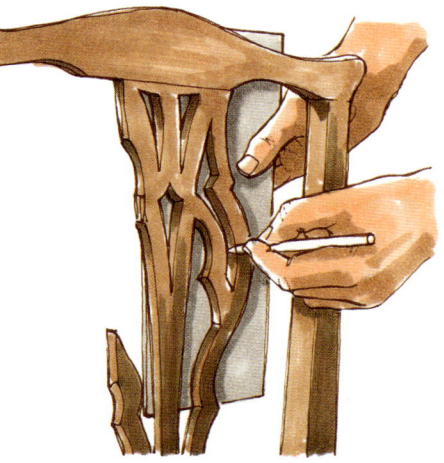

Die Muster der Lehnenbretter sind generell in den Senkrechten symmetrisch. Man drückt ein Stück Karton von hinten gegen das Brett und zeichnet die Umrisse darauf. Dann wird eine Schablone von dem Teil geschnitten, das dem defekten Stück gegenüber liegt.

2 Befestigen eines Ersatzstückes

Nachdem die Bruchkanten glattgehobelt bzw. -geraspelt wurden, leimt man ein gleiches Stück Holz, das etwas stärker als das Lehnenbrett sein muß, daran. Mit Klebestreifen, Faden oder Zwinge sowie Leim muß es angedrückt werden, bis es getrocknet ist.

3 Ausschneiden des Musters

Das Muster wird mit der Schablone übertragen und der Abfall genau an den Linien weggesägt. Nun werden die Oberflächen bündig geraspelt oder gefeilt und mit feinem Sandpapier abgeschliffen. Danach färbt und überzieht man sie mit einem Überzug.

Die Windsor-Stuhllehne

Die dünnen, leicht konischen Stäbe, die bei Windsor-Stühlen die Lehne bilden, brechen leicht. Ersatzstäbe dafür kann man mit der Hand oder der Maschine anfertigen. Zum Einsetzen muß die Lehne zerlegt werden.

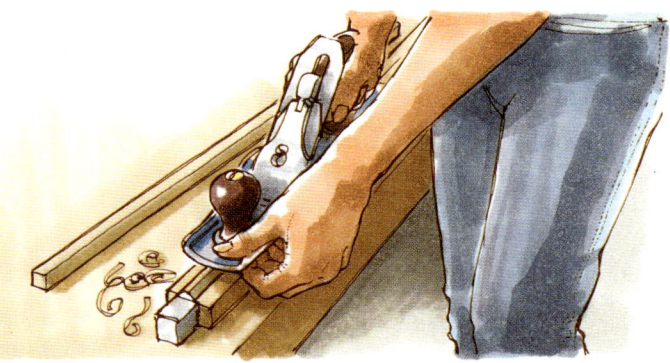

1 Handgefertigte Stäbe

Auf jedes Ende einer eckigen Leiste mit der entsprechenden Länge werden die Diagonalen und ein Kreis aufgezeichnet. Dann spannt man sie in einer Leiste mit V-Kehle zwischen die Spannbacken, hobelt sie konisch und dreht sie rund ab. Zuletzt wird mit Sandpapier geschliffen, das den Stab umschließt.

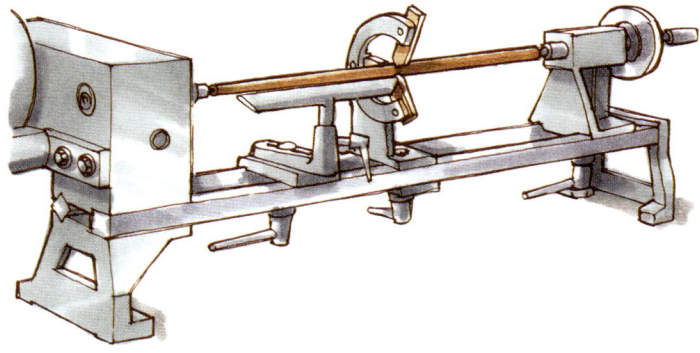

2 Maschinengefertigte Stäbe

Man hobelt eine Leiste achteckig wie oben dargestellt, spannt sie mittig in die Drechselbank und dreht sie zu einem runden, konischen Stab ab. Wenn er lang und dünn ist, kann seine Biegsamkeit mit einer Einlage stabilisiert werden.

3 Schlichten des Stabendes

Die Stablänge wird entsprechend der Lehnenmaße angerissen. Gibt es verdeckte Löcher im Bogen, muß der Stab in der passenden Länge abgeschnitten werden. Bei durchgehenden Löchern wird der Stab etwas länger abgesägt und dann das Ende nach dem Durchstecken bündig geschlichtet.

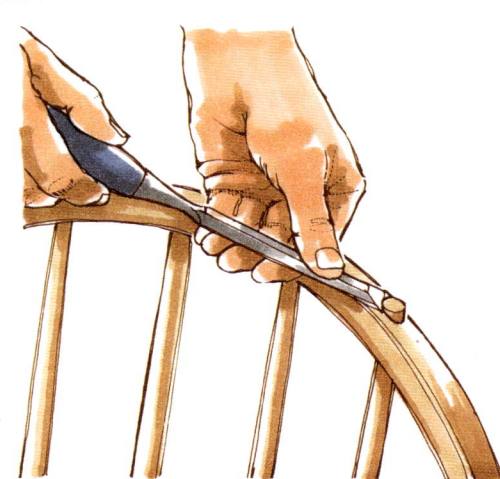

NEU FLECHTEN

Geflochtene Streifen aus Peddigrohr werden seit dem 17. Jahrhundert für Sitze, Lehnen und Armlehnen benutzt. Die Handwerksmeister haben eine große Anzahl verschiedener Flechtmuster, auch für geschnitzte Rahmen, entwickelt. So gibt es beispielsweise die „Spinnenwebe" (in kreisrunder oder ovaler Form) und die „aufgehende Sonne". Bei Stühlen mit defektem Geflecht scheint eine Reparatur immer ein Wagnis zu sein. Aber wenn einige grundlegende Prinzipien befolgt werden, ist die Aufgabe nicht so kompliziert, wie sie zuerst aussieht. Trotzdem sollte man Stühle mit geschnitzten Gestellen von einem Spezialisten reparieren lassen. Die Methode, wie ein Sitz im Sechslagenmuster neu geflochten werden kann, wird auf den folgenden Seiten bildlich dargestellt.

Nußbaum-Gestell mit defektem Peddigrohrsitz.

Neues Rohr dunkelt mit der Zeit nach.

Vorbereiten des Peddigrohrs

Zwei oder drei Streifen werden einige Minuten eingeweicht und bis zum Gebrauch in einer Plastetüte aufbewahrt. Im Verlauf der Arbeit sind weitere Streifen nachzulegen. Sollte ein Streifen während der Arbeit zu trocken werden, wickelt man ihn in ein feuchtes Tuch.

Flechtwerkzeuge

Es werden einige Standardwerkzeuge aus einem Holzbearbeitungssatz sowie ein oder zwei selbstgefertigte Instrumente benötigt.

Mehrzweckmesser
Zum Abschneiden und Säubern des Rohres.

Seitenschneider
Er wird zum Schneiden der Rohrlängen benötigt.

Lochreiniger
Ein großer Nagel oder Schraubenzieherdorn ohne Spitze.

Hefthammer
Zum Treiben des Lochreinigers und für neue Stöpsel.

Stiletto
Eine Sacknadel mit Heft oder ein kleiner Schraubenzieher, dessen Spitze gebogen und abgerundet ist zum Richten der Rohrstreifen.

Flachzange
Zum Spannen und Einziehen des Peddigrohres in enge Löcher wird eine Flachzange verwendet.

Arbeitsstöpsel
Zum Festhalten der Enden des Peddigrohres eignen sich Golfballhalter oder konische Dübel.

Flechtmaterial

Peddigrohr spänt man in Streifen in standardisierten Breiten mit den Nummern 1 bis 6 von der Schilfpalme ab. Die Späne haben eine glänzende Seite, die beim Flechten immer oben sein muß. Um die Streifen in den entsprechenden Löchern festzuhalten, verwendet man Stöpsel aus Weidenrute oder Dübel mit den gewünschten Durchmessern. Die Rohrbreite wird nach drei Gesichtspunkten in folgender Reihenfolge ausgewählt: Erstens: Kompliziertheit des Musters. Zweitens: Größe des Rahmens. Drittens: Lochdurchmesser. Für einen typischen Eßzimmerstuhl verwendet man die Breite 2, führt das Rohr von vorn nach hinten und von einer Seite zur anderen. Die Breiten 3 oder 4 werden für die Diagonalen benutzt und die Breite 6 für die Deckfäden. Letztere bindet man mit der Breite Nummer 2 zusammen.

Vorbereiten des Sitzrahmens

Man sollte Fotos von dem defekten alten Geflecht machen, bevor es entfernt wird. Für das Neuflechten kann dies sehr nützlich sein. Man schneidet das alte Geflecht mit dem Mehrzweckmesser an der Innenseite des Rahmens sowie den Deckfaden samt Haltestreifen ab und entfernt die restlichen Rohrteile. Dann treibt man die Stöpsel von unten mit einem Dorn heraus, reinigt die Löcher und prüft den Zustand des Rahmens und der Verbindungen. Eventuell muß repariert werden. Zuletzt reinigt man das Holz und frischt den Überzug auf bzw. erneuert ihn.

Typische Rohrbreiten für das Sechslagenmuster						
Löcher je 150 mm Länge	10	11	12	13	14	15
Rohrgröße	4	3-4	3	2-3	2	1-2
Durchschuß	6 & 2	6 & 2	6 & 2	6 & 2	6 & 2	6 & 2

Flechten eines Sitzrahmens

Alte Stühle haben die verschiedensten Flechtmuster. Am häufigsten wurde jedoch das Achteckgeflecht verwendet. Es setzt sich aus gepaarten Rohren, die von vorn nach hinten und von einer Seite zur anderen sowie zwei weiteren, die diagonal kreuzen, zusammen. Ein siebentes Rohr dient als Deckfaden. Wird jede Lage vorschriftsmäßig eingezogen und geflochten, kann das, was zuerst kompliziert aussieht, relativ leicht bewältigt werden.

Die erste Lage

Die erste Lage verläuft von vorn nach hinten. Dabei soll der Stuhl von vorn und in einer bequemen Höhe bearbeitet werden.

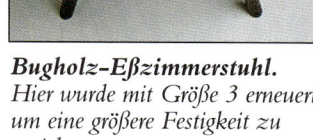

Nußbaum-Rahmenstuhl.
Neu geflochtener Sitz mit Achteckgeflecht mit der Größe 2 und in den Diagonalen mit Größe 3.

Bugholz-Eßzimmerstuhl.
Hier wurde mit Größe 3 erneuert, um eine größere Festigkeit zu erzielen.

1 Auffinden des mittelsten Loches

Um die Mitte zu finden, zählt man die Löcher auf der hinteren Zarge. Ist die Anzahl ungleich, wird in der Mitte ein Loch sein, ist sie gleich, sind neben der Mitte zwei Löcher. Nun muß ein Arbeitsstöpsel in das mittelste Loch oder in eines, das neben der Mitte liegt, gesteckt werden und ein weiterer Stöpsel gegenüber in ein Loch der Vorderzarge.

2 Beginn der ersten Lage

Der erste Strang des Rohres mit der Größe 2 wird durch das hintere Loch gezogen, bis er über und unter der Vorderzarge die gleiche Länge hat. Dann wird er mit einem Arbeitsstöpsel arretiert.

3 Einziehen in das erste Loch

Das Ende der einen Hälfte, die über der Zarge liegt, wird durch das markierte Loch nach unten gezogen. Die glänzende Seite muß oben sein. Nun wird das Ende etwas in Richtung des Loches links danebengebogen und der Arbeitsstöpsel wieder an die gleiche Stelle gesteckt, wobei eine leichte Spannung entstehen muß.

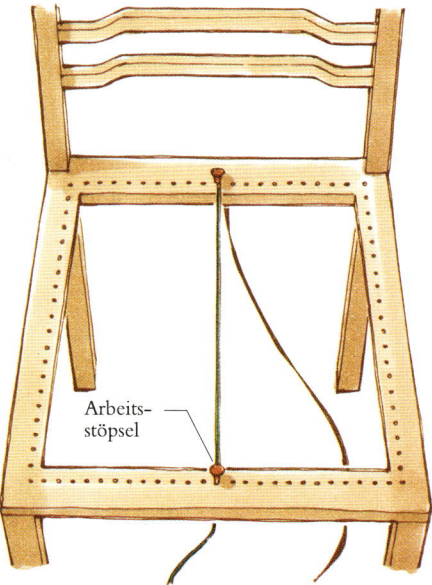

Arbeits-
stöpsel

4 Einziehen in das zweite Loch

Jetzt wird das Ende von unten durch das nächste Loch gezogen und diesmal in Richtung der hinteren Zarge und mit der glänzenden Seite nach oben gebogen. Der Arbeitsstöpsel wird in das zweite Loch gesteckt.

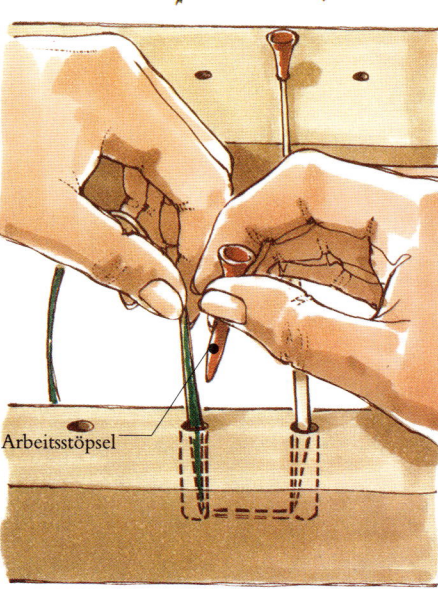

Arbeitsstöpsel

5 Drittes Loch

Das Rohr wird zurück zur hinteren Zarge und durch das gegenüberliegende Loch gezogen. Dann gibt man ihm eine halbe Drehung, hält es straff und steckt einen Stöpsel.

6 Einziehen in das vierte Loch

Das Rohr wird durch das nächste Loch links daneben mit einer halben Drehung nach oben gezogen. Dann nimmt man den Stöpsel heraus und hält ihn für den gleichen Vorgang an der Vorderzarge bereit.

7 Fertigstellen der ersten Lage

In dieser Weise ist weiter zu verfahren, bis alle Löcher mit Ausnahme des Ecklochs in der einen Hälfte der Hinterzarge benutzt sind. Dann das verbliebene Rohrstück über die andere Hälfte des Sitzes führen, wobei das Eckloch ebenso freibleiben muß.

8 Verlängern des Peddigrohres

Ist das Rohr zu kurz, spannt man sein Ende mit Hilfe eines Stöpsels durch die Hinter- oder Vorderzarge nach unten, so daß ungefähr 75 mm vorstehen. Mit dem neuen Rohr ist im nächsten der Zarge gegenüberliegenden Loch zu beginnen. Dort wird das Rohr von unten mit Restmaterial befestigt.

Arbeitsstöpsel

9 Konische Rahmen

Bei Rahmen, die vorn breiter sind als hinten, sind noch Löcher in der vorderen Zarge frei, wenn bereits alle Löcher in der Hinterzarge besetzt sind. Man wählt Löcher an den Seiten aus und befestigt darin kurze Stränge parallel zu den vorhandenen. Bei dieser ersten Lage bleiben die Ecklöcher offen.

Zweite Lage

Sie läuft wie die erste Lage von einer Seite zur anderen. Flechten ist nicht notwendig. Das Rohr wird einfach im rechten Winkel darübergelegt.

Einziehen des Rohres

Das vordere Eckloch wird freigelassen. Dann zieht man das eine Ende des Rohres in das erste Loch an der Seite, läßt aber unten ein kurzes Stück zum Verknoten übrig. Schließlich wird das Rohr über den ganzen Sitz gezogen, wobei die Ecklöcher in der hinteren Zarge offen bleiben.

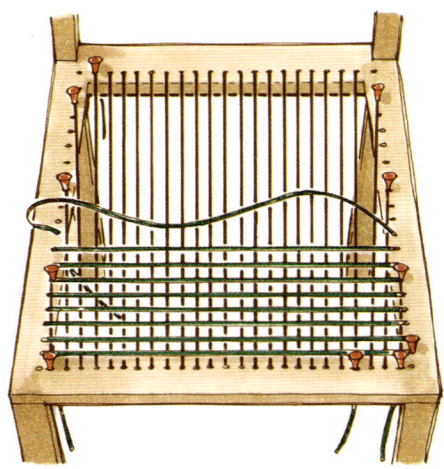

Dritte Lage

Liegt von vorn nach hinten parallel zur Ersten. Sie ist ebenfalls nicht geflochten, sondern liegt über der zweiten Lage.

Einziehen des Rohres

Es erfolgt wie bei der ersten Lage; es muß jedoch parallel von der Mitte aus zur rechten Seite hin gearbeitet werden. Mit dem Stiletto richtet man die Rohre der ersten Lage so aus, daß jedes Paar in etwa 2 mm Abstand voneinander verläuft. Dadurch wird garantiert, daß die Rohre für die Diagonalen richtig liegen.

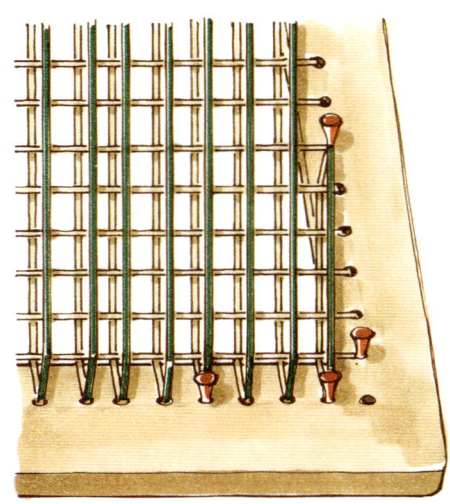

Vierte Lage

Sie verläuft nach vorn und parallel zur zweiten Lage, wird aber durch die von vorn nach hinten gehenden Rohre der ersten und dritten Lage geflochten. Das Ende des Rohres wird in das gleiche Loch an der rechten Seite wie bei der zweiten Lage gesteckt und das Eckloch freigelassen. Das Rohr darf nicht gespalten sein. Kleine Knötchen, die zwischen den Fingern zu spüren sind, muß man versuchen abzuschaben.

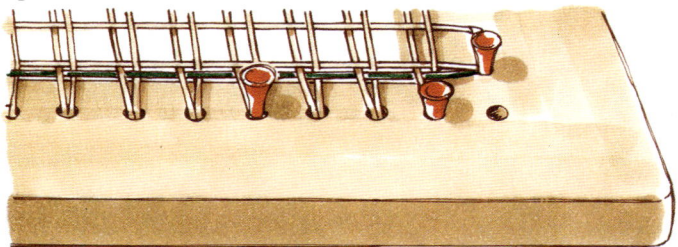

1 Flechten des Rohres

Das Rohr wird quer über den Sitz vor der zweiten Lage im Wechsel über bzw. unter jedem Strang, der von vorn nach hinten läuft, ge-flochten. Dazu wird das Ende über das erste Rohr gelegt, dann unter das zweite, über das dritte und unter das vierte, dann straff ziehen.

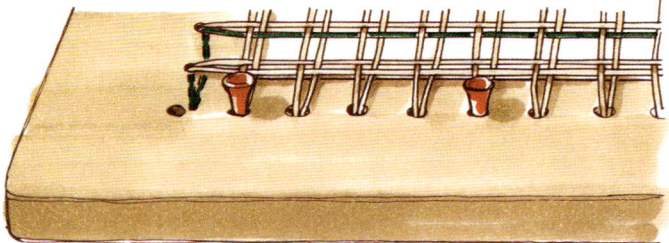

2 Rückführen des Rohres

Ist die andere Seite des Sitzes erreicht, zieht man das Rohr durch das nächste Loch. Diesmal wird das Ende unter dem ersten Rohr nach rechts geflochten, dann erst über das zweite Rohr; dabei immer vor der zweiten Lage bleiben und prüfen, ob das Rohr nicht gespalten ist. Die Ecklöcher müssen ebenfalls freigelassen werden.

Fünfte Lage

Jetzt wird das erste diagonale Rohr geflochten. Diesmal be-ginnt man von einem Eckloch aus und verwendet ein etwas breiteres Rohr, z. B. Größe 3 oder Größe 4.

1 Flechten des Rohres

Man beginnt am hinteren rechten Loch und befestigt das Rohrende, nachdem geprüft wurde, ob es gespalten ist. Das freie Ende wird über das Rohrpaar, das von vorn nach hinten und unter dasjenige, welches von einer Seite zur anderen läuft, gezogen. Etwa vier Rohrpaare sind auf einmal zu flechten, dann wird straffgezogen.

2 Überzählige Löcher

Bei konischen Sitzen wird das Diagonal-rohr nicht auf das vordere Eckloch treffen, sondern einige Löcher weiter in der Vorderzarge. Die freien Löcher werden für die andere Hälfte benutzt.

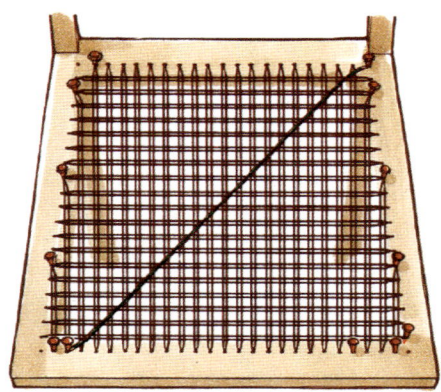

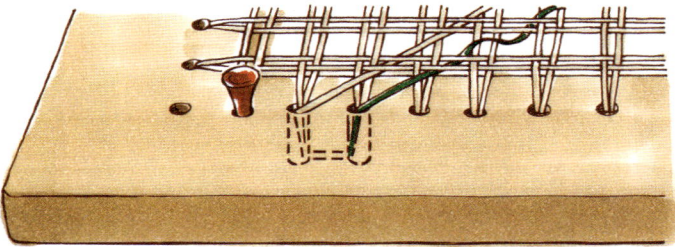

3 Rückführen des Rohres

Das Rohr wird von unten durch das nächste Rohr rechts geführt und in gleicher Weise nach hinten geflochten, so daß es parallel zum ersten Strang liegt und in dem gleichen hinteren Loch endet.

4 Benutzen der Seitenlöcher

Man zieht das freie Ende nach vorn und von unten durch das nächste Loch in der Seitenzarge. Anschließend wird das Rohr diagonal unter die querlaufenden und über die von vorn nach hinten gespannten Paare geflochten. Es ist in gleicher Weise fortzufahren, bis alle vor-deren und seitlichen Löcher bis auf das rechte Eckloch gefüllt sind.

5 Fertigstellen der Lage

Bei gleicher Lochzahl in der Vorderzarge bzw. ungleicher Loch-zahl vorn wird wie beschrieben weiter-geflochten. Dazu wird das Rohr zwei-mal in das vordere linke Eckloch, dann durch das nächste Seitenloch gezogen und danach der ganze Sitz geflochten. Das linke untere Loch muß frei bleiben.

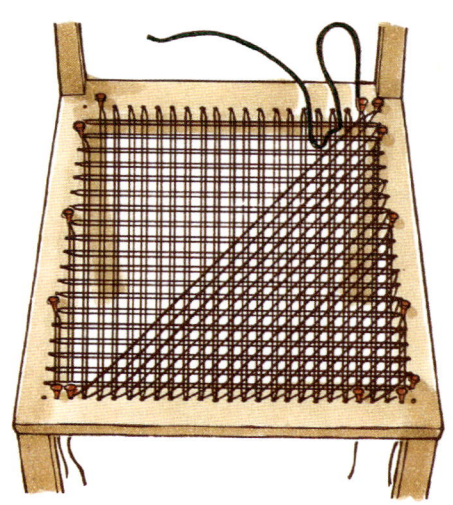

6 Konische Sitze

Damit die Diagonalrohre nicht zu unordentlich verlaufen, kann es erforderlich sein, zwei Stränge in ein Loch zu ziehen. Um welches es sich handelt, entscheidet man während der Arbeit. Bei allen doppelt genutzten Löchern läßt man das gegenüberliegende aus und benutzt es für die nächste Lage.

Sechste Lage

Wie bei der fünften Lage, nur daß man von dem linken hinteren Eckloch ausgeht und von links nach rechts arbeitet.

Flechten des Rohres

Unter den von vorn nach hinten gehenden und über die quergespannten Paare flechten. In den Ecken werden die Rohre verdoppelt. Zwei Rohre sind in den freien Löchern der fünften Lage zu befestigen, dann überspringt man die gegenüberliegenden Löcher, die bereits mit zwei Rohren gefüllt sind.

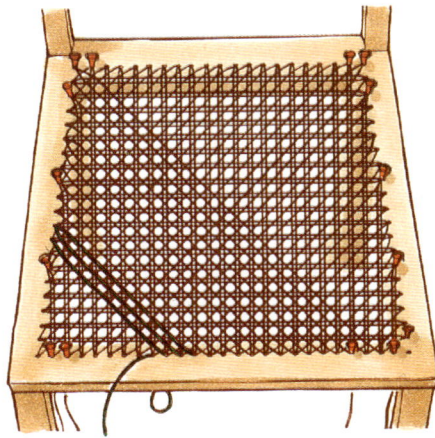

Propfen und abdecken

Zuletzt werden die Rohre in jedem zweiten Loch mit Dübeln festgemacht und ein umlaufender Deckfaden aus Rohr darüber gelegt. Die Ecklöcher und die daneben bleiben offen. Man beginnt von den Ecken aus zur Mitte, wo sich bei Zargen mit einer geraden Anzahl von Löchern entweder zwei offene oder zwei geschlossene Löcher befinden.

1 Zupfropfen der Löcher

Geschnittene Weidenruten oder Dübel ergeben einen haltbaren Pfropfen. Man beginnt mit dem dritten Loch von der Ecke aus und pfropft jedes zweite Loch zu. Mit einem Versenker Pfropfen kurz unter die Oberfläche des Rahmens schlagen und Arbeitsstöpsel entfernen.

2 Kappen der Rohrenden

Die übrigen Enden unterhalb der gepfropften Löcher werden abgeschnitten. Hängt ein Ende heraus, ohne daß das Loch verschlossen ist, wird es in das nächste Loch von unten eingeschoben und mit zugepfropft. Dabei ist es straff zu halten. Zuletzt schneidet man das Rohr am Rahmen ab.

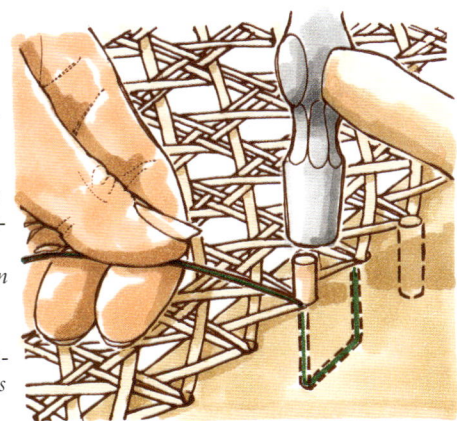

3 Vorbereiten des Deckfadens

Vier Stränge der Größe 6 werden ungefähr 50 mm länger als die Sitzzargen geschnitten, ein Ende der Stränge angespitzt und die Enden in die Ecklöcher gesteckt. Das Rohr muß nicht unbedingt angefeuchtet werden. Bei gebogten Zargen ist dies jedoch angebracht.

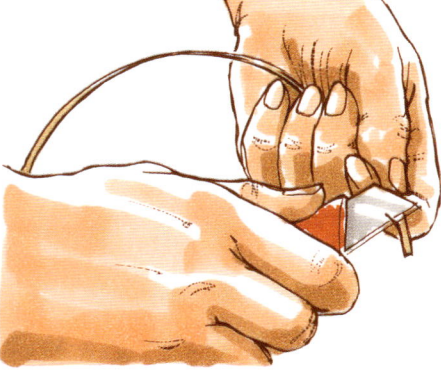

4 Befestigen des Deckfadens

Das Ende eines langen Stranges der Größe 2 wird von unten durch das hintere Eckloch gezogen und in der Linie der Löcher nach vorn gebogen. Ein vorbereitetes Ende des Deckfadens wird von oben in das gleiche Loch geführt und nach vorn gebogen.

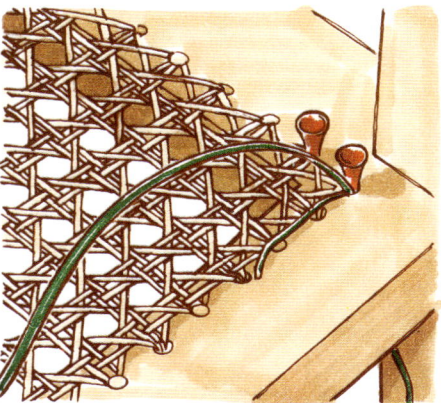

5 Festbinden des Deckfadens

Nun wird das Ende eines Rohres der Größe 2 von unten durch das erste unbenutzte Loch gezogen, über den Deckfaden geschlungen und durch das gleiche Loch nach unten geführt. Nach dem Festziehen der Schlinge wird der Vorgang an den verbliebenen Löchern wiederholt.

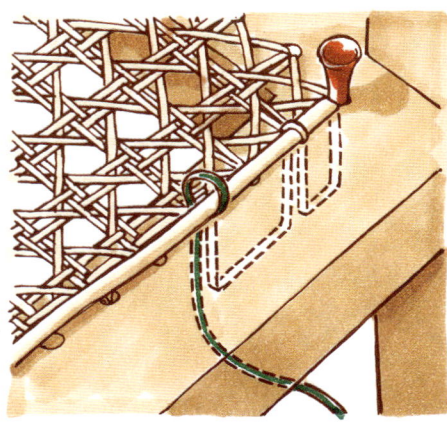

6 Befestigen des Endes

Nachdem die andere Ecke erreicht ist, schneidet man den Deckfaden der Größe 6 auf die entsprechende Länge und spitzt das Ende zu. Dann steckt man es in das Eckloch, macht die Schlingverbindung fest und führt das freie Ende des Rohres diagonal unter die Ecke. Nun wird es durch das nächste freie Loch in der Vorderzarge gezogen.

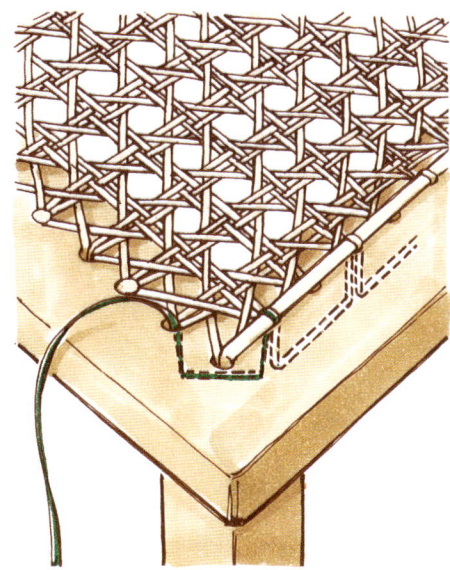

7 Befestigen des vorderen Deckfadens

Nun ist das Ende des nächsten Deckfadens vorzubereiten. Es wird in das Eckloch geführt, das Loch zugepfropft, damit das Ende befestigt wird, und das neue Rohr so gebogen, daß es die Pfropfen und die Löcher überdeckt. Dann zieht man wie vorher Schlingen darum und wiederholt den Vorgang an der nächsten Seite und der Hinterzarge.

8 Fertigstellen des Deckfadens

Der Arbeitsstöpsel ist aus dem ersten Eckloch zu entfernen und das letzte angespitzte Ende des Rohres Größe 2 von unten durch das Loch zu führen. Jetzt wird das Loch zugepfropft, wodurch alle Enden befestigt werden. Der Pfropfen ist jedoch nicht verdeckt.

Verwendung von vorgefertigtem Rohrgeflecht

Das Flechten von Peddigrohr ist zeitaufwendig. Deshalb werden viele geflochtene Möbel heute mit vorgefertigtem Geflecht bezogen. Dazu wird meist das Achteckgeflecht verwendet. Es wird in einer Standardbreite produziert und nach Länge verkauft. Vorgefertigtes Geflecht wird nicht durch Löcher gezogen, sondern in einer Rille befestigt, die in den Rahmen gefräst ist. Man benötigt dazu eine Rohrfläche, die den Rahmen reichlich bedeckt, ein Stück Rohr oder Span als Klemmzulage, Papier zum Übertragen und spezielle Hartholzkeile, weiterhin einen Treibkeil von 100 mm Länge, etwa 25 mm Breite und 3 mm Stärke an der Spitze sowie genügend Arbeitskeile für die Rille. Diese Keile sollten 25 mm lang und genau so breit und stark sein.

1 Entfernen des alten Geflechtes

Mit einem Lochbeitel wird das alte Geflecht aus der Rille gestemmt, der alte Leim entfernt und ein Span bzw. ein Rohrstück, die etwas schmaler als die Rille sein müssen, zurechtgelegt.

2 Herstellen einer Rillen-Schablone

Ein stärkeres Blatt Papier über den Rahmen legen und die Rille mit Wachskreide durchreiben. Die Schablone wird etwa 12 mm größer, als die Außenlinie anzeigt, geschnitten, in der Mitte des Geflechtes aufgelegt und das Geflecht an den Papierrändern abgeschnitten.

3 Vorbereiten des Geflechtes

Das Geflecht wird etwa 15 Minuten in warmem Wasser eingeweicht. Dann schneidet man die Klemmzulage ungefähr 25 mm länger als die gesamte Rille.

73

4 Befestigen des Geflechtes

Die Fläche wird mit der glänzenden Seite nach oben auf den Rahmen gelegt und jedes Stück Rohr, das an der Rille entlang läuft, entfernt. Mit dem Versenken des Geflechtes wird an der Hinterzarge begonnen und ein Arbeitskeil zum Halten des Geflechtes eingeschlagen. Dieser Vorgang wird wiederholt, dabei im Wechsel von hinten nach vorn, von einer Seite zur anderen und von der Mitte ausgehend zu den Ecken gearbeitet.

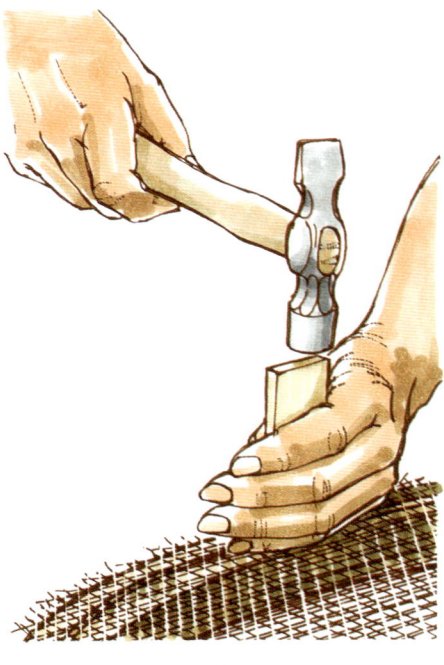

5 Abschneiden des Rohres

Sitzt das Geflecht richtig, kann das überstehende Rohr abgeschnitten werden. Die Arbeitskeile sind einzeln zu entfernen. Die vertikalen Rohrenden werden am Grund der Rille mit einem scharfen Lochbeitel und einem Hammer abgeschnitten.

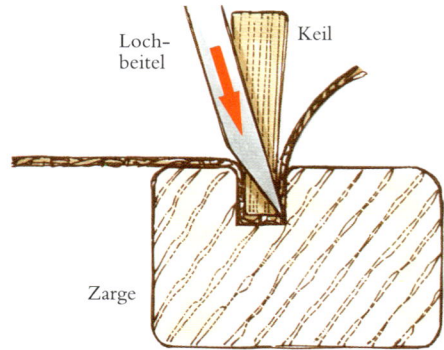

Lochbeitel   Keil

Zarge

6 Befestigen des Geflechtes

Etwas PVA-Leim in die Rille füllen. Mit einem Gummihammer wird die Klemmeinlage bündig mit dem Geflecht geschlagen. Besteht die Einlage aus einem Stück, beginnt man hinten. Am Treffpunkt der Enden schneidet man die Überlappung so ab, daß sie gut anliegen. Bei zusammengesetzten Einlagen wird an den Ecken begonnen. Den herausgedrückten Leim entfernt man. Dann läßt man das Geflecht trocknen und straffen.

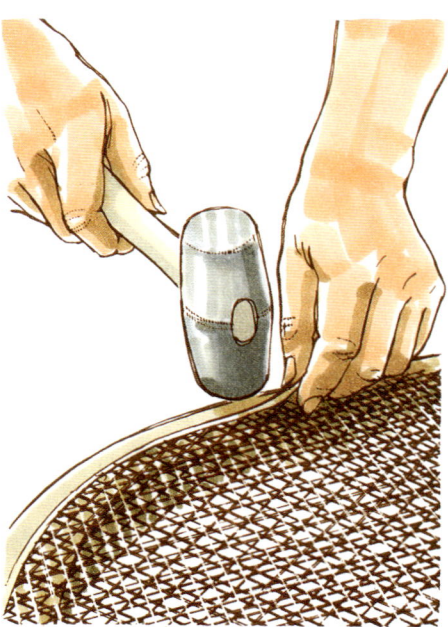

BINSENSITZE

Binsengeflecht findet man vor allem auf Bauernstühlen. Naturbinsen sind bei Fachhändlern in verschiedenen Farbtönen entsprechend ihrer Herkunft erhältlich, sie werden jedoch heute nicht oft verwendet. Erhältlich ist auch Ersatzmaterial aus Papierstreifen oder Kunstfasern, das zu Kordeln zusammengedreht wird. Dieses Material wird nach Gewicht verkauft. Für einen Stuhl benötigt man 1 bis 2 kg. Künstliche Binsen sind einfacher zu handhaben als Naturbinsen, die aber haltbarer und in endlosen Längen zu erwerben sind. Gegenüber den echten Binsen wirken sie jedoch einförmig.

Vorbereiten der Binsen

Zum besseren Verarbeiten werden gebündelte Naturbinsen entweder in einem Wasserbad von 5 Minuten angefeuchtet oder mit Wasser besprüht. Zum Feuchthalten wickelt man sie in ein nasses Tuch. Die Binse wird aus zwei oder drei Blattstreifen, die im Uhrzeigersinn zusammengedreht werden, zu einer langen Rute gewickelt. Diese langen Ruten verwendet man jedoch nur für die obere Sitzschicht, darunter liegen die Blattstreifen nebeneinander. Luftblasen sind herauszudrücken, indem man schnell mit der Hand an den Binsen entlangfährt. Wenn eine neue Rute angefügt werden soll, bindet man sie mit einem Weberknoten unter dem Sitz an die alte an. Kordeln aus Papier oder Fasern werden nur dort angefeuchtet, wo sie in einem Bogen verlaufen.

1 Flechten eines konischen Sitzrahmens

Um die vorderen Ecken des Sitzes, die weiter auseinander liegen als die hinteren, aufzufüllen, bindet man die Enden des ersten Blattstreifens an der Innenseite der linken Zarge mit einem Faden fest. Der Streifen wird nach vorn über und unter die Vorderzarge (1) gezogen, dann nach oben und über die Seitenzarge (2). Der Streifen muß straff gehalten und dann über und unter die gegenüberliegende Seitenzarge gezogen werden (3). Danach wird er über und unter die Vorderzarge geführt (4). Zuletzt wird das Ende innen an der Seitenzarge festgebunden.

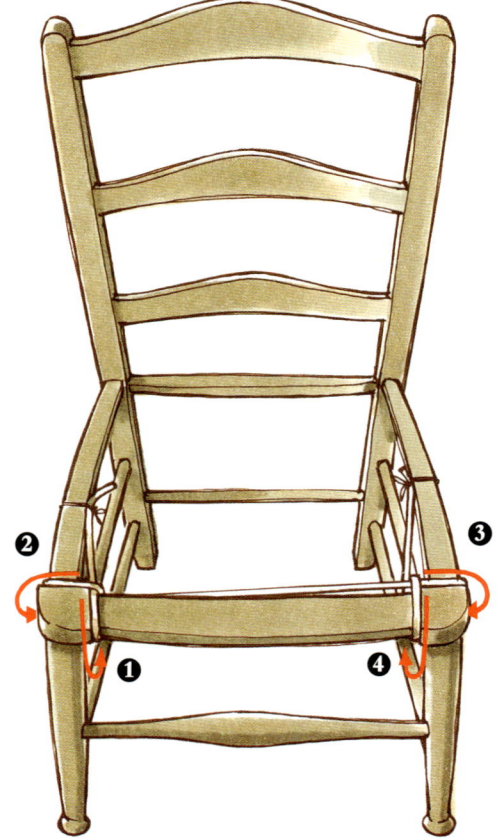

2 Flechten der Ecken

So werden auch die anderen Streifen um den Sitzrahmen gewickelt und festgebunden, bis der Platz zwischen ihnen ebenso breit ist wie die hintere Sitzzarge. Bei Naturbinsen knotet man die Streifen zusammen und dreht sie wie eine Kordel. Um ein Aufdrehen bei künstlichen Kordeln zu verhindern, werden sie ebenfalls umeinandergewickelt.

3 Flechten des Sitzes

Man bindet das Ende einer Rute an die linke Seitenzarge und wickelt sie wie vorher um die Vorderzarge, allerdings an der Hinterzarge erst darüber, dann darunter geführt.Anschließend nach oben und über die rechte Seitenzarge, quer über den Sitz und über die gegenüberliegende Zarge ziehen. Dann führt man sie über und unter die Hinterzarge nach vorn über die Vorderzarge.

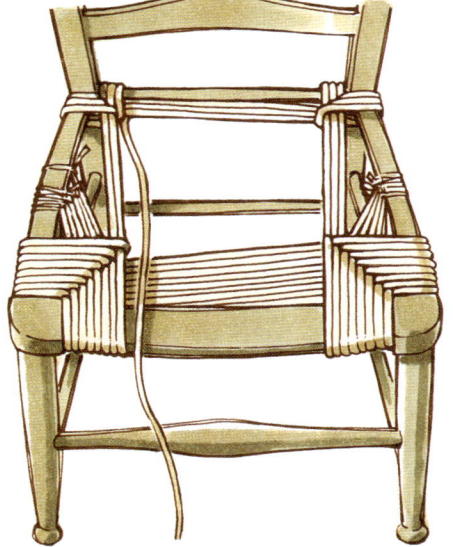

4 Fertigstellen der Ecken

Nachdem etwa acht Stränge fertig sind, lockert man vorübergehend die Grundstreifen, drückt die Stränge zusammen und richtet das Geflecht aus. Der Stuhl wird umgedreht, und alle losen Enden werden unter dem Sitz abgeschnitten. Dann schiebt man Wellpappe o.ä. in den Hohlraum zwischen den unteren Streifen und den oberen Ruten, wodurch eine größere Lebensdauer des Sitzes erreicht wird.

5 Fertigstellen des Sitzes

Auf diese Weise werden auch die anderen Ecken behandelt. Wenn der Sitz breiter als tief ist, werden die Seitenzargen vor den Vorder- und Hinterzargen umwickelt. In diesem Fall werden die Ruten in einer Achterform von vorn nach hinten geflochten. Um die letzten Ruten an ihren Platz zu drücken, wird ein Hebelwerkzeug verwendet. Am Schluß werden lose Rutenenden an der Unterseite des Sitzes festgebunden, gestutzt und eingeschoben.

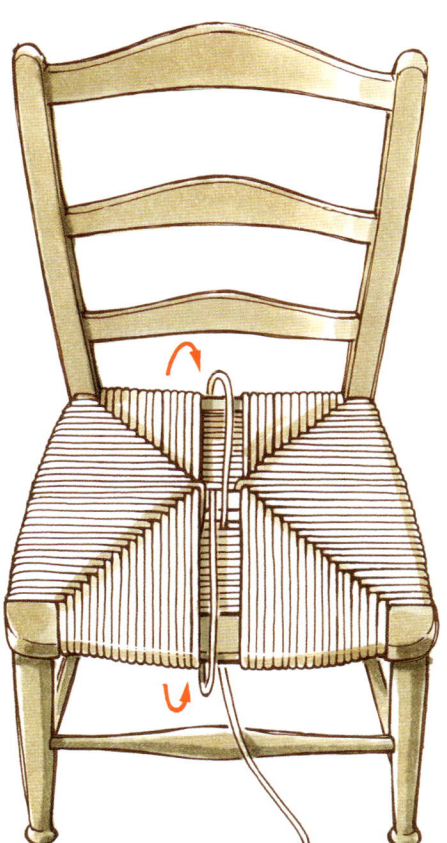

Einfache Stuhlrahmen aus Eichenholz während des Flechtens.

GRUNDLAGEN DER POLSTEREI

Traditionelle Polsterarbeit beansprucht viel Zeit, verlangt ein gutes Auge und große handwerkliche Fertigkeiten, damit ein annehmbares Werk entsteht. Für den Heimwerker kann das Abpolstern eines alten Spiralfederstuhles fast wie eine archäologische Ausgrabung sein, wenn er bis zu neun Auflagen vom Rahmen abreißen muß. Nachdem man das alte Füllmaterial und die Zwischenlagen abge-

nommen hat, bleibt nur ein skelettartiges Gestell übrig, das wenig Vorstellung davon vermittelt, wie das Ganze fertig aussehen kann. Der Anfänger sollte mit überschaubarem Polsterwerk beginnen. So erlernt er die Grundtechniken. Das Anfertigen von Notizen und Fotos während des Arbeitens lohnt sich für die Neupolsterung. Eßzimmerstühle eignen sich gut zum Einarbeiten in die traditionelle Polsterei.

Werkzeuge und Ausrüstung

Das Aufpolstern eines Stuhles ist eine relativ saubere Angelegenheit und kann in der Wohnung durchgeführt werden. Beim Abreißen entsteht jedoch so viel Schmutz, daß man entweder im Freien oder in einer Werkstatt arbeiten sollte, das Tragen eines Atemschutzes ist zu empfehlen. Um die Polsterung abzunehmen und den Rahmen drehen zu können, benötigt man etwas Platz. Der Stuhl wird auf eine Arbeitsplatte gestellt, die auf niedrigeren Böcken oder auf einer Hobelbank befestigt ist. Eine umlaufende Leiste verhindert das Abrutschen des Stuhles. Zum Polstern können viele Holzwerkzeuge verwendet werden. Zusätzlich benötigt man jedoch noch eine Reihe Spezialwerkzeuge und eine Nähmaschine.

Gurtspanner

Er wird benutzt, um das Gurtband zum Annageln zu spannen.

Polsterstecker

Stecker halten vorübergehend die Jute und die Bezüge fest.

Polsterschere

Man benötigt kräftige Scheren, um Stoffe und Gurte zu zerschneiden. Schneiderscheren können ebenfalls verwendet werden.

Polsterhammer

Er ist leicht, hat schmale Bahnen an beiden Kopfenden oder eine Bahn und eine Klaue. Es gibt auch Hämmer mit einer Magnetbahn zum Aufnehmen der Nägel. Tischlerhämmer sind ebenfalls zu verwenden.

Lederspannzange

Eine Zange mit breiten Klemmbacken zum Spannen von Lederbezügen, Gurten und Jute.

Schneidemesser

Ein scharfes Mehrzweckmesser zum Abschneiden von Futter- und Bezugsstoffen.

Abschlageisen

Es dient zum Heraustreiben alter Nägel mit Hilfe eines Tischlerhammers. Man kann auch einen alten Schraubenzieher benutzen.

Nadeln

Nadeln zum Polstern sind: Gerade Nadeln mit zwei Spitzen, auch Matratzennadeln genannt; gebogene Nadeln für die Spiralfedern mit Dreieckspitzen; Rundnadeln. Alle sind in verschiedenen Größen erhältlich.

Haarzieher

Er wird zum formgerechten Verteilen der Füllung nach dem Beziehen gebraucht. Das flache Ende benutzt man zum Umkanten der Bezüge.

Nagelheber

Er hat eine winklige Klauenspitze. Damit zieht man Nägel und Polsternägel heraus.

Tacker

Ein alternatives Gerät für das traditionelle Annageln von Bezugsstoffen.

Füllung · Klebstoff · Abschlageisen · Nagelheber · Polsterhammer · Gurtspanner · Borten · Spiralfedern · Bezugsstoffe · Mehrzweckmesser · Jute · Lederspannzange · Tacker · Schere · Kammzwecken · Ziernägel

Polstermaterial

Das Polstermaterial hat sich seit Jahrhunderten kaum geändert. Die wesentlichste Neuerung: es ist heute schwer entflammbar und entspricht strengeren Sicherheitsvorschriften.

Gurtbänder

Textile Gurte bilden die Stützlage des Sitzes. Deshalb sollte man Baumwollkörper oder Jute von guter Qualität verwenden. Gummibänder eignen sich besonders für Schaumstoffpolster.

Spiralfedern

Sie werden in vielen Drahtstärken und Größen angeboten. Je niedriger die Ziffer für die Stärke, desto härter die Federung. Die härtesten Federn werden für Sitze verwendet, die weichen für (Arm-)Lehnen.

Jute

Es handelt sich um ein grobes Gewebe, das nach Gewicht unterteilt wird. Die schwersten Gewebe werden zum Abdecken von Spiralfedern oder Gurtbändern von eingelegten Sitzen verwendet (sog. Federleinwand). Die mittleren und leichten Gewebe nimmt man zum Überdecken der zweiten Füllung (sog. Fassonleinwand).

Füllmaterial

Traditionelle Füllungen bestehen aus Tierhaaren oder Pflanzenfasern. Fasern machen die Polsterung uneinheitlich, sind aber billiger als Haare, die eine ausreichende Elastizität erreichen.

Schaumstoffplatten

Dieses flexible Material vereinigt die Füllkraft der traditionellen Füllung mit der Elastizität von Spiralfedern. Es wird nach dem Grad der Elastizität eingeteilt und besteht aus Schaumgummi auf Latex- oder aus Schaumstoff auf Polyurethan-Basis. Die Platten sind in verschiedenen Stärken erhältlich.

Ziernägel

Diese Nägel befestigen die Kanten von schweren Bezugsstoffen oder Leder und schließen sie ab. Bortennägel sind schmale Stifte mit kleinen Köpfen zur Befestigung von Borten oder Litzen.

Klebstoffe

Wird als Flüssigkeit oder Spray angeboten. Latex-Textilkleber kann zur Bortenbefestigung verwendet werden.

Futterstoff

Eng gewebtes, ungebleichtes Kattun oder Nessel wird bei der traditionellen Polsterung zum Überdecken der zweiten Füllung und zum Anfertigen der Hüllen von Schaumstoffplatten verwendet. Schwarzes Tuch dient als Abspannstoff für die Sitzrahmen-Unterseite. Für Hüllen von Federkissen verwendet man ein feines, gewachstes Leinen.

Baumwollwatte

Baumwollene Wattelagen mit einer Stärke von etwa 25 mm werden als obere Füllschicht gelegt. Sie verhindern das Durchstechen von Haaren. Feine Baumwollwatte wird auch mit dünnen Papierfolien angeboten. Sie liegt unter dem Bezugsstoff.

Bezugsstoffe

Bezugsstoffe kann man in einer großen Auswahl an Typen, Mustern und Farben erhalten. Es sollte immer die beste Qualität angestrebt werden.

Borten

Borten werden üblicherweise zum Überdecken der Nägel, mit denen ein Bezugsstoff befestigt ist, verwendet.

Nägel

Gurtstifte haben einen großen Kopf, sind 10 bis 16 mm lang und werden zur Befestigung von Gurten und zur vorübergehenden Heftung verwendet. Stifte haben einen schmalen Kopf und eine Länge von 6 bis 25 mm. Die 10 bis 12 mm großen Kammzwecken werden zum Annageln von Futter- und Bezugsstoffen verwendet.

Aufnäh- (Garnier-) Faden, Handnähfaden, Schnürfaden und Paspelschnüre

Mit dem Aufnähfaden werden die Spiralfedern an die Gurte angebunden und die Füllung in Form gehalten. Traditioneller Aufnähfaden wurde durch Bienenwachs gezogen, damit er nicht auffasert und leicht gleitet. Mit Handnäh- und Teppichfaden werden Nähte und Paspeln hergestellt oder Borten angenäht. Schnürfaden aus Hanf wird zum Verbinden der Spiralfedern untereinander und mit dem Rahmen benutzt. Mit Paspelschnüren, die angenäht werden, kann man eine dekorative Kante herstellen.

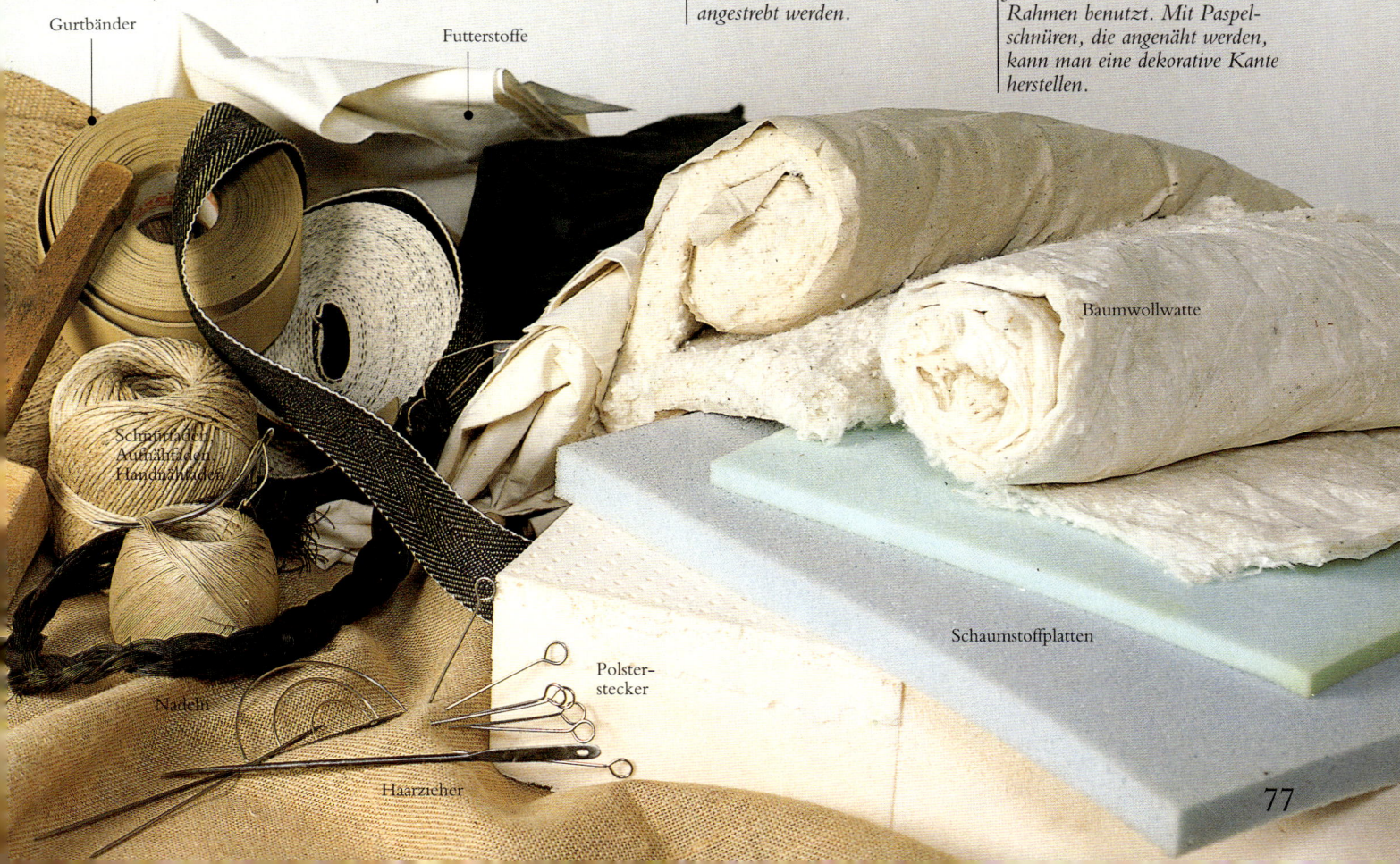

Gurtbänder

Futterstoffe

Baumwollwatte

Schnürfaden
Aufnähfaden
Handnähfaden

Schaumstoffplatten

Nadeln

Polster-stecker

Haarzieher

DIE WICHTIGSTEN POLSTERREPARATUREN

Bei etwas Schonung hält eine Polsterung relativ lange, doch empfindliche Materialien wie z.B. Bezüge werden abgenutzt. Selbst Bezüge von selten benutzten Stühlen leiden durch Sonnenlicht, weil die Farben ausbleichen und die Fasern brechen. Deshalb Möbel so plazieren, daß sie nicht im direkten Sonnenlicht stehen. Auch ein Standortwechsel von Zeit zu Zeit ist angebracht. Regelmäßiges Reinigen mit dem Staubsauger trägt dazu bei, daß der Bezugsstoff lange erhalten bleibt. Federkissen soll man aber nicht saugen, sondern nur schütteln. Soll ein schmutziger Bezug trocken gereinigt oder mit Schaum behandelt werden, unbedingt die Gebrauchsanleitungen beachten. Trotzdem können ältere Materialien aus Fasern brechen oder sich dehnen, was nach und nach zur Zerstörung oder Deformierung der Polsterung führt. Diese Probleme können jedoch vermieden werden.

Durchgesessene Sitze

Die Ursache hierfür besteht meist darin, daß die Gurtbänder ausgedehnt oder ihre Enden lose sind. Gurte, die an der Unterseite des Sitzrahmens befestigt sind, können gestrafft werden, oder man nagelt neue Gurte darüber. Dadurch kann die Zeit bis zu einer vollständigen Neupolsterung überbrückt werden.

1 Lösen der Gurte

Der Stuhl wird umgekehrt mit dem Sitz auf eine Hobelbank gesetzt und der Abspannstoff entfernt. Immer nur an einem Gurt arbeiten, die Nägel sind mit dem Abschlageisen oder einem Schraubenzieher zu entfernen.

2 Neustraffen der Gurte

Das Gurtende wird umgeschlagen und mit einer Lederspannzange ergriffen. Nun hält man den Gurt straff und befestigt ihn mit Gurtstiften. Man kann auch eine Kombizange verwenden. Nach jedem Nagel muß der Gurt neu gefaßt werden.

3 Verstärken der Gurte

Es ist auch möglich, neue Gurte über die Unterseite des Sitzes straff zu nageln, ohne die alten zu entfernen. Dazu werden die neuen Gurte etwas seitlich plaziert, damit die alten Nägel nicht getroffen werden (s. Seite 82).

Zerrissene Bezüge

Risse und Schlitze folgen Kette und Schuß des Gewebes. Dadurch entsteht häufig ein Dreiangel. Dicke Stoffe können genäht werden, bei glatten Bezügen sowie Leder würde man die Stiche jedoch sehen. In diesem Fall wird durch Unterlegen eines Fleckens aus dem gleichen Material der Riß geschlossen.

1 Einschieben des Fleckens

Ein Stück dünner Stoff (z.B. Leinwand), das etwas größer als die gerissene Stelle sein muß, wird zurechtgeschnitten und mit einem Haarzieher oder Löffelstiel unter den Riß geschoben.

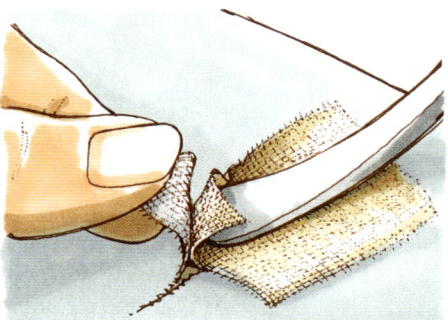

2 Kleben des Risses

Der lose Dreiangel wird zurückgelegt und provisorisch mit einem Stecker gehalten. Bei Leder verwendet man Klebestreifen. Dann vorsichtig Latex-Textilkleber unter die Kanten des Risses und die Flächen des Dreiangels und des Fleckens auftragen.

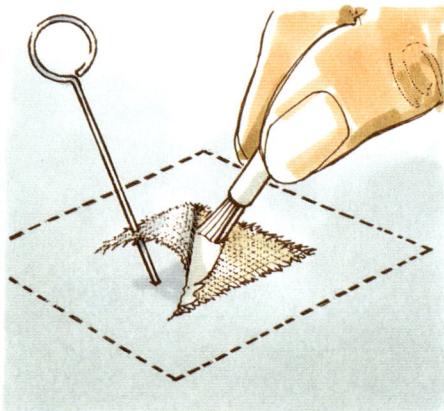

3 Feststecken des Dreiangels

Nun wird der Dreiangel nach vorn gelegt; die Ränder des Risses werden zusammengeschoben. Bis der Leim trocken ist, wird die Stelle mit Steckern geheftet.

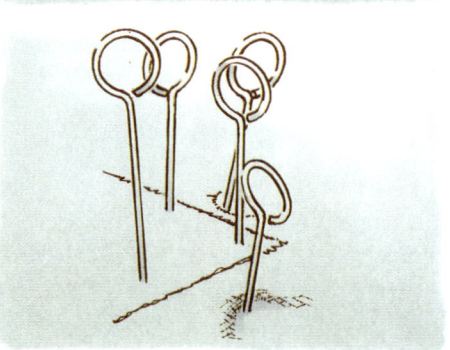

Abgenutzte Paspeln

Paspeln werden an den Nähten der Bezüge angebracht. Da sie vorstehen, nutzen sie sich eher ab als der Bezug. Man ersetzt sie durch neue Paspeln, die mit der Hand angenäht werden.

1 Zuschneiden des Stoffes

Es sollte ein ähnlicher Stoff Verwendung finden. Ist das nicht möglich, einen ähnlichen Farbton suchen, oder bewußt einen Kontrast setzen. Es werden Diagonalstreifen von 38 mm Breite geschnitten und übereinandergelegt, wobei das Gewebe gleich ausgerichtet sein muß. Zu beachten ist, daß schräg zum Gewebe geschnittener Stoff sich leichter wölben läßt.

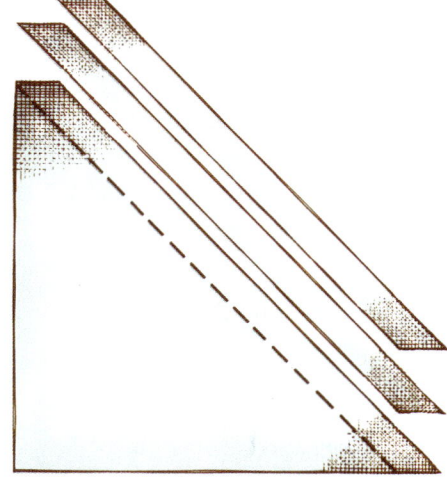

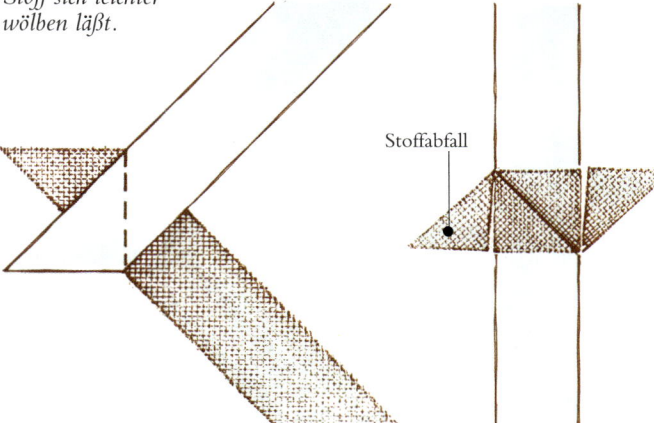

Stoffabfall

2 Verbinden des Stoffes

Ein Streifenende wird im rechten Winkel auf das Ende eines anderen legen, wobei die rechten Seiten beider Streifen gegeneinander liegen, mit der Maschine zusammennähen. Ebenso mit den anderen Streifen verfahren. Nun die Verbindungen glattbügeln und den Abfall abschneiden.

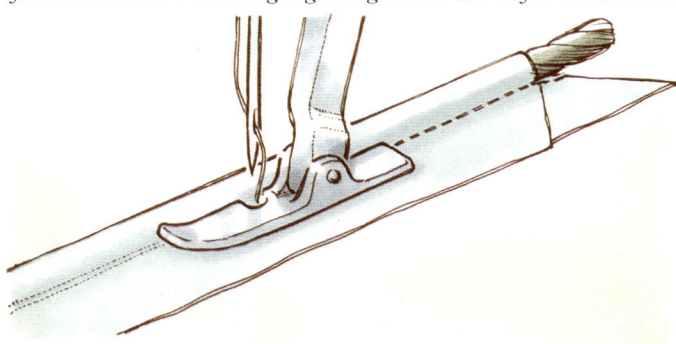

3 Herstellen der Paspel

Nun wird der Stoffstreifen längs so um eine Paspelschnur gewickelt, daß beiderseits der Schnur die gleiche Stoffbreite übersteht. Mit einem speziellen Paspelfuß wird dann direkt an der Schnur entlang genäht.

4 Entfernen der alten Paspel

Man befestigt den Bezug mit Steckern und trennt die Naht, die die Paspel hält, mit einer Schneidnadel oder einer spitzen Schere sorgfältig auf.

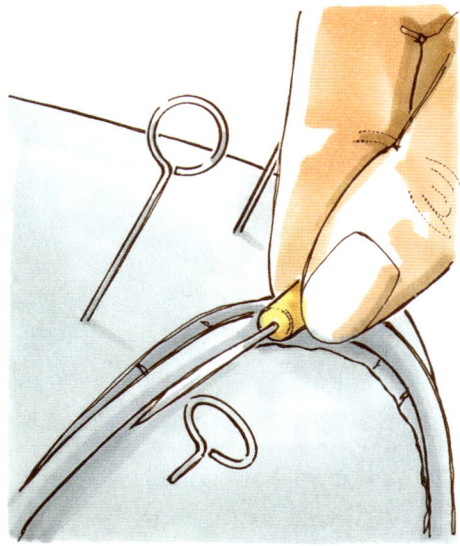

5 Annähen einer neuen Paspel

Die Paspel wird zwischen die Naht geschoben und mit Lauf- oder Leiterstich angenäht. Bei grobem Material sollten die Stiche einen Abstand von etwa 12 mm haben, bei feinem Gewebe sollte er nicht mehr als 10 mm betragen, um eine saubere Naht zu erzielen.

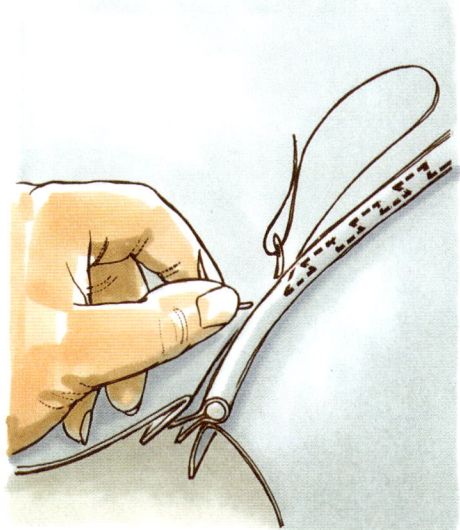

6 Herstellen einer Bogenkante

Soll die Paspel an einem Bogen verlaufen, schneidet man Kerben in den Rand.

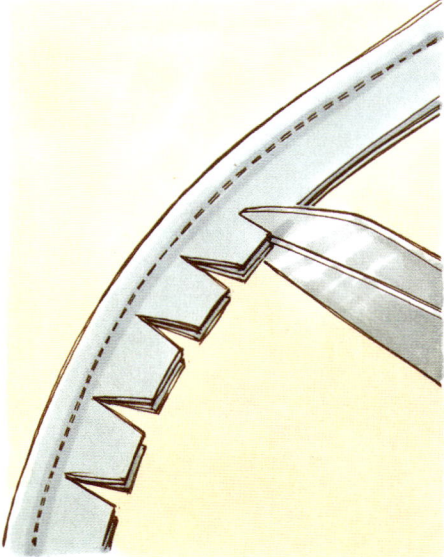

Laufstich

Auch als Leiterstich bekannt, findet diese Handnähmethode allgemein zur Herstellung einer Naht Anwendung.

1 Herstellen eines Laufknotens

Mit einer Rundnadel von 75 mm wird zuerst ein kleiner Stich in das eine Ende des Stoffbruches gemacht und der Faden durchgezogen. Dann strafft man den Faden, windet das kurze Ende über beide Fäden, steckt ihn in die vorher bereits gelegte Schlinge, zieht straff und schiebt den Knoten in Richtung Stoff.

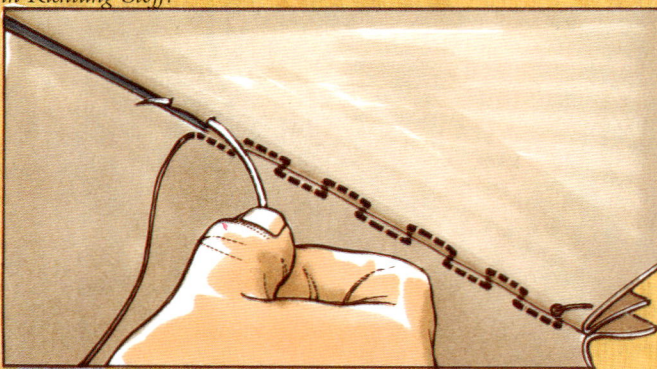

2 Ausführen des Stiches

Der erste Stich wird durch den gegenüberliegenden Stoffbruch 2 mm hinter dem Knoten ausgeführt. Dann die Nadel durch den Bruch zur anderen Seite führen und den nächsten Stich etwa 2 mm hinter dem Ausgangsloch des ersten Stiches machen. Dieser Ablauf wird in der Folge beibehalten. Etwa alle 6 Stiche zieht man die Naht zusammen.

3 Herstellen eines französischen Knotens

Nach einem kleinen Stich am Ende der Naht wird der Faden, wie im Bild dargestellt, um die Nadel gewickelt. Nun wird der Faden durchgezogen und verknotet. Damit er nicht aufgeht, macht man zwei Stiche zurück und vier längs der Naht, dann wird der Faden abgeschnitten.

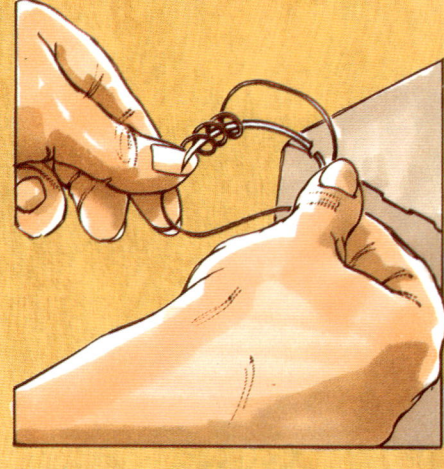

Gerissene Gummi-Gurtbänder

Lockere oder abgerissene Gummi-Gurtbänder können mit dem Tacker angeheftet, angenagelt oder mit Metallklammern für Holz- und Metallrahmen befestigt werden. Der Abstand der Bänder sollte nicht mehr als ihre eigene Breite betragen. Insgesamt sollten sie 50 % des Sitzes einnehmen.

1 Errechnen der Länge

Gummi-Gurtbänder müssen wegen der Spannung etwas kürzer sein als die Weite des Rahmens. Die normalen, 50 mm breiten Bänder werden allgemein um 10 % bei Sitzen und um 7,5 % bei Lehnen verkürzt. Dieser Wert bezieht sich auf die Distanz zwischen den Klammern oder Befestigungen.

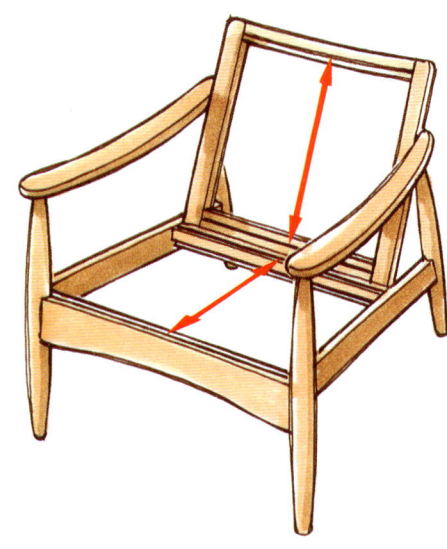

2 Klammern für Holz

Man schneidet die Gurte im rechten Winkel auf die richtige Länge, klemmt die Bänder mit dem Schraubstock zwischen die Stahlklammern und steckt diese, mit der runden Kante nach unten, in eine Nut. Die Innenkante des Sitzrahmens muß abgerundet sein, damit der Gummi nicht reißt.

3 Klammern für Stahlrohre

Die Gummi-Bänder werden entsprechend den alten Gurten zurechtgeschnitten, an den Enden gelocht, über die Metallbügel gebogen und die Klammern durchgesteckt. Zuletzt biegt man die Enden der Klammern mit der Zange um und schlägt sie auf der Unterseite mit dem Hammer flach.

NEUPOLSTERN EINES EINGELEGTEN SITZES

Die Gestelle von Eßzimmerstühlen haben manchmal gepolsterte und eingelegte Sitze. Diese liegen entweder auf einem Falz an der Innenseite der Sitzzargen oder auf den Eckklötzen auf, welche die Rahmen versteifen, und wurden früher mit Pflanzenfasern oder Tierhaaren gepolstert.

Derzeit wird meist Schaumgummi oder Schaumstoff verwendet. Häufig ist eine Kiefernholzplatte die Unterlage, auf der die Polsterung aufliegt. Die traditionelle Polsterei benutzt einen Hohlraum mit Gurtbändern. Ist der Rahmen defekt, statt zu reparieren lieber einen neuen Rahmen anfertigen.

Bezugsstoff
Der oben aufliegende Bezugsstoff kann, wenn er schadhaft ist, erneuert werden, ohne das Polster zu ersetzen.

Watteeinlage
Diese dünne Lage Baumwollwatte verhindert, daß Teile der Füllung durch den Bezug durchdringen.

Traditionelle Füllung
Die beste Füllung besteht aus gemischten Tierhaaren, die Füllung aus Pflanzenfasern ist billiger.

Garnierfaden
Die Füllung wird mit Schlaufen aus Garnierfaden zusammengehalten.

Abspannstoff
Durch schwarzen Abspannstoff wird vom Fußboden aufsteigender Staub abgehalten.

Gurtbänder
Eine haltbare Grundlage für den Sitz ist eine durchflochtene Bespannung mit Gurtbändern.

Nessel
Mit Nessel wird die Füllung überdeckt und in eine Form gebracht.

Federleinwand
Sie unterstützt die Gurtbänder und verhindert das Durchfallen der Füllung.

Holzrahmen
Der Rahmen besteht aus Hartholz und ist in den Ecken gedübelt. Die abgefasten Kanten bilden den Übergang zur Wölbung des Polsters.

Abpolstern des Rahmens
Das Abpolstern kann eine sehr schmutzige Arbeit sein. Deshalb legt man Zeitungen unter und trägt gegen Staub einen Atemschutz. Der Rahmen wird in den Schraubstock eingespannt. Mit einem Abschlageisen oder einem alten Schraubenzieher und einem Holzhammer treibt man die Kammzwecken am Bezug und an der Federleinwand heraus, ebenso die Stifte, die die Gurtbänder halten.

Herstellen eines Rahmens
Lohnt es sich nicht mehr, einen Rahmen zu reparieren, übernimmt man die Maße des Sitzes und stellt einen neuen Rahmen aus gehobeltem Hartholz her. Die Rahmenteile sind mit Dübeln oder Zinken zu verbinden. Die Stärke des Bezugsstoffes dabei berücksichtigen, weil der Stoff über die Außenkanten geschlagen werden muß. Die oberen Kanten des Rahmens werden bis zum Falz abgehobelt und alle Ecken rund geschliffen.

Gurten des Rahmens

Die Stützunterlage eines Sitzes besteht aus elastischen Gurtbändern, die von vorn nach hinten und von einer Seite zur
anderen verlaufen. Es wird mit dem mittelsten Band
begonnen; etwa 25 mm Raum zwischen jedem Band lassen.

1 Annageln der Gurtbänder

*Zuerst spannt man
den Rahmen in die
Hobelbank. Dann
nimmt man die
ganze Rolle Gurt-
band, schlägt vorn
40 mm vom Ende
um und nagelt das
Band in der Mitte
der Hinterzarge, un-
gefähr 12 mm von
der Außenkante, mit
verzinkten Gurt-
stiften von 15 mm
Länge versetzt an,
damit das Holz nicht
spaltet.*

2 Spannen der Gurtbänder

*Mit einem Gurt-
spanner wird der
Gurt über den
Rahmen gespannt.
Dazu wird er ent-
sprechend des Typs
an den Gurt ange-
setzt und am Griff
wie ein Hebel her-
untergedrückt.*

3 Befestigen des Endes

*Der Gurt wird an der
Vorderzarge mit drei
Stiften befestigt. Man
entfernt den Gurt-
spanner, schneidet
den Gurt mit einer
Zugabe von 40 mm
ab, klappt diese um
und nagelt sie mit
zwei weiteren Stiften
fest. In gleicher Weise
werden die anderen
längs oder querlau-
fenden Gurte, die zu
durchflechten sind, ge-
strafft und angenagelt.*

Befestigen der Federleinwand

Diese verwendet man zum Bedecken der Gurte und um zu
verhindern, daß Füllmaterial nach unten durchfällt.

1 Annageln an der Vorderkante

*Die Leinwand wird auf allen vier Seiten etwa 25 mm größer als der
Rahmen zurechtgeschnitten. Eine Kante wird umgeklappt und in
Abständen von 25 mm auf der Vorderzarge angenagelt.*

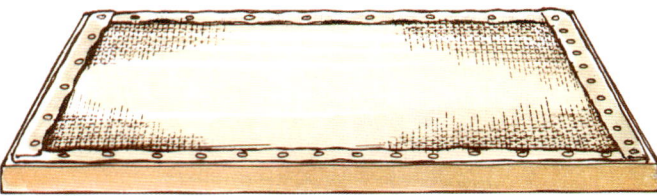

2 Annageln an der Hinterkante

*Man strafft die Leinwand über die Hinterzarge und nagelt sie in der
Mitte an. Dann werden alle 50 mm Kammzwecken gesetzt, die
Leinwand umgeklappt und weitere Zwecken dazwischengenagelt. An
den Seiten wird sie auf die gleiche Weise befestigt.*

Hinzufügen der Füllung

Traditionelle Füllungen werden mit Schlaufen aus Garnierfaden auf der Leinwand festgehalten. Diese soll am Ende des
ersten Drittels in einer Höhe von 100 bis 150 mm gewölbt sein.

1 Herstellen der Schlaufen

*In eine Rundnadel
Garnierfaden Nr. 1
einziehen und an
einer Ecke mit einem
Laufknoten beginnen.
Dann mit Hilfe von
Nadel und Faden 3
oder 4 Reihen Schlau-
fen von etwa 40 mm
Höhe quer über die
Leinwand herstellen
und mit Seemanns-
knoten abschließen
(s. Seite 87).*

2 Einbringen der Füllung

*Unter die Schlaufen
wird von Hand
Füllmaterial gestopft
und so gekrempelt,
daß Stränge ent-
stehen. Dazwischen
füllt man noch mehr
Material auf.*

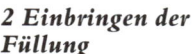

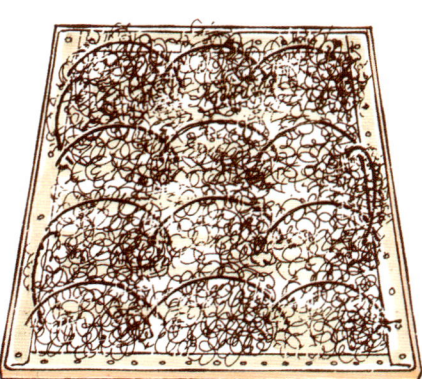

Nesselüberzug

Ein billiges Material. Es wird als direkter Überzug über die Füllung verwendet, um sie zu halten und in Form zu bringen.

1 Befestigen des Nessels

Ein Stück Nessel, das auf allen vier Seiten etwa 50 bis 75 mm größer als der Sitz ist, wird zugeschnitten oder gerissen und mit der Webrichtung rechtwinklig auf die Vorderzarge gelegt. Dann stiftet man den Stoff provisorisch an die vier Außenkanten des Rahmens an.

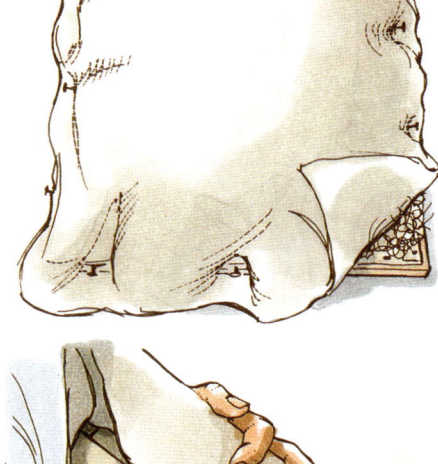

2 Annageln des Nessels

Der Rahmen wird auf eine Ecke gestellt und zwischen Arm und Körper gehalten, um beide Hände zum Annageln des Nessels frei zu haben. Nun kann der Stoff mit einer Hand gestrafft und mit drei oder vier Kammzwecken provisorisch an der Unterseite der Zargen befestigt werden.

3 Straffen des Nessels

Anschließend zieht man die Zwecken aus den Seitenkanten, strafft den Nessel diagonal über jede Ecke und nagelt ihn an der Unterseite an. Dabei läßt man eine Ecke offen, zieht die oberen Zwecken heraus und strafft den Stoff oben durch Streichen mit der flachen Hand gegen die Kanten erneut, um die Füllung zu glätten.

4 Annageln des Nessels

Bezug mit gleichmäßig verteilten, 10 mm starken Kammzwecken von der Mitte nach den Ecken annageln. Dabei zuerst die gegenüberliegenden Seiten bearbeiten. An den Ecken Falten legen und annageln. Zuletzt Stoff kurz vor den Zwecken abschneiden.

5 Abreißen der Watte

Über den Nesselstoff wird eine Lage Baumwollwatte gelegt, damit sich kein Füllmaterial durch den obersten Bezug durcharbeiten kann. Die Watte wird nun mit der Hand festgehalten und an den Rändern faserig abgerissen.

Befestigen des Deckbezuges und des Abspannstoffes

Mit einem Bleistift wird die Mitte der vier Zargen angezeichnet. Dann wird der Deckbezug mit einer Zugabe von 50 mm auf allen vier Seiten zurechtgeschnitten, kleine V-förmige Einschnitte in der Mitte aller vier Ränder angebracht, der Stoff zentral ausgerichtet und wie der Nessel angenagelt.

Befestigen des Abspannstoffes

Um die Kammzwecken auf der Unterseite abzudecken, heftet man mit dem Tacker einen Baumwollstoff auf ähnliche Weise an, wie es bei der Federleinwand beschrieben ist. Dabei müssen die Ränder jedoch vor dem Anheften nach innen umgelegt werden.

Verwendung von Schaumstoffpolster

Verwendet man diese bei eingelegten Sitzen, werden Gurte und Federleinwand wie bei der traditionellen Polsterung befestigt. Für Kiefernholzplatten entfällt eine Vorbereitung.

1 Schneiden des Schaumstoffes

Den Umriß des Rahmens auf einer 25 mm starken, aber nicht zu weichen Schaumstoffplatte anzeichnen. Jetzt mit einem scharfen Brotmesser oder einem elektrischen Tranchiermesser ausschneiden – dabei auf allen Seiten je 12 mm zugeben.

2 Erhöhen des Polsters

Ein weiteres 12 mm starkes Stück Schaumstoff entsprechend der Sitzform zurechtschneiden. Alle vier Seiten sollten 60 mm kleiner als der Sitz sein. Kanten abschrägen. Dann den Schaumstoff in die Mitte der größeren Platte legen.

3 Bekleben der Kanten

125 mm breite Nesselstreifen werden so an die Kanten der kleinen Platte angeklebt, daß sie etwa 75 mm überlappen. Danach werden sie angenagelt.

4 Befestigen des Schaumstoffes

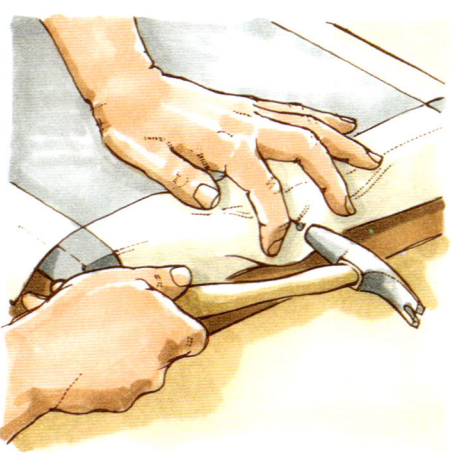

Den Schaumstoff in die Mitte des Rahmens oder der Holzplatte legen, die Streifen provisorisch annageln. Anschließend nagelt oder heftet man den Streifen mit dem Tacker auf der Unterseite an und zieht Nessel und Bezugsstoff auf (s. Seite 83).

Neubeziehen eines Flachpolsters

Im Gegensatz zu einem eingelegten Sitz, der gesondert angefertigt wird, gibt es Stühle mit einem flachen Polster, daß man auf dem Sitzrahmen befestigt. Die Füllung liegt auf Gurten wie bei einem eingelegten Sitz, der Bezug ist jedoch mit Borte oder Ziernägeln befestigt.

1 Entfernen des alten Polsters

Beim Herausziehen der Nägel ist vorsichtig zu arbeiten, damit das spröde Holz nicht splittert. Als Werkzeug sind Nagelheber oder Beißzange zu empfehlen, ein Abschlageisen weniger.

2 Sitzherstellung

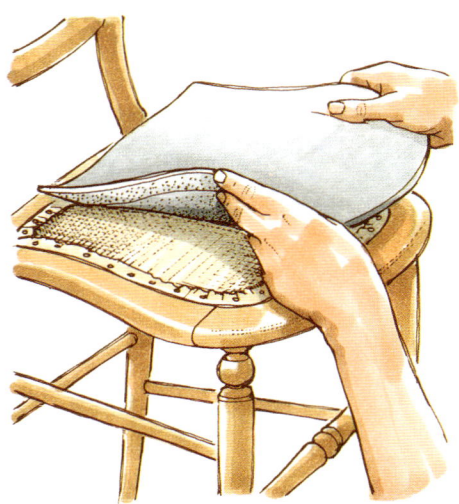

Gurtbänder und Nessel wie bei einem eingelegten Sitz anbringen. Dann Füllungsschlaufen annähen und eine gewölbte Füllung formen, die mit Nessel überzogen wird. Den Nessel ringsherum annageln und genau am inneren Rand des Sitzes abschneiden. Statt Nessel kann eine Schaumstoffplatte verwendet werden.

3 Aufnageln des Bezuges

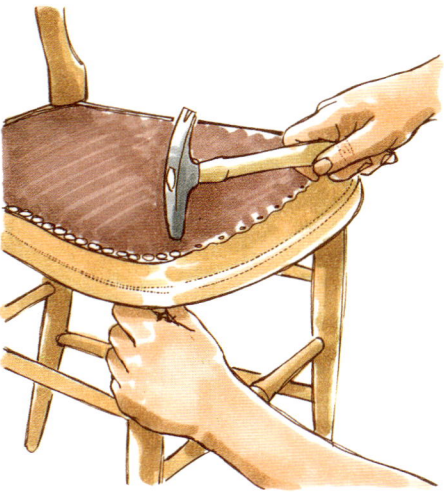

Der Bezugsstoff wird 18 mm größer als die endgültige Form zugeschnitten und provisorisch befestigt. Zuvor müssen jedoch die Ränder nach innen eingeschlagen werden. Ist eine gleichmäßige Straffung erreicht, nagelt man den Bezug fest und schließt mit dicht nebeneinander gesetzten Ziernägeln oder einer Borte ab.

TRADITIONELLER ÜBERGEPOLSTERTER SITZ

Übergepolsterte Sitze haben eine hohe Auflage, welche die Sitzzargen zum Teil oder ganz überdeckt. Der Bezug ist unter dem Rahmen angenagelt oder an den Vorderseiten angebracht und mit Borte bedeckt. Bei alten Stühlen findet man dicke Lagen von Füllungen über Gurtbändern und Federleinwand, die beide auf der Oberseite des Rahmens angenagelt sind. Seit dem 19. Jh. werden Spiralfedern verwendet. Die Gurte, auf denen die Federn aufsitzen, wurden auf der Unterseite der Zargen angenagelt. Die Lage der Nagellöcher für die Gurte ist Hinweis, ob die Federn im Sitz befestigt waren oder später hinzugefügt wurden. Die Füllung wird so geformt und mit Stichen befestigt, daß eine wulstartige Kante die Gesamtform bestimmt. Sind keine Federn vorhanden, wird die Füllung auf einer flachen, federleinenen Unterlage wie bei einem eingelegten Sitz aufgebaut. Das hier abgebildete Beispiel hat Spiralfedern, die Methode der Füllung ist jedoch bei beiden Typen ähnlich.

Bezugsstoff
Er ist entsprechend dem Stuhl gemustert oder glatt aus Natur- oder Kunstfasergewebe. Er wird in vielen Sorten und allen Stilarten angeboten.

Fassonleinwand
Abdeckung für die untere Füllung. Durch Fadenstiche verbindet man sie mit der Leinwand über den Federn und gibt dadurch der Füllung Halt.

Baumwollwatte
Eine dünne Lage Baumwollwatte macht den Sitz weich und verhindert, daß Teile der Füllung nach oben durchdringen.

Borte
Dekorative Borte, überdeckt die Kammzwecken.

Nessel
Er wird zum Abdecken der oberen Füllung verwendet.

Kantenwulst
Wird aus Füllungsmaterial geformt und mit Garnierstichen durch die Fassonleinwand befestigt.

Obere Füllung
Diese zweite Füllung gibt dem Sitz seine Form. Sie wird mit Garnierfaden festgehalten.

Untere Füllung
Haar- oder Faserfüllungen werden zu einer festen Lage geformt und mit Garnierfaden gestützt.

Federleinwand
Zum Überdecken der Spiralfedern und als Unterlage der Füllung.

Schnürfaden
Ein stärkerer, gedrehter Faden zum Verbinden der Federn untereinander und mit dem Rahmen. So wird verhindert, daß sich die Federn zur Seite biegen.

Abspannstoff
Ein leichter Stoff, der auf der Unterseite der Zargen angenagelt ist, verhindert, daß Staub auf den Fußboden fällt.

Spiralfeder
Zur Mitte konisch verlaufender, gebogener Stahldraht, ist mit Aufnähfaden an die Federleinwand und die Gurtbänder angenäht.

Gurtbänder
Miteinander verflochten und an der Unterseite der Zargen angenagelt, bilden so die Stützlage des Sitzes.

Vorbereiten der Arbeit

Man benötigt eine aufgeräumte Hobelbank oder setzt einen Stuhl auf Böcke. Ist das Gestell poliert, umwickelt man es zum Schutz mit gummierten Teppichstreifen.

Entfernen der Polsterung

Obwohl es möglich ist, einen Sitz neu zu polstern, ohne alle alten Teile zu entfernen, ist es besser, alles zu erneuern.

1 Entfernen des Bezuges

Man beginnt mit dem Ablösen des Bezuges, muß aber bei solchen, die vorn an den Zargen angenagelt sind, die Kammzwecken vorsichtig ausstemmen oder herausziehen. Sind die Zwecken unter den Zargen angenagelt, kann ein Abschlageisen verwendet werden. Möglichst den alten Bezug als Muster erhalten.

2 Füllung entfernen

Watte herausziehen, Kammzwecken vom Nessel entfernen, obere Füllung anheben und die mit Fassonleinwand bedeckte Füllung herausziehen. Obere Garnierfäden durchschneiden, Kammzwecken der Fassonleinwand herausziehen und die unteren Garnierfäden durchschneiden.

3 Entfernen der Spiralfedern

Die Nägel werden in Richtung der Holzfasern herausgezogen, dann schneidet man die Schnürfäden durch, damit die Federleinwand angehoben werden kann. Nun die Schnürfäden herausziehen und die Aufnähfäden der Spiralfedern durchschneiden. Abspannstoff und Gurtbänder entfernen.

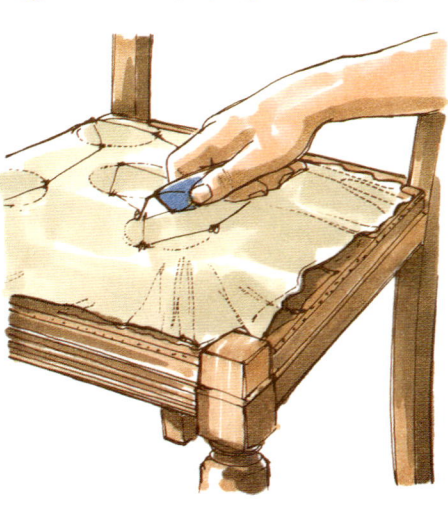

4 Vorbereiten des Gestells

Zunächst ist zu prüfen, ob alle Nägel entfernt und die Verbindungen und Zargen in Ordnung sind, notfalls ist zu reparieren. Dann wird die Politur des Holzes aufgefrischt. Anschließend umwickelt man die Beine zum Schutz mit weichen Stoffstreifen.

Herstellen eines Spiralfedersitzes

Zuerst wird der Rahmen gegurtet. Die Anzahl der Gurte ist von der Größe des Rahmens abhängig. Man läßt einen Finger breit Raum zwischen den Gurten und der hinteren sowie den seitlichen Zargen, an der Vorderzarge zwei Finger breit. Die Gurte an die Unterseite des Sitzrahmens nageln (s. Seite 82). Nun sind die Gurte so zu spannen, daß auf ihnen die vollen Endwindungen der Federn aufliegen können. Üblich sind vier systematisch angeordnete Federn. Man setzt sie so, daß die Stellen, wo sie zusammengewickelt sind, zur Mitte zeigen. Stellt sich heraus, daß eine fünfte, zentrale Feder notwendig ist, sollte diese Stelle nach vorn zeigen.

1 Anknüpfen der Spiralfedern

Es wird an einer Ecke, evtl. auch mit der fünften Feder, begonnen. Man legt den Stuhl auf den Rücken oder stellt ihn auf und knüpft die Endwindung mit einer Rundnadel mit Dreiecksspitze und einem Aufnähfaden Stärke Nr. 1 an die Gurte.

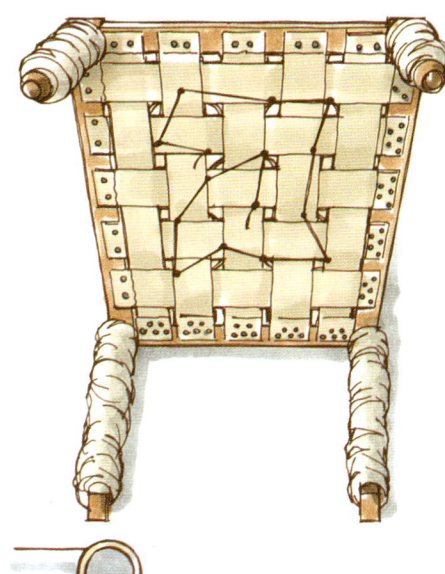

2 Beginn des Stiches

Die Nadel nahe der Außenseite der Endwindung der Feder nach oben durch den Gurt ziehen. Dann führt man sie neben der Innenseite wieder zurück und verbindet die Fadenenden mit einem Laufknoten.

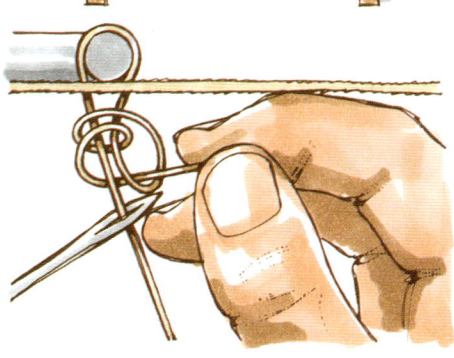

3 Herstellen eines halben Seemannsknotens

Der Faden wird von unten um den Draht geführt, verknotet, zur nächsten Feder geführt und ebenfalls unter den Gurten verknotet.

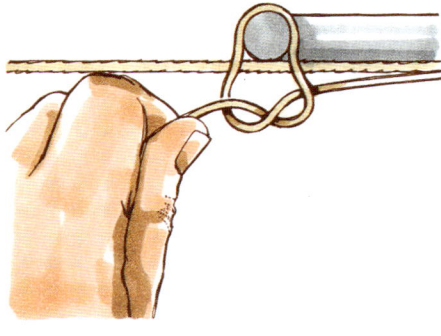

4 Herstellen eines doppelten Seemannsknotens

Die anderen Federn werden ebenso angeknüpft. Den Faden befestigt man an der letzten Feder mit einem doppelten Seemannsknoten.

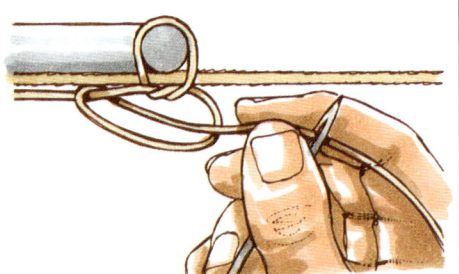

Verbinden der Spiralfeder

Damit die Federn einheitlich belastet werden, zieht man zwischen die oberen Endwindungen Schnürfäden von vorn nach hinten und von einer Seite zur anderen.

1 Befestigen eines Schnürfadens

Nun schlägt man verzinkte 16 mm lange Nägel in die Oberseite des Sitzrahmens in Flucht der Spiralfedern zur Hälfte ein. Dann die Fäden auf eine Länge, die der doppelten Größe des Sitzes entspricht, schneiden, einen davon auf der Hinterzarge etwa 225 mm vom Ende anknoten und den Nagel einschlagen.

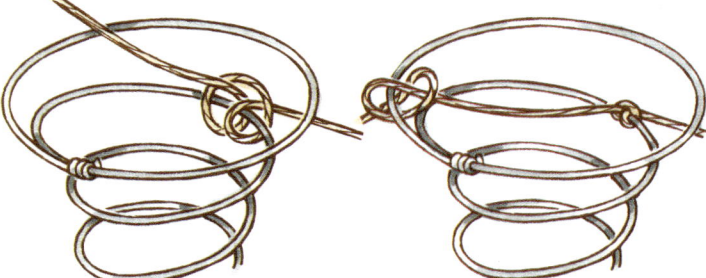

2 Verbinden der Knoten

Die aufgestellte Spiralfeder wird etwa 50 mm zusammengedrückt und um die zweite Windung von oben eine Doppelschlinge gebunden. Die nächste erhält oben einen Schlingknoten, die dritte wird umgekehrt verknotet und am Nagel gegenüber befestigt.

3 Verschnüren der Spiralfedern

Alle Spiralfedern von vorn nach hinten und von einer Seite zur anderen zusammenschnüren. An den Kreuzungsstellen werden die Schnüre mit einer Schlaufe verbunden. Dann führt man die Enden eines jeden Fadens von den Nägeln aus zurück zu den oberen Windungen und befestigt sie dort mit einem doppelten Seemannsknoten.

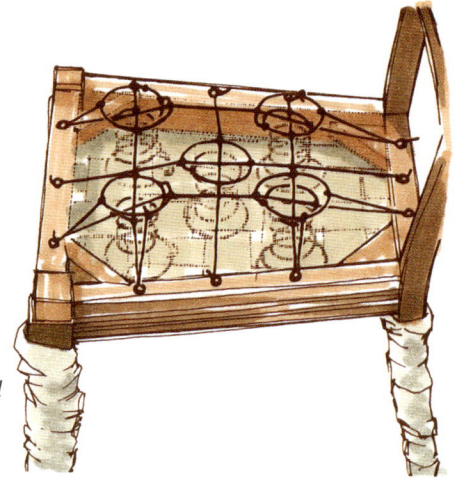

Abdecken der Spiralfedern

Zum Abdecken der Spiralfedern und zur Schaffung einer soliden Basis für die Füllung dient Federleinwand.

1 Befestigen der Federleinwand

Die Leinwand wird so zurechtgeschnitten, daß sie an allen Seiten etwa 25 mm größer ist als der Sitz. Dann wird sie über die Federn gelegt und, ohne sie zu drücken, an der Oberseite der Zargen leicht angestiftet. Wenn der Bezug gut ausgerichtet ist, schlägt man die Ränder ein und nagelt sie fest.

2 Anknüpfen der Spiralfedern

Die oberen Endwindungen der Federn werden mit der gleichen Methode an die Federleinwand angeknüpft wie beim Verbinden mit den Gurten.

Aufbauen der ersten Füllung

Nachdem die Gurte und Spiralfedern befestigt sind, kann die Haar- oder Faserfüllung hinzugefügt werden.

1 Nähen der Garnierfäden

Mit einer Rundnadel näht man etwa 60 mm von der Kante entfernt eine Reihe Garnierfäden in Schlaufen auf die abfallenden Ränder der Federleinwand. Eine ebensolche Schlaufenreihe wird quer über die Mitte des Sitzes gelegt (s. Seite 82).

2 Aufbringen der Füllung

Die Füllung wird in Ballen unter die Fäden geschoben, eine Kante geformt und die Mitte in einer Stärke von etwa 100 mm mit reichlich Material aufgebaut. Die Füllung ist gut zu verteilen. Sie soll eine gleichmäßige Dichte und Form haben.

3 Beziehen mit Fassonleinwand

Man schneidet ein etwas größeres Stück Fassonleinwand ab, legt es über die Füllung und stiftet es provisorisch auf jede Zarge. Dann einen diagonalen Einschnitt an den hinteren Ecken für die Beine anbringen, überschüssigen Stoff abschneiden und den Rest umschlagen.

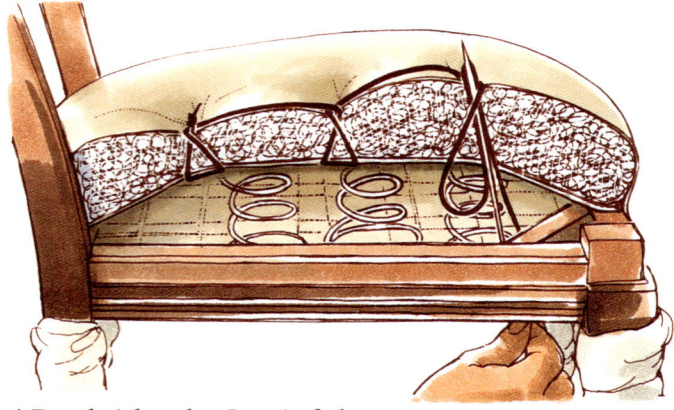

4 Durchziehen der Garnierfäden

Zum Festigen der Füllung macht man mit einer Matratzennadel und Garnierfaden Nr. 1 große Stiche durch die Füllung. Es wird an einer Ecke der Fassonleinwand begonnen und über den Spiralfedern mit der Nadel nach unten durch die Füllung und die Federleinwand gestochen. Dann das obere Ende der Nadel etwa 18 mm nach vorn führen, zur Einstichstelle zurückbringen und die Enden mit einem Laufknoten verbinden. Die Stiche enden in der Mitte, sie liegen oben 100 und unten 18 mm auseinander. Die Spiralfedern dürfen nicht erfaßt werden.

5 Annageln der Fassonleinwand

Man beginnt vorn, entfernt einige der provisorischen Stifte und bringt zur Festigung der Kanten noch etwas Füllung unter die Leinwand. Dann werden die Ränder der Leinwand unter die Füllung gedrückt und auf die schräge Oberkante des Rahmens genagelt. Um eine gleichmäßige Straffung zu erreichen, nagelt man entlang eines Webfadens.

6 Umschlagen der Ecken

Die Ecken werden straff ausgestopft, dann wird die Leinwand an den vorderen Ecken ordentlich umgeschlagen und angenagelt.

Formen einer Kantenwulst

Um dem Sitz eine klare Form und eine feste Stützung zu geben, führt man vor dem Formen der Kanten Blindstiche zur Verstärkung der Seiten aus.

1 Benutzen eines Haarziehers

Zum Verstärken und zum Ausgleichen der Kanten dient ein Haarzieher. Er wird durch die Fasson-leinwand gestochen, durch Hin- und Herbewegen kräuseln sich die Fasern zu einem Ballen um die Spitze. Dieser Ballen kann dann mit dem Haarzieher an die gewünschte Stelle geschoben werden.

2 Blindstich

Eine Matratzennadel mit Garnierfaden Nr. 2 oder 3 wird etwa 40 mm von einem Bein entfernt im Winkel von 45° in die Kante direkt über der Nagelflucht gestochen.

3 Verknoten des Stiches

Die Nadel darf nicht ganz durchgestochen werden. Dann führt man sie durch den Stoff zurück an die hintere Ecke neben den Nägeln, so daß das Öhr erscheint. Die Nadel wird herausgeholt, in das Ende des Fadens ein Laufknoten gebunden und straffgezogen.

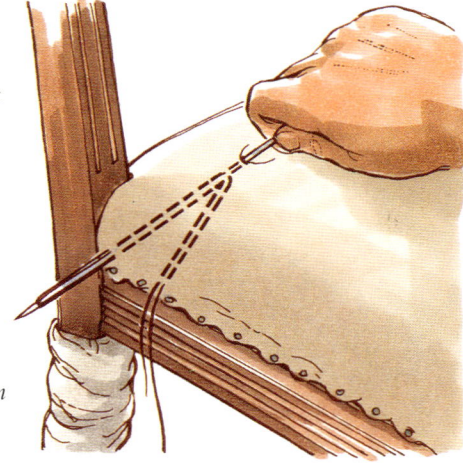

4 Ausführen des nächsten Stiches

Etwa 50 mm vom ersten Stich entfernt wird die Nadel wieder im Winkel von 45° eingestochen und bis kurz vor das Öhr durchgezogen wie vorher. Beim Zurückstechen sollte sie etwa 25 mm vom ersten Einstich wieder erscheinen.

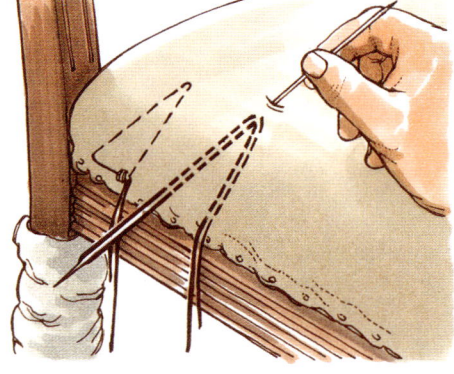

5 Verbinden des Fadens

Bevor die Nadel ganz herausgezogen wird, wickelt man den vom Laufknoten festgehaltenen Faden dreimal im Uhrzeigersinn um die Nadel und führt sie durch die Schlaufe, um den Faden festzubinden.

6 Fertigstellen des Stiches

So werden auch alle anderen Seiten des Sitzes bearbeitet. Die Enden des Fadens werden mit einem doppelten Seemannsknoten befestigt. Nun führt man eine zweite Reihe Stiche etwa 25 mm über den ersten Stichen aus und korrigiert die Füllung.

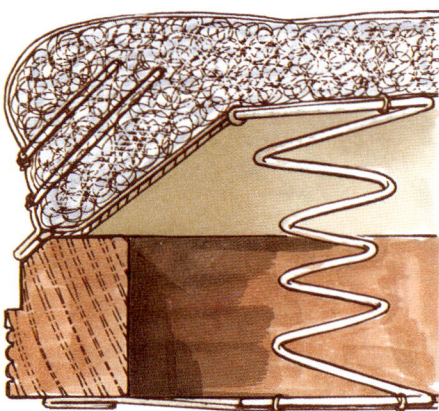

7 Herstellen der Kantenwulst

Die Kanten gerade formen. Parallel dazu Markierungen etwa 22mm ober- bzw. unterhalb auftragen. Nun von der Seite aus eine Reihe von Stichen mit 25 mm Länge im rechten Winkel durch die Kante anbringen und den Faden verknoten.

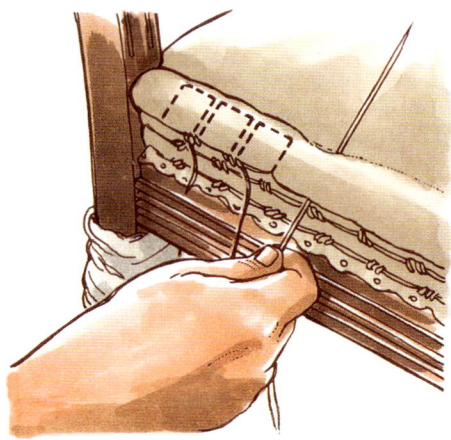

Zweite Füllung

Nun wird eine weitere Schicht Füllmaterial gleichmäßig und formgerecht aufgelegt und mit Garnierfaden wie bei einem eingelegten Sitz festgenäht (s. Seite 82). Diese Schicht sollte 50 mm stark und nach den Kanten abfallend sein, ohne über die Wülste zu hängen. Nun wird ein Stück Nessel, das etwa 100 mm größer als der Sitz ist, zugeschnitten, aufgelegt und das Material mit der Hand so gestrichen, daß eine Wölbung entsteht. Jetzt wird der Stoff, von der Mitte der vier Seiten ausgehend, angenagelt. Die Ränder werden nicht umgeschlagen, sondern bis zu den Nägeln abgeschnitten.

Herstellen der hinteren Ecken
Man schlägt die Ecke des Stoffes nach oben und schneidet eine Diagonale in Richtung des Beines. Dann wird der überschüssige Stoff eingeschlagen, um das Bein gelegt und angenagelt.

Ausstopfen der Ecken

In Abhängigkeit von der Beinform gibt es zwei Methoden zur Herstellung der Ecken.

1 Herstellen abgerundeter Ecken
Bei abgerundeten Ecken legt man je eine Falte auf beiden Seiten der Ecke, spannt den Stoff darüber, befestigt ihn mit einer Kammzwecke und drückt die Falte unter den Stoff.

2 Herstellen gerader Ecken
Bei einer geraden Ecke wird eine einfache Falte gelegt und der überschüssige Stoff an die Vorderzarge genagelt.

Annageln des Bezugsstoffes

Der Nessel wird nun mit zwei oder drei Lagen Watte entsprechend der Form des Sitzes bedeckt, der Bezugsstoff darüber gelegt und in der gleichen Weise wie der Nessel befestigt. Allerdings wird der überschüssige Stoff vom Falten der Ecken innen abgeschnitten, um wegen der Stoffstärke einen besseren Abschluß zu erhalten. Es kann sich erweisen, daß die Falten mit einigen Laufstichen geschlossen werden müssen.

Abschließen der Ränder

Als Abschluß der genagelten Stoffränder dient eine Borte, die aufgeklebt wird.

Aufkleben der Borte
Man schlägt das Ende der Borte nach hinten um und stiftet es mit dem hinteren Bein bündig. Dann wird Latex-Textilklebstoff auf die Rückseite der Borte gebracht und diese über die Nagelreihe gelegt. Das andere Ende wird mit einem Bortenstift festgenagelt.

Annähen der Borte
Die Borte kann außerdem mittels kleiner Rundnadel und feinem Faden mit kleinen Stichen an der oberen und unteren Kante angenäht werden.

Verwendung von Ziernägeln
Die Borte kann auch mit Ziernägeln angestiftet werden. Die Nägel müssen in gleichmäßigen Abständen und in gerader Linie eingeschlagen werden. Sitzen sie eng nebeneinander, sollen sich die Köpfe berühren. Wenn die Nagelköpfe schief sind, müssen sie vor dem Einschlagen der Nägel gerade gebogen werden.

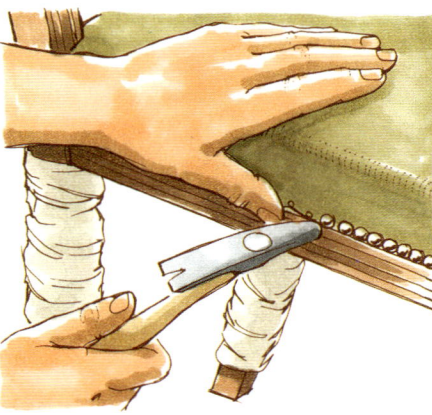

LEDERPOLSTER

Leder ist ein hochwertiges Polstermaterial, dessen Qualität mit dem Alter zunimmt, falls es regelmäßig gereinigt und gepflegt wird. Ist das Leder für ein traditionelles Polster bestimmt, befestigt man es mit Ziernägeln am Sitzrahmen. Leder, das bei Stahlrohrstühlen Sitze und Lehnen bildet und über das Gestell gespannt ist, wird an den Enden zu einer Schlaufe umgenäht und über die Rohre geschoben.

Pflege des Leders

Leder, das in den 20er Jahren aufgezogen wurde, benötigt meist keine große Pflege. Da es wasserabweisend ist, entstehen kaum Schäden. Älteres, mit Anilin behandeltes Leder, weist das Wasser nicht ab, weshalb leicht Flecken entstehen.

1 Reinigen einer Lederfläche

Leder wird mit Wasser gereinigt, in dem nichtalkalische, unparfümierte Seife gelöst ist, keinesfalls mit Reinigern wie flüssigem Waschmittel, da diese Mittel zu Langzeitschäden an der Oberfläche führen können. Zum Reinigen wird ein weiches Tuch in die Lösung getaucht, ausgewrungen und damit die Lederfläche abgerieben. Es darf keine Feuchtigkeit eindringen.

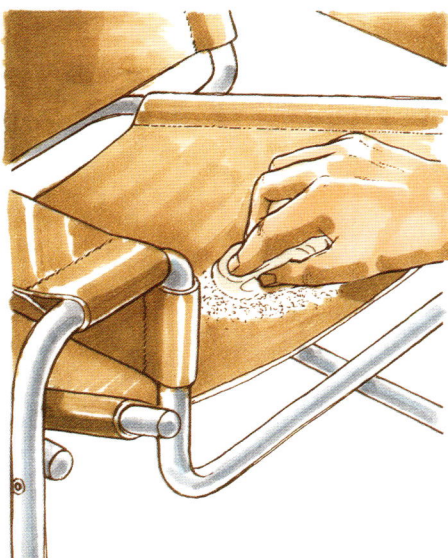

2 Schlußbehandlung der Oberfläche

Die Oberfläche wird mit einem sauberen, feuchten Tuch abgewischt. Nach dem Trocknen trägt man dünne Schichten Lederfett auf, damit das Leder geschmeidig wird. Zuletzt wird es mit einem weichen Tuch poliert.

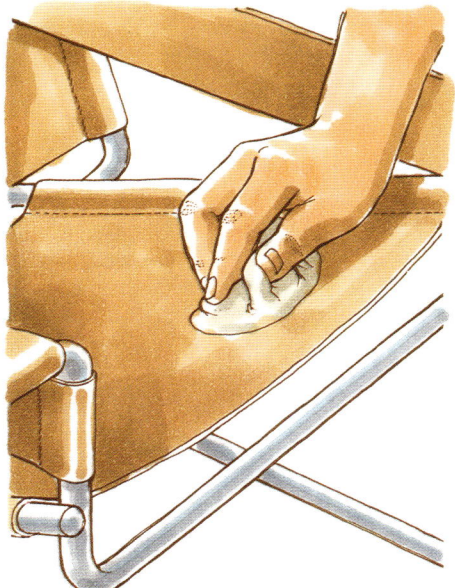

Bestimmen und Behandeln von Anilinleder

Um herauszufinden, ob das Leder auf einem Möbelstück mit synthetischen Farben behandelt wurde, tropft man etwas Wasser auf eine unauffällige Stelle. Wird es schnell aufgesaugt, ist das Leder mit Anilin gefärbt. Hier muß beim Reinigen besonders vorsichtig vorgegangen werden.

Reinigen und Pflegen der Oberfläche

Regelmäßiges Abwischen mit einem feuchten Tuch, das mit warmem Seifenwasser angefeuchtet ist, hält das Leder sauber. Anilinleder kann mit Lederfett eingerieben werden; aber nur ganz sparsam. Besser geeignet ist reines, weiches Bienenwachs, das jedoch kein Silikon enthalten darf.

Behandlung von Brüchen

Brüche erscheinen auf dem Leder, wenn es seinen natürlichen Fettgehalt eingebüßt hat. Obwohl man Brüche auf der Oberfläche weder entfernen noch unkenntlich machen kann, wird regelmäßiges Behandeln mit einem Lederpflegemittel letztlich die Fasern wieder stärken und weitere Brüche verhindern.

Behandeln des Leders

Lederfett wird über einen Zeitraum von einem halben Jahr einmal im Monat auf das Leder aufgetragen. Zwischen den Behandlungen ist das Leder wieder zu reinigen, um eine Beschichtung zu vermeiden. Alternativ kann auch ein handelsübliches Lederpflegemittel verwendet werden, wobei die Gebrauchsanweisung zu beachten ist.

Nähen von Leder

Sitze, Lehnen und Armlehnhüllen an Stühlen mit Ledergurt-bezügen bestehen meist aus zwei, Rücken an Rücken ge-legten Lagen von Leder, die an den Kanten mit Sattlerstich zu-sammengenäht sind. Ist die Naht aufgegangen, kann sie mit zwei passenden Nadeln erneuert werden.

1 Vorbereitung des Nähens

Die Farbe des Nähfadens sollte gleich der des Leders sein. Es werden 1,80 m abgeschnitten und durch Bienenwachs gezogen. Die zugespitzten Enden sind durch je eine Nadel zu ziehen. Dann wird der Faden jeweils so weit durch-gezogen, daß er eine Schlinge bildet und nicht mehr herausrutschen kann.

2 Beginnen der Naht

Eine Nadel wird etwa drei Löcher vom Ende entfernt durchge-stochen. Dann wird der Faden so weit durchgezogen, daß er auf beiden Seiten gleichlang ist.

3 Die ersten Stiche

Man arbeitet in Rich-tung des Lederendes und sticht beide Nadeln in das nächste Loch, jedoch jede von einer anderen Seite. Die Nadel der rechten Hand muß über die der linken geführt werden.

4 Herstellen der Naht

Am Ende angekom-men, die Naht noch-mals zurückarbeiten. Dabei ist die Nadel der linken Hand über die der rechten zu führen.

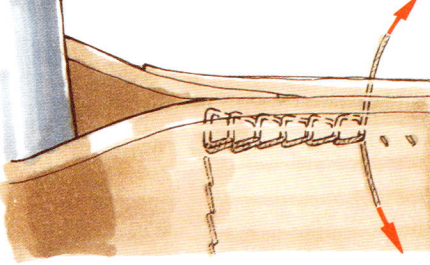

5 Abschließen der Naht

Am Ende der Naht arbeitet man drei oder vier Löcher rechts über links zurück, um den Faden zu befestigen. Dann wird er mit einem scharfen Messer abgeschnitten.

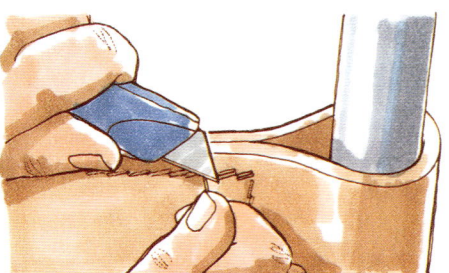

REPARATUR VON METALLMÖBELN

Metallmöbel sind relativ selten zu finden. Reparaturen fallen kaum an, sind dann jedoch schwierig auszuführen. Für Metallreparaturen wird nur ein begrenzter Satz von Werkzeugen benötigt, es kann auch geklebt werden. Soll die Reparatur wieder zum ursprünglichen Zustand führen, ist es besser, einen Fachmann zu bemühen.

Reparaturen von Gußeisen

Möbel aus Eisenkunstguß können aufgrund der Sprödigkeit des Materials leicht brechen. Die Bruchflächen passen meist gut, so daß die Teile geklebt werden können. Ist etwas abge-brochen, das nur zum Schmuck dient und keine konstruktive Aufgabe hat, bereitet das Ankleben keine Probleme.

1 Ankleben des Bruchstückes

Das Stück wird probe-weise angesetzt und die Sauberkeit der Bruchflächen über-prüft. Zum Kleben verwendet man Spezialklebstoff und drückt das Stück fest an. Nach dem Trok-knen wird entlang des Bruchrandes nochmals ein wenig Klebstoff aufgebracht, damit auch die kapillaren Hohlräume ausgefüllt werden. Spezial-klebstoffe in Gelform erfassen jede Uneben-heit.

2 Ankleben mit Epoxydharzkleber

Bei der Verwendung von Epoxydharz-klebern erwärmt man beide Teile mit einem Fön oder Heißluft-gerät, bedeckt beide Bruchflächen gleich-mäßig mit Klebstoff und drückt sie gegen-einander. Dann wird der richtige Sitz geprüft und überschüs-siger Klebstoff ent-fernt. Zuletzt werden die Teile mit Kleb-streifen oder Bind-faden fixiert, bis der Klebstoff trocken ist.

3 Benutzen von Metallbolzen

Zur festeren Verbindung bohrt man Löcher in beide Teile und schlägt einen aufgerauhten Metallbolzen hinein. Zuvor Farbe in die Mitte einer Bruchfläche zur Kennzeichnung des Loches für einen Abdruck tupfen.

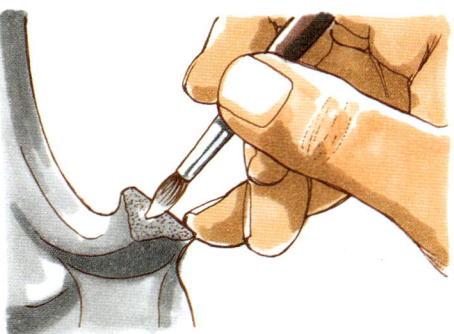

Herstellen abhanden gekommener Teile

Wenn ein abgebrochenes Stück verlorengegangen ist, sollte man sich überlegen, ein Ersatzstück aus Gießharz herzustellen. Ist ein ähnliches Teil an einem anderen Möbel vorhanden, wird davon eine Gußform aus Gips, Kautschuk oder Glasfiber mit ein- oder beidseitigen Reliefs angefertigt. Von letzteren muß man eine geteilte Form herstellen.

1 Herstellen eines Gießkastens

Das Möbelteil, von dem der Abguß genommen werden soll, wird auf ein Brett gelegt und ein Kasten angefertigt, der das abzugießende Stück umschließt. In eine Seite des Kastens wird ein Spalt eingesägt, durch den das Stück Verbindung zum Möbel hat. Nun wird der Kasten ausgestrichen und der Spalt mit Modellierton verschlossen.

2 Herstellen der Gußform

Man streicht das Innere des Kastens und das Abgußstück mit einem Trennmittel wie geliertem Petroleum ein, füllt den Kasten mit flüssigem Modellgips, so daß das abzugießende Stück noch zur Hälfte herausschaut, und drückt oben zwei Vertiefungen für die Passung ein. Nach dem Härten wird die Gipsoberfläche mit Trennmittel eingestrichen.

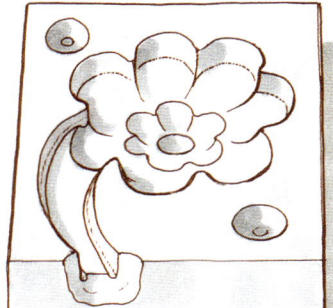 

3 Fertigstellen der Form

Um die zweite Hälfte der Form zu erhalten, gießt man den Kasten bis unter den Rand voll, läßt den Gips aushärten und entfernt dann den Kasten. Alle Hohlräume in der aufgeklappten Form sind zu schließen außer einem Eingangsloch, durch das die Gießmasse in die Form gelangt.

4 Gießen der Form

Die beiden Hälften werden straff zusammengespannt und das nach der Gebrauchsanweisung vorbereitete Harz in die Form gegossen. Nach dem Härten löst man die beiden Hälften und feilt die Kanten des Gußstückes ab.

5 Aufkleben des Gußstückes

Die Verbindungsflächen zwischen dem alten und dem neuen Material müssen völlig glatt geschliffen werden. Dann klebt man das Gußstück mit Epoxydharz an. Zur Verstärkung der Verbindung kann ein Metallbolzen eingesetzt werden.

93

Reparatur tragender Teile

Gußeisen kann von Fachleuten geschweißt werden. Es ist aber möglich, ein Möbelteil mit einer Platte, die angeschraubt wird, zu schienen. Dabei ist sehr viel Sorgfalt nötig, damit das Aussehen nicht beeinträchtigt wird.

1 Schienen mit einer Stahlplatte

Die Form des Möbelteiles wird auf einer Platte angerissen und mit Bohrer, Eisensäge und Feile ausgeschnitten. Die Schiene soll die Flächen neben der Bruchstelle gut stützen.

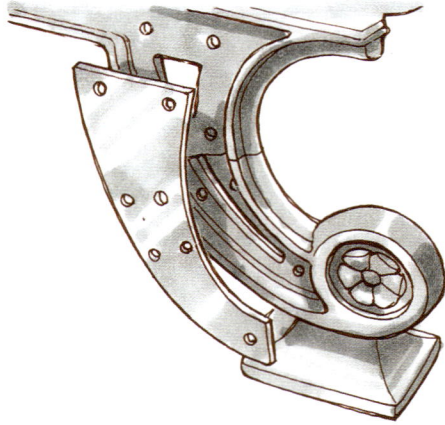

2 Abschrauben der Platte

Man spannt die Platte an das Möbelteil und bohrt Schraublöcher durch beide Teile. Die Reparatur ist weniger auffällig, wenn in die Platte Gewinde für Senkschrauben geschnitten und nicht durchgesteckte Schrauben verwendet werden, die mit Muttern zu sichern sind. Zuletzt streicht man das Metall zum Schutz gegen Rost und verdeckt dabei gleichzeitig die Reparaturstelle.

Zerlegen verschraubter Teile

Möbel aus Eisenkunstguß bestehen meist aus mehreren Teilen. Zum Reparieren müssen sie auseinandergeschraubt werden.

Behandeln festsitzender Schrauben

Sind die Muttern angerostet, kann durch einige Tropfen Kriechöl, die man in das Gewinde laufen läßt, das Lösen erleichtert werden. Man sollte das Öl etwa 10 Minuten einwirken lassen.

Anwenden einer Gasflamme

Läßt sich die Mutter nach der Schmierung nicht lösen, erwärmt man die Verbindung mit einer Gasflamme.

Nach dem Abkühlen wird nochmals etwas Kriechöl hinzugefügt.

Behandeln abgerundeter Sechskantmuttern

Sind die Kanten einer Mutter rund geworden, kann entweder eine Gripzange zu Hilfe genommen werden, oder die Kanten müssen nachgefeilt werden.

Behandeln gebrochener Schrauben

Abgebrochene Schrauben oder Bolzen können mit einem Schraubenausdreher herausgeholt werden. Dazu wird ein Loch genau auf die Achse in die Schraube gebohrt, der Schraubenausdreher hineingesteckt und entgegen dem Uhrzeigersinn mit einem Windeisen oder einem Rohrgabelschlüssel herausgedreht.

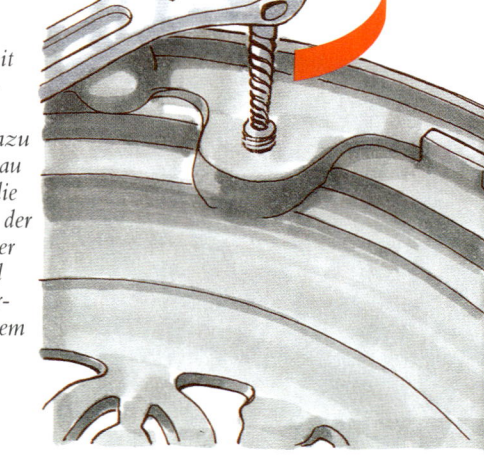

Ausbohren einer gebrochenen Schraube

Es wird in der Mitte der Schraubenachse nach unten gebohrt. Die am Gewinde verbliebenen Reste stößt man ab und entfernt sie aus dem Loch.

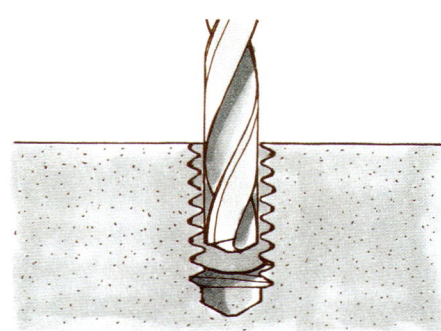

Reparaturen an Stahlrohr

Stahl ist widerstandsfähiger als gegossenes Eisen und kann, ohne zu brechen, gebogen oder wieder in seine ursprüngliche Form zurückgedrückt werden. Jahrelanges wiederholtes Biegen und Strecken führt jedoch ebenfalls zum Brechen.

Behandlung von Verbiegungen

Um ein Rohr wieder zu richten, ist es notwendig, das Gestell ausreichend zu versteifen, damit sich nur der Teil zurückbiegt, der seine Form verloren hat.

Spannen des Rahmens

Ist das Bein eines Stuhles verbogen, eine gekerbte Leiste zwischen die Stuhlbeine klemmen, dann Schraubzwingen ansetzen. Zum Gegendrücken dient ein Türspanner o.ä. Damit können die Spannungskräfte beim Richten gut kontrolliert werden. Um die ursprüngliche Elastizität wieder zu erreichen, muß etwas überdehnt werden.

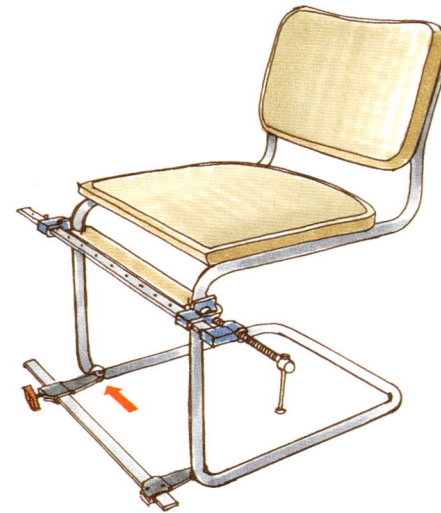

Reparieren von Brüchen

Brüche in Stahlrohren können geschweißt werden. Dazu ist jedoch Erfahrung notwendig, sonst schmilzt der Stahl, oder er kann zu weich werden und brechen. Beim Hartlöten wird der Stahl durch Hitze mehr beansprucht.

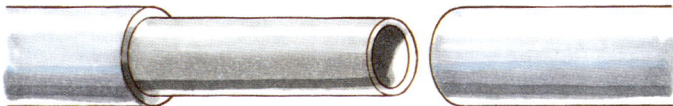

1 Schienen mit einem Einsatzrohrstück

Bei einem geraden Stahlrohr kann man innen ein Rohrstück mit einem kleineren Durchmesser einschieben. Dadurch wird ein Zerschmelzen umgangen, die Verbindung verstärkt, ohne das Material brüchig zu machen, auch das Schweißen ringsherum wird überflüssig. Das Rohrstück kann zusätzlich mit Epoxydharz eingeklebt werden.

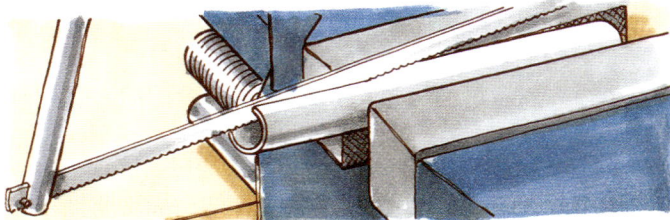

2 Zuschneiden des Rohrstückes

Das einzusetzende Rohr sollte etwa 75 mm lang sein, die Enden werden mit einem Hammer abgerundet oder man verwendet ein etwas dickeres Rohr, sägt es längs auf und drückt es in das Rohr.

Schmiedeeisen

Dieses Material ist elastisch und formbar, kann jedoch nur mit der Hand bearbeitet werden. Ein Geradebiegen ist möglich. Sollte ein Teil abgegangen sein, wird es wieder angeschweißt, hart gelötet oder genietet. Schmiedeeisen ist keine Handelsware. Ersatzteile kann man nicht selbst herstellen. Dafür bietet sich Leichtmetall an. Viele Dinge, die heute als Schmiedeeisen angeboten werden, sind bereits aus Leichtmetall hergestellt.

Diese elegante Gartenbank besteht aus Schmiedeeisen.

Reparatur einer genieteten Verbindung

Die Verbindungen bei Schmiedeeisen sind häufig genietet. Lockern sich die Nieten, beginnt die Verbindung zu wackeln.

Erneuern der Nieten

Alte Nieten werden ausgebohrt oder ausgesägt und durch neue aus weichem Eisen ersetzt. Dazu legt man das Werkstück auf einen Amboß oder eine Metallplatte und treibt die Niete mit einem Kugelhammer in ein Loch, das beidseitig eine Versenkung hat. Aus der Niete kann auch an beide Enden ein Linsenkopf kalt ausgeschmiedet werden.

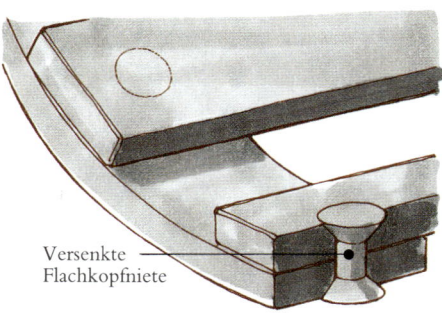

Versenkte Flachkopfniete

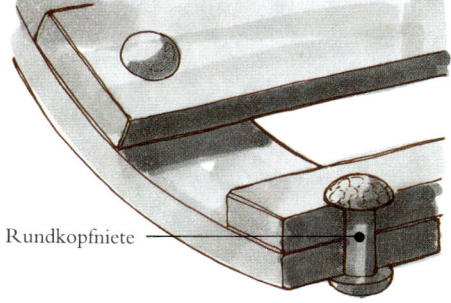

Rundkopfniete

95

Tische

Tische bestehen aus Platten, die von einer Stütze oder von Beinen in der geeigneten Höhe getragen werden. Ausgehend von diesem Prinzip wurde eine große Vielfalt an Typen und Formen produziert. Dazu gehören Eßtische in allen Varianten, Beistelltische, Konsoltische, Couchtische, Spiel- und Teetische. Bei einigen können die Platten raffiniert vergrößert werden. Wegen der verschiedenen Konstruktionen von Platten und Beinen fällt die Wahl beim Erwerb schwer. Kleinere Tische sind oft furniert und haben dekorative Intarsien, deren Restaurierung kompliziert ist.

Tischkonstruktion

Alte Tische sind zuerst Funktionsmöbel. Sie besitzen Gestelle und vielfach ausziehbare oder umklappbare Platten. Eine spezielle Form vertreten die Mittelfußtische.

Tische mit Beinen

Die Mehrzahl der Tische besteht aus einem einfachen Gestell mit Beinen an jeder Ecke. Durch die Konstruktion, bei der die Verbindungen mit Schlitz und Zapfen oder mit Dübeln befestigt sind, wird die notwendige Stabilität gewährleistet, vorausgesetzt, die Teile sind nicht zu dünn angelegt. Die Zargen eines Tisches tragen die gesamte Last. Sie müssen deshalb so stark sein, daß sie sich nicht durchbiegen. Aus diesem Grund sind Zargen generell höher als breit und werden hochkant eingebaut.

Um bequem an einem Eßtisch sitzen zu können, werden häufig die Zargen in der Höhe gekürzt, wodurch jedoch die Tragfähigkeit vermindert wird. Bei langen Tischen setzt man dann in der Mitte weitere Beine unter. Um einen Schubkasten einzubauen, werden die seitlichen Zargen horizontal gelegt. Dadurch wird eine Öffnung geschaffen, und trotzdem sind die Beine noch miteinander verbunden. Die obere Zarge ist meist mit Schwalbenschwanz in die Beine eingelassen, die untere sitzt mit stumpfen Zapfen an den Innenseiten. In der Mitte versteift ein Quersteg die Zargen. Kleinere Tische werden meist nur einfach zusammengehalten und verschraubt. Bei Bambus-Möbeln sind die Verbindungen nur geleimt oder mit langen, dünnen Nägeln befestigt.

Tischgestell

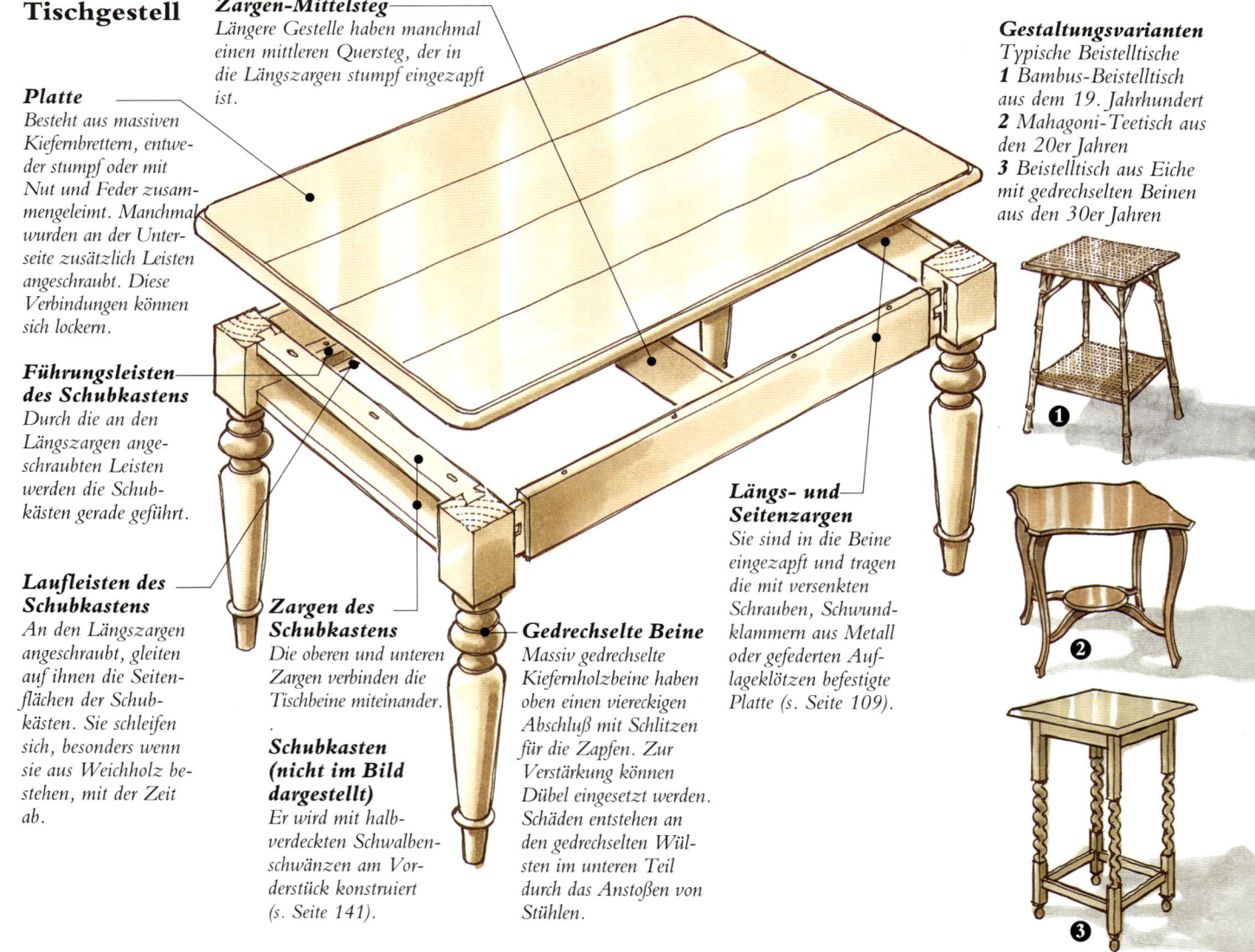

Zargen-Mittelsteg
Längere Gestelle haben manchmal einen mittleren Quersteg, der in die Längszargen stumpf eingezapft ist.

Platte
Besteht aus massiven Kiefernbrettern, entweder stumpf oder mit Nut und Feder zusammengeleimt. Manchmal wurden an der Unterseite zusätzlich Leisten angeschraubt. Diese Verbindungen können sich lockern.

Führungsleisten des Schubkastens
Durch die an den Längszargen angeschraubten Leisten werden die Schubkästen gerade geführt.

Laufleisten des Schubkastens
An den Längszargen angeschraubt, gleiten auf ihnen die Seitenflächen der Schubkästen. Sie schleifen sich, besonders wenn sie aus Weichholz bestehen, mit der Zeit ab.

Zargen des Schubkastens
Die oberen und unteren Zargen verbinden die Tischbeine miteinander.

Schubkasten (nicht im Bild dargestellt)
Er wird mit halbverdeckten Schwalbenschwänzen am Vorderstück konstruiert (s. Seite 141).

Gedrechselte Beine
Massiv gedrechselte Kiefernholzbeine haben oben einen viereckigen Abschluß mit Schlitzen für die Zapfen. Zur Verstärkung können Dübel eingesetzt werden. Schäden entstehen an den gedrechselten Wülsten im unteren Teil durch das Anstoßen von Stühlen.

Längs- und Seitenzargen
Sie sind in die Beine eingezapft und tragen die mit versenkten Schrauben, Schwundklammern aus Metall oder gefederten Auflageklötzen befestigte Platte (s. Seite 109).

Gestaltungsvarianten
Typische Beistelltische
1 Bambus-Beistelltisch aus dem 19. Jahrhundert
2 Mahagoni-Teetisch aus den 20er Jahren
3 Beistelltisch aus Eiche mit gedrechselten Beinen aus den 30er Jahren

❶

❷

❸

Ausziehtische

Mahlzeiten bilden wichtige Ereignisse im Familienleben. Wenn der Raum beschränkt ist, leistet ein Ausziehtisch gute Dienste, der seit dem 15. Jahrhundert einen häufig verwendeten Typ darstellt und in den 30er Jahren besonders populär wurde. Sein Ursprung könnte in den Tafeln früherer Zeiten, die auf Böcke gelegt wurden, oder den klösterlichen Refektoriumstischen mit gedrechselten Beinen und tief angesetzten Stegen liegen.

Das Grundprinzip der Ausziehtische beruht auf einem gerahmten Gestell mit vier Beinen, einer daraufliegenden Hauptplatte, die man hochheben kann, und zwei darunterliegenden Ausziehplatten, zwischen die die Hauptplatte einrastet. Die robusten Gestelle benötigen selten eine Reparatur, doch die mechanischen Teile im oberen Bereich verschleißen leicht.

Bei einem anderen, im 19. Jahrhundert gebräuchlichen System werden nicht die Platten, sondern die Gestelle in zwei Hälften auseinandergeschoben und in der Mitte eine dritte Platte eingelegt. Diese Platte wird mit den anderen durch Steckzapfen an den Kanten und Metallriegel auf der Unterseite verbunden. Größere Tische haben zusätzlich noch ein Beinpaar in der Mitte, damit die aufliegende Platte abgestützt wird. Seltener sind Ausziehtische mit einem Schraubmechanismus zu finden. Schäden können besonders am Ausziehsystem entstehen; manchmal fehlen die Fußrollen.

Ausziehtisch

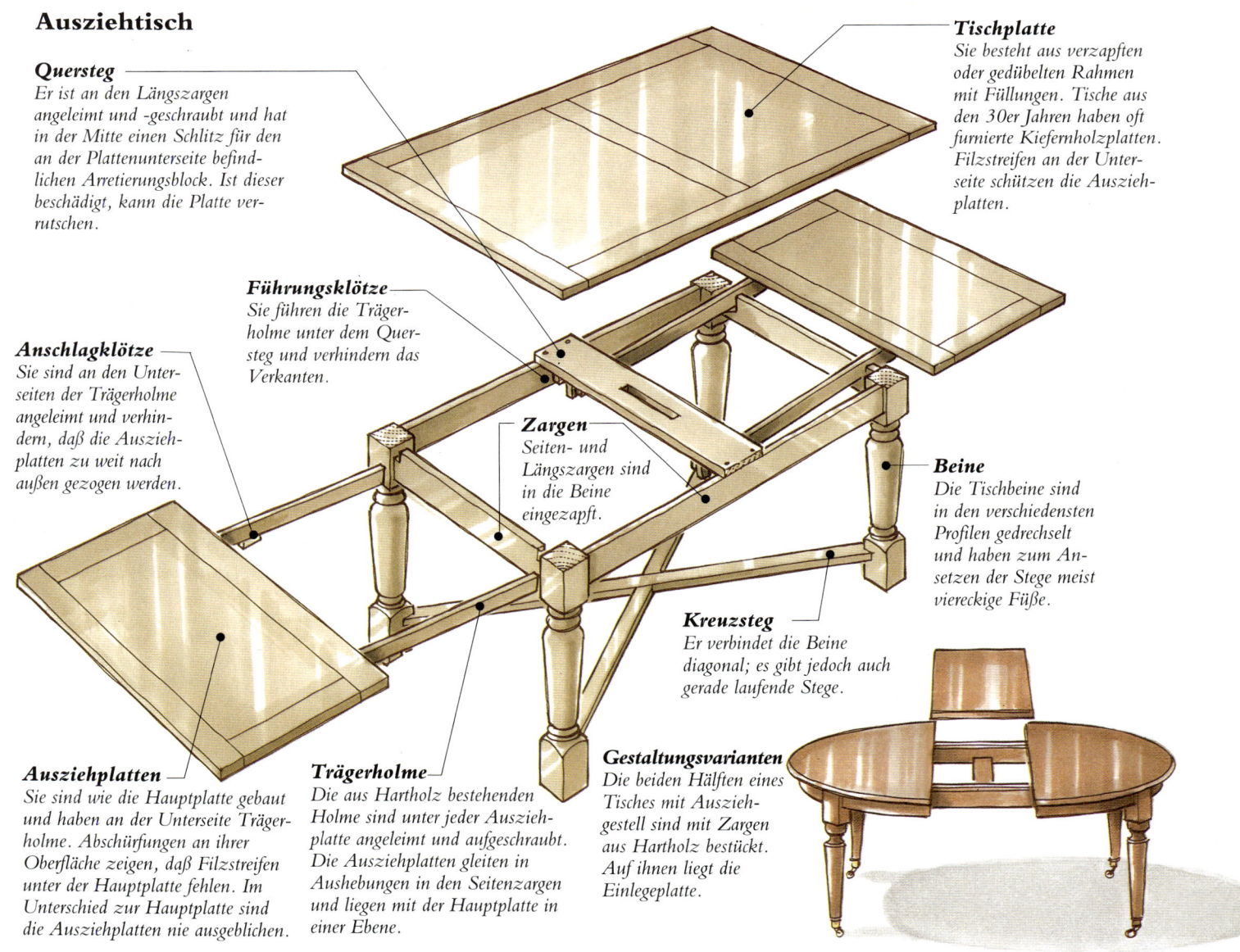

Quersteg
Er ist an den Längszargen angeleimt und -geschraubt und hat in der Mitte einen Schlitz für den an der Plattenunterseite befindlichen Arretierungsblock. Ist dieser beschädigt, kann die Platte verrutschen.

Tischplatte
Sie besteht aus verzapften oder gedübelten Rahmen mit Füllungen. Tische aus den 30er Jahren haben oft furnierte Kiefernholzplatten. Filzstreifen an der Unterseite schützen die Ausziehplatten.

Führungsklötze
Sie führen die Trägerholme unter dem Quersteg und verhindern das Verkanten.

Anschlagklötze
Sie sind an den Unterseiten der Trägerholme angeleimt und verhindern, daß die Ausziehplatten zu weit nach außen gezogen werden.

Zargen
Seiten- und Längszargen sind in die Beine eingezapft.

Beine
Die Tischbeine sind in den verschiedensten Profilen gedrechselt und haben zum Ansetzen der Stege meist viereckige Füße.

Kreuzsteg
Er verbindet die Beine diagonal; es gibt jedoch auch gerade laufende Stege.

Ausziehplatten
Sie sind wie die Hauptplatte gebaut und haben an der Unterseite Trägerholme. Abschürfungen an ihrer Oberfläche zeigen, daß Filzstreifen unter der Hauptplatte fehlen. Im Unterschied zur Hauptplatte sind die Ausziehplatten nie ausgeblidet.

Trägerholme
Die aus Hartholz bestehenden Holme sind unter jeder Ausziehplatte angeleimt und aufgeschraubt. Die Ausziehplatten gleiten in Aushebungen in den Seitenzargen und liegen mit der Hauptplatte in einer Ebene.

Gestaltungsvarianten
Die beiden Hälften eines Tisches mit Ausziehgestell sind mit Zargen aus Hartholz bestückt. Auf ihnen liegt die Einlegeplatte.

Klapptische

Tische, bei denen Teile der Platte weggeklappt werden können, haben eine lange Tradition, wobei der Schwenkrahmentisch wohl der bekannteste ist. Das Grundprinzip ihrer Konstruktion besteht in einem vierbeinigen Hauptgestell, an dem für die klappbaren Plattenteile schwenkbare Rahmen mit Beinen und Drehzapfen an einer Seite verbunden sind. Die Tischplatten haben meist eine ovale oder runde Form, wobei Abschnitte der Tischplatte nach unten geklappt werden können. Die Beine sind oft gewunden.

Pembroke-Tische sind an den Längsseiten, Frühstückstische an den Schmalseiten zu klappen.

Entsprechend sind die Schubkästen angebracht. Die klappbaren Plattenteile werden von hölzernen Konsolen mit Gelenken gehalten, die zur Seite gedreht werden können. Kleine Spiel- oder Teetische haben manchmal ausziehbare Zargen mit einem oder zwei Beinen als Variante des Schwenkrahmentisches. Gelegentlich findet man diese Konstruktion mit einem Bein auch bei Eßtischen. Tische mit umklappbaren Plattenteilen haben dort, wo sie mit der Mittelplatte zusammenstoßen, einen Gegenprofilanschlag, der die Tischplattenscharniere überdeckt. Typische Probleme sind verworfene Platten, lose Schwenkrahmen, gespaltene Tischbeine und blockierte Anschläge.

Schwenkrahmentisch

Fest angebrachte Mittelplatte
Massivholz, häufig Eiche, ist am Gestell mit versenkten Schrauben oder hölzernen, gefederten Auflageklötzen befestigt.

Seitenzargen
Sind glatt oder geschnitzt und in die Beine eingezapft. Ist ein Schubkasten vorgesehen, werden Schubkastenzargen benutzt. Ältere Tische haben keine oberen Schubkastenzargen, deren Funktion wird von der Tischplatte übernommen.

Umklappbare Platten
Die Massivholzplatte ist relativ dünn und häufig verworfen. Eine Anschlagfuge stützt sie, wenn sie hochgeklappt ist. Hängt sie nach unten, stellt die Fuge eine attraktive Kante dar.

Lose Überplattung
Am oberen Ende und an den Füßen des Beines vom Schwenkrahmen sowie am Längssteg werden Überplattungen gesägt, damit der Rahmen eng am Gestell anliegt.

Tischplattenscharniere
Haben einen längeren und einen kürzeren Lappen und werden an den Klappen mit Anschlägen angeschraubt. Lockere Scharnier führen zu Problemen.

Halteklotz
Er ist auf der Unterseite der Klappen angeschraubt und hält den Schwenkrahmen.

Längszargen
Sind stark und in die Beine eingezapft und gedübelt. Auf den Unterkanten sind Löcher für die oberen Drehzapfen der Rahmenpfosten.

Stege
Sie sind meist viereckig und verbinden die Beine an den Füßen mit Schlitz und Zapfen. In den Stegen der Längsseiten befinden sich Löcher für die Drehzapfen des Schwenkrahmenpfostens.

Schwenkrahmen
Mit Drehzapfen versehen, hat einen Pfosten und ein Bein, beide gedrechselt und geschlitzt sowie durch gezapfte Zargen verbunden.

Gestaltungsvarianten
Die Klappen eines Pembroke-Tisches und eines Frühstückstisches werden von Konsolen mit Gelenken gehalten, die von den Zargen aus nach vorn gedreht werden können.
1 Pembroke-Tisch
2 Frühstückstisch

Mittelfußtische

Diese Tische haben eine Mittelstütze auf drei gebogenen Füßen, die mit einem Schwalbenschwanz in die Stütze eingesetzt sind.

Die Platte ist meist rund. Sie sitzt entweder fest auf der Stütze oder kann in die Vertikale gekippt werden. Von der letzteren Art gibt es auch Teetische. Nicht bewegliche Platten sind entweder mit Schlitz und Zapfen oder mit einem Holzgewinde auf einen Auflageklotz montiert.

Die beweglichen Platten haben hölzerne Anschläge, in die herausnehmbare Keile gesteckt werden, die auch durch die Stütze gehen.

Typisch für die Platten von Kipptischen sind zwei parallel verlaufende Trägerleisten, die an der Unterseite festgeschraubt sind. Sie verhindern ein Verwerfen der Platte und nehmen die Drehzapfen auf, die im Auflageklotz stecken.

Der dreibeinige Fuß wird auch für größere Tische verwendet. Bei rechteckigen Eßtischen findet man manchmal zwei oder drei Stützen mit drei Füßen. Sie werden unter die ausgezogenen Platten gestellt und sind mit Metallverbindungen befestigt.

Im 19. Jahrhundert waren runde Biedermeier-Tische mit massiven oder furnierten Platten auf hohlen, gedaubten Mittelstützen von eckiger oder runder Form beliebt, die auf drei- oder viereckigen Sockeln montiert und gleich furniert sind. Sie stehen meist auf Rollen.

Mittelfußtisch

Schnappriegel
Er ist aus Messing gefertigt und hält die Platte horizontal.

Drehzapfen
Die Tischplatte ist mit Drehzapfen am Auflageklotz gelagert. Bei Abnutzung wackelt die Platte. Es gibt Tische mit Gewindebolzen aus Messing, die in den Klotz geschraubt werden.

Auflageklotz
Der Auflageklotz ist viereckig und durch einen verkeilten Zapfen mit der Stütze verbunden. Er kann sich lockern. Möglich sind auch fest montierte Tischplatten, die auf runden Klötzen entweder ähnlich oder mit Holzgewinde befestigt sind.

Gedrechselte Mittelstütze
Massiv und dekorativ gedrechselt. Unten befinden sich Schlitze für die Schwalbenschwänze der Beine. An den Verbindungen können Risse entstehen.

Beine
Gebogene oder gewundene Beine sind an der Stütze mit Schwalbenschwänzen befestigt. Die Verbindungen können sich lösen und kurzfaserige Stellen brechen.

Metallplatte
Sie wird zur Versteifung unter die Stütze und die Beine geschraubt.

Tischplatte
Sie ist aus einem oder mehreren zusammengeleimten Brettern entsprechend der Größe gesägt und besteht aus massivem Holz ohne oder mit Furnier. Das Furnier ist häufig beschädigt und die Oberflächen von Tischplatten, auf denen Getränke serviert werden, zeigen häufig verfärbte Stellen.

Trägerleisten
Aus Harthölzern bestehend, an der Unterseite der Platte angeschraubt, sind sie für die Drehzapfen des Auflageklotzes gelocht. Oft lockern sich die Schrauben, und die Drehzapfen schleifen sich ab.

Gestaltungsvarianten
1 Bartisch
2 Ausziehtisch im Regency-Stil
3 Biedermeier-Tisch

❶

❷

❸

ZERLEGEN VON TISCHEN

Tische mit durch Schlitz-und-Zapfen-Technik verbundenen Gestellen können wie Stühle mit Hilfe von Feuchtigkeit und Spiritus ausgeleimt und zerlegt werden (s. Seite 54). Um das Gestell lösen zu können, muß zuerst die Platte abgenommen werden (s. Seite 109). Auszieh- und Klapptische beruhen ebenfalls auf diesem Prinzip und sind auf die gleiche Weise zerlegbar.

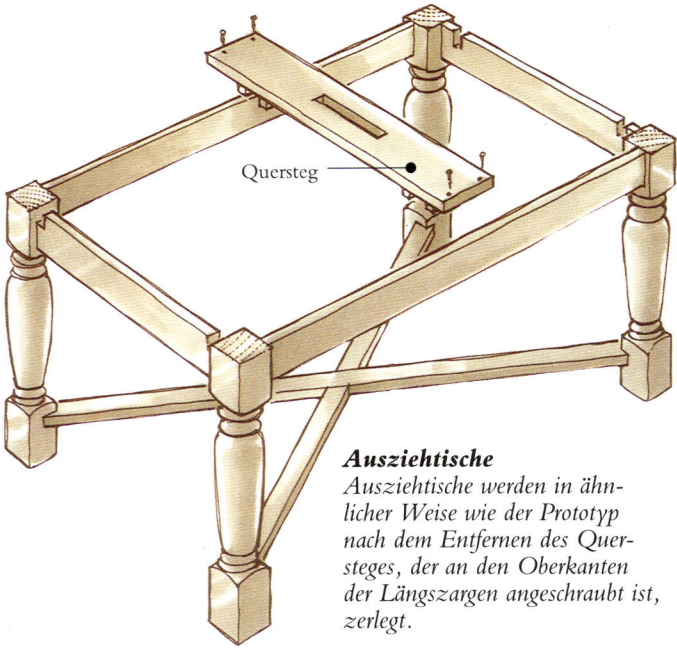

Quersteg

Ausziehtische
Ausziehtische werden in ähnlicher Weise wie der Prototyp nach dem Entfernen des Quersteges, der an den Oberkanten der Längszargen angeschraubt ist, zerlegt.

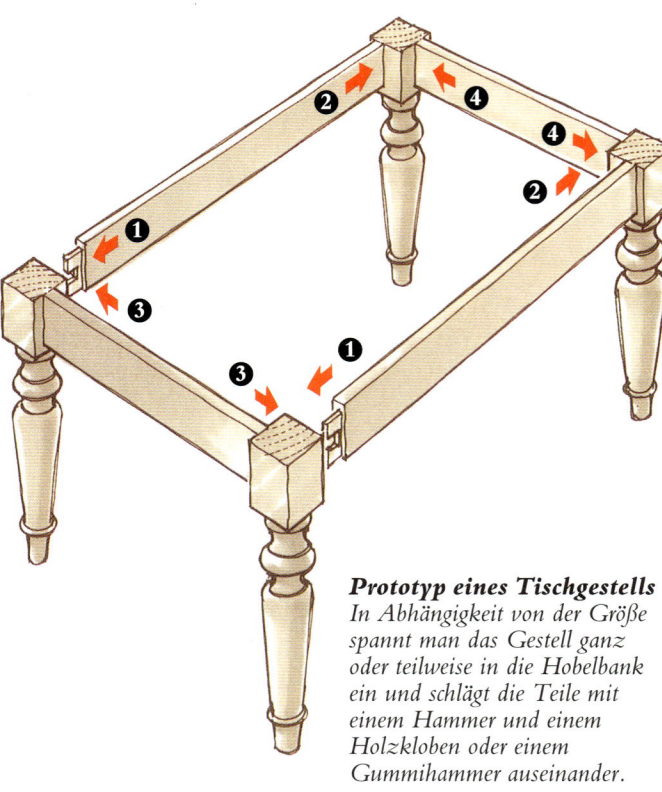

Prototyp eines Tischgestells
In Abhängigkeit von der Größe spannt man das Gestell ganz oder teilweise in die Hobelbank ein und schlägt die Teile mit einem Hammer und einem Holzkloben oder einem Gummihammer auseinander.

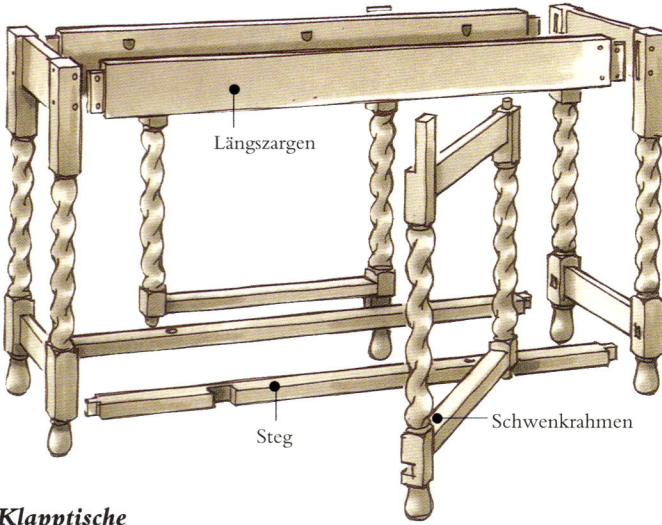

Längszargen

Steg

Schwenkrahmen

Klapptische
Das Hauptgestell wird ähnlich wie beim Prototyp zerlegt, die Zargen und Stege müssen jedoch gleichzeitig gelöst werden. Nachdem Zargen und Stege der Längsseiten von den Beinen getrennt sind, kann bei Bedarf der Schwenkrahmen zum Zerlegen abgenommen werden.

Gestell mit Schubkästen
Sind Schubkästen vorhanden, muß zuerst die obere Zarge, die mit einem Schwalbenschwanz oben im Bein sitzt, entfernt werden. Dann können die anderen Verbindungen auf übliche Weise gelöst werden. Man sollte sich vor dem Entfernen der Schubkasten-Laufleisten und -Führungen über den Zusammenbau Klarheit verschaffen.

Herausziehen gedübelter Zapfen
Schwenkrahmen sind meist mit Schlitz-und-Zapfen-Technik gearbeitet, die mit Dübeln verstärkt ist. Bevor man die Verbindung auseinanderzieht, werden die Dübel ausgebohrt.

Mittelfußtische

Die besondere Bauart der Mittelfußtische verlangt in Abhängigkeit von Größe und Konstruktion ein differenziertes Herangehen beim Zerlegen.

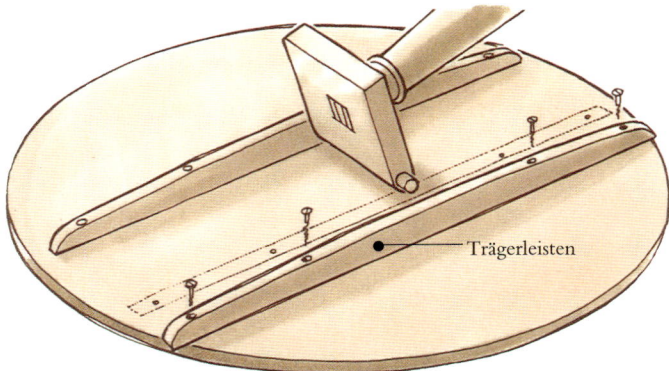

Kleine Platte für einen Mittelfuß

Nach dem Abschrauben einer Trägerleiste an der Unterseite kann die Platte aus dem anderen Drehzapfen befreit werden.

Trägerleisten

Eßtischplatte

Bei einer großen Platte an einem Mittelfußtisch wird die Platte gekippt und die Schraube herausgedreht.

Die Platte ist mit Flügelschrauben und Schnappriegel befestigt.

Abnehmen eines Auflageklotzes

Der Klotz eines kleineren Tisches wird über die geöffnete Zange der Hobelbank gelegt und der Zapfen mit Holzklotz und Hammer herausgeschlagen. Bei Eßtischen mit Mittelfuß muß nun noch der Sicherungskeil aus dem Anschlag gezogen werden.

Abschrauben der Versteifungsplatte

Um den dreibeinigen Fußteil zu zerlegen, muß zuerst die Metallplatte, die die Füße mit der Stütze verbindet, abgeschraubt werden. Sind die Schrauben verrostet, ist darauf zu achten, daß der Schraubenzieher genau in den Schlitzen sitzt, bevor man versucht, sie zu drehen.

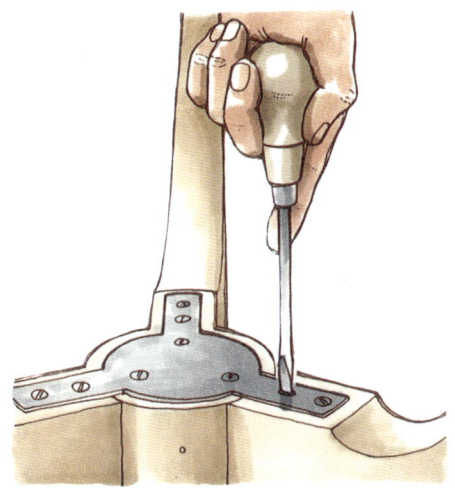

Lösen eines Beines

Wenn ein mit Schwalbenschwanz eingesetztes Bein durch Hin- und Herbewegen nicht locker wird, klopft man es mit einer Gegenform heraus. Diese Gegenform sollte immer wie die Beinform ausgehoben sein.

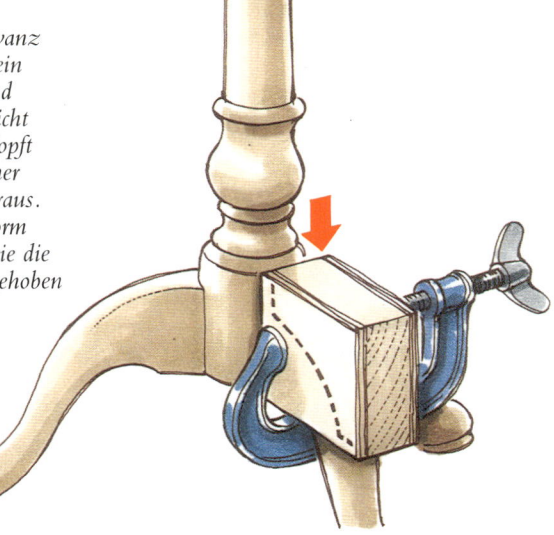

103

FESTIGEN VON VERBINDUNGEN

Die meisten großen Tische sind aus massiven Holzteilen gearbeitet. Sind die Beine jedoch nicht mit Stegen verbunden, und der Tisch wird über den Fußboden gezogen, werden diese Verbindungen stark belastet und ausgehebelt. Das führt zur Lockerung oder zum Abbrechen der Zapfen, auch die Beine können reißen. Die bei den meisten Tischen zum Einsatz gekommenen Schlitz-und-Zapfen-Verbindungen können neu geleimt oder in ähnlicher Weise wie die Stuhlverbindungen repariert werden (s. Seiten 55 bis 66). Andere Verbindungen verlangen eine spezielle Behandlung.

Tische aus Bambusrohr
Die stumpfen Verbindungen an Bambus-Tischen lockern sich relativ leicht. Für eine haltbare Verbindung muß man die von Natur aus glänzende Oberfläche des Bambus abreiben, damit an den Verbindungen ein besserer Halt ermöglicht wird. Da Bambus hohl ist, werden in die Enden kurze Rundstäbe aus Holz eingesetzt, damit die Nägel besser sitzen.

Mittelfußtische
Weil Teile einer kippbaren Tischplatte mehr beansprucht sind als die von normalen Tischen, wackeln sie oft. Tee- und Bartische dieses Typs sind einfach konstruiert. Auf den Unterseiten laufen zwei angeschraubte Leisten, die die Platte halten. Da letztere dünn sind, können die Schrauben nur ganz kurz sein und reißen leicht aus. Auch der Auflageklotz und die Beine lockern sich durch den Schwund des Holzes.

Neuverleimen einer Verbindung
Die Stelle muß feucht gereinigt werden. Anschließend rauht man mit einer Feile das Rohr an der Seite um die Verbindung herum etwas auf, trägt Leim auf und nagelt sie zusammen.

Ersetzen der Rundstäbe
Nach dem Abnehmen des Rohres wird der alte Rundstab ausgestochen oder gebohrt und ein neuer eingeleimt. Dann schleift man das Ende mit einer Feile passend zur Auflagefläche oder sägt es mit der Laubsäge ab. Anschließend wird die Verbindung geleimt und genagelt.

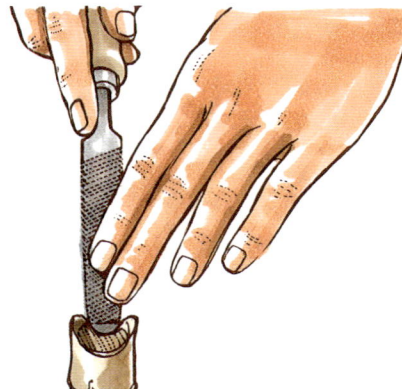

Festigen von Verstrebungen
Kleine Bambusstreben, die diagonal über die Ecken gesetzt sind, werden meist seitlich an den Enden angenagelt. Dort, wo das Nagelloch durch das Rohr geht, finden sich oft Risse. Der Nagel wird herausgezogen und die Risse geleimt. Dann ein kleines Loch für einen neuen Nagel bohren.

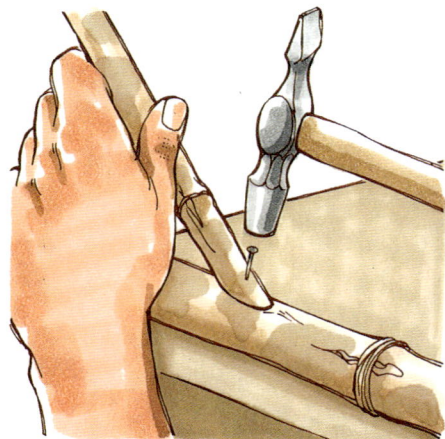

Festigen lockerer Trägerleisten
Zuerst eine stärkere, aber nicht längere Schraube eindrehen. Nützt das nichts, füllt man das Loch mit einem Dübel aus gleichem Holz und dreht die Originalschraube wieder ein.

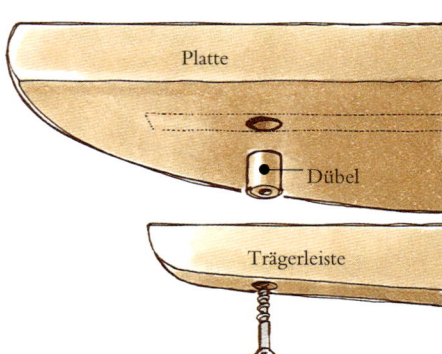

Platte

Dübel

Trägerleiste

Sichern eines lockeren Auflageklotzes
Wenn der Auflageklotz locker ist, prüft man die Schlitz-und-Zapfen-Verbindung. Wackelt sie, werden ein oder zwei kleine Löcher an den Seiten des Schlitzes gebohrt und Leim eingespritzt.

Verkeilen des Zapfens
Nach Möglichkeit klopft man die Verbindung auseinander und sägt den Originalkeil heraus. Nachdem die Verbindung ohne Keil wieder hergestellt ist, führt man einen Sägeschnitt in den Zapfen für einen neuen Keil aus Hartholz. Dann werden die Teile verleimt und der Keil eingeschlagen.

Festigen eines Klotzes

Bei großen Eßtischen mit hohlen Stützen sind Klotz und Sockelboden durch eine lange Stange verschraubt. Da die Mutter oft eine mit der Hand gefertigte Viereckform aufweist, kann sie nur durch Nutzung eines Meisels festgestellt werden.

Festigen eines lockeren Beines

Die Schlitze für die Beine sind häufig zu groß geworden. Das Bein wird herausgezogen. Wenn das Holz einwandfrei ist, klebt man dünne Furnierstreifen auf beide Seiten des Schwalbenschwanzes bis er wieder genau in den Schlitz paßt. Dann wird er eingeleimt.

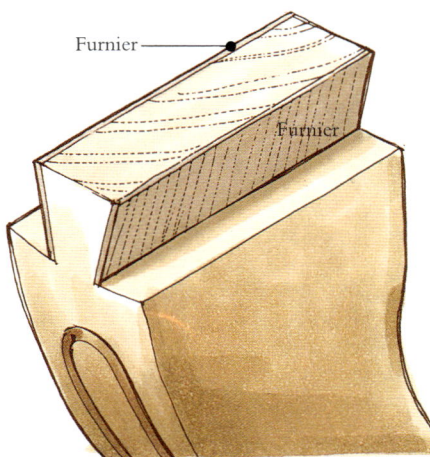

Furnier —

Furnier

Reparatur gerissener Dreifüße

Bei zierlichen Bar- und Teetischen sind die drei Beine durch eine Metallplatte mit den Stützen verbunden. So kann das Wegspreizen der Beine verhindert werden. Risse am Ende der Stütze sind ein Hinweis darauf, daß die Platte nicht angebracht war oder abgegangen ist. Im Ergebnis können die Beine abbrechen.

Leimen eines Risses

Die Beine werden etwas aus den Schlitzen gedrückt und der Riß mit Leim gefüllt. Dann stülpt man ausgesägte Sperrholz-Gegenformen mit dicken Filzeinlagen als Zwingen über die Beinenden und spannt alle drei Beine mit einer Schlinge fest.

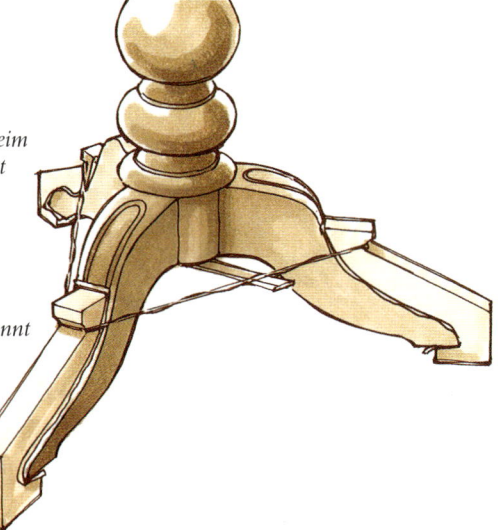

Reparatur mechanischer Vorrichtungen

Es gibt nur wenige Typen von Tischen, die keine beweglichen Teile oder mechanischen Verbindungen zum Klappen, Ziehen oder Drehen haben. Weil die mechanischen Teile meist aus Holz gefertigt sind, zeigen sich häufig Abnutzungserscheinungen.

Reparatur eines blockierten Anschlages

Bei nicht funktionierenden Anschlägen sind meist die Tischplattenscharniere die Ursache. Das Gelenk des Scharniers muß direkt unter der Stoßkante des Anschlages liegen. Ein mangelhaft befestigtes Scharnier führt zu einer schiefen Lage der Tischklappe. Bevor etwas unternommen wird, sollte man zunächst versuchen, den Anschlag mit Kerzenwachs gängig zu machen.

Gegenprofilanschlag.

Ausrichten der Scharniere

Blockiert der Anschlag, wenn die Klappe fast oben ist, müssen die Scharniere auf Zustand und festen Sitz geprüft werden. Wenn sie nicht tief genug sitzen, müssen sie abgesenkt werden, so daß sie genau bündig mit der Unterseite der Tischplatte sind.

Hochlegen der Scharniere

Blockiert der Anschlag kurz bevor die Klappe senkrecht hängt, liegen die Scharnierlappen zu tief und müssen durch Unterlegen von dünnen Pappstücken erhöht werden.

Reparatur wackliger Schwenkrahmen

Wenn die Schwenkrahmen alt und vollständig aus Holz gefertigt sind, haben sich meist die Drehzapfenverbindungen abgenutzt. Sind die Zapfen sogar abgebrochen, muß unbedingt repariert werden, weil sonst der Rahmen umfallen kann und die Tischplatte herunterklappt.

Der kürzere Rahmenpfosten hat an jedem Ende eingelassene Drehzapfen. Unten wurde er in ein Loch im Längssteg eingesetzt. Oben steckt er in der Zarge des Tischgestells. Bei manchen Tischen ist das obere Loch nach vorn offen, so daß man den Schwenkrahmen nach der Fertigstellung des Tischgestells einpassen kann. Das Zapfenloch wird dann mit einem Holzstück verschraubt, das bei einer Reparatur des Rahmens nur entfernt werden muß. Wurde der Rahmen vor dem Zusammenfügen des Gestells eingesetzt, kann man die Zapfen durchsägen, ansonsten muß das ganze Gestell abgebaut werden.

Abnehmbarer Schwenkrahmen

Gebundener Schwenkrahmen

1 Abnehmen des Schwenkrahmens

Man sägt beide Drehzapfen durch und zieht den Rahmen für die Reparatur vom Gestell ab.

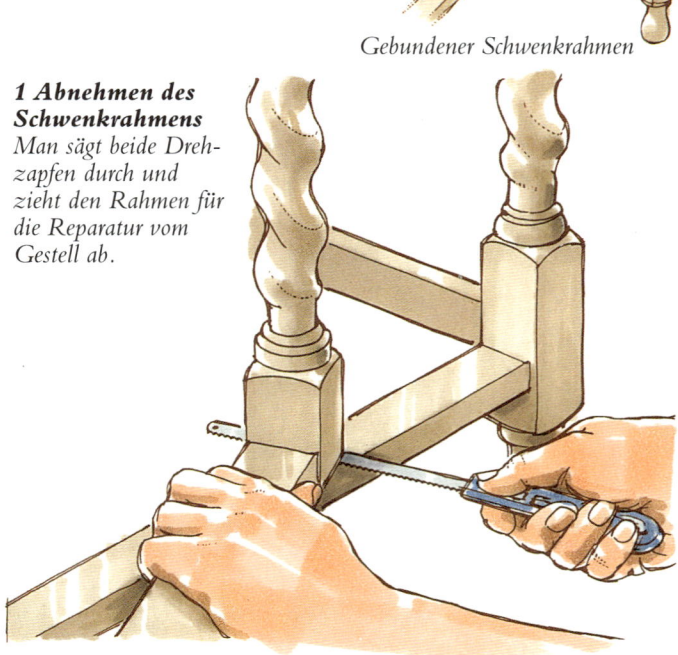

2 Erneuern der Drehzapfen

Die Enden der Schwenkrahmenpfosten werden glattgehobelt, Löcher gebohrt und abgefaste Dübel eingeleimt.

3 Herstellen eines abgeschrägten Holzstückes

Man sägt einen Klotz beidseitig schräg, bohrt ein Loch für den Drehzapfen und legt den Klotz so an, daß beide Löcher genau nebeneinander liegen. Dann werden die Kanten auf der Zarge angerissen.

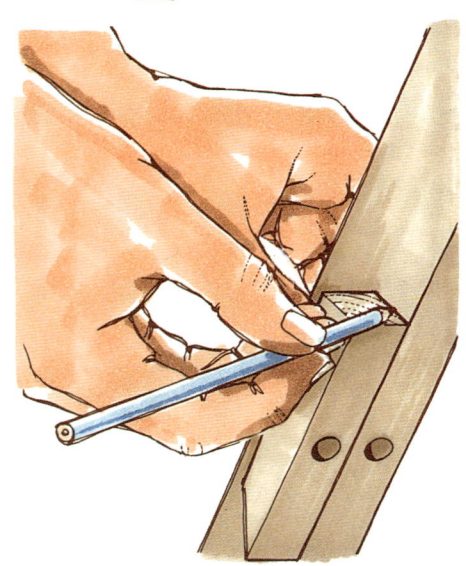

4 Befestigen des Rahmens

Die Zarge wird ausgegrundet, der Klotz eingepaßt und angeschraubt. Dann wird er wieder abgeschraubt und über den oberen Drehzapfen gestülpt. Anschließend steckt man den unteren Drehzapfen in das Loch des Steges, führt den Schwenkrahmenpfosten wieder zum oberen Anschlag zurück und schraubt das Holzstück erneut an die Zarge an.

Festigen eines gerissenen Schwenkrahmenbeines

Durch die Überplattung im Schwenkrahmen kann das Schwenkrahmenbein eng am Gestell anliegen. Trotzdem ist es gefährdet, wenn man den Rahmen beim Schwenken am Fußboden schleifen läßt.

Leimen eines Risses

Man zieht den Riß etwas auseinander, füllt Leim hinein und preßt den Riß mit einer Bügelzwinge zusammen, bis der Leim abgebunden ist.

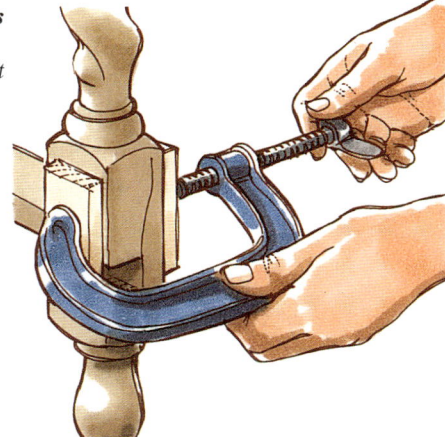

Reparatur eines lockeren Gelenkscharniers

Die Klappe eines Pembroke-Tisches wird von einer schwenkbaren Konsole an einem hölzernen Gelenk gehalten. Wenn es locker wird, liegt die Klappe schief auf. Der Schaden kann durch Einsetzen eines etwas dickeren Stiftes in das Gelenk behoben werden.

1 Erneuern des Gelenkstiftes

Der Gelenkarm wird abgeschraubt, zusammen mit der Konsole an ein Brett gespannt und der Stift mit einem Dorn nach unten herausgetrieben, wobei das Brett über einer Öffnung liegen muß.

2 Einsetzen eines neuen Stiftes

Das Loch wird mit einem etwa 1 mm stärkeren Bohrer nachgebohrt. Der neue Stift muß den gleichen Durchmesser haben. Er wird eingeschlagen, dann sind die Enden bündig zu feilen.

Erneuern von Drehzapfen für Kipptische

Um eine wackelnde Tischplatte wieder zu befestigen, sichert man die Verbindung zwischen Auflageklotz und Stütze, zieht die Schrauben an den Trägerleisten nach (s. Seite 104) und prüft die Drehzapfen.

Drehzapfen von Eßtischen

Der Gewindebolzen aus Metall, um den die Platte gedreht und durch die sie festgehalten wird, ist herauszuschrauben und die Platte abzunehmen.

Pflegen von Drehzapfen

Das kleine Muttergewinde muß fest im Klotz angeschraubt und das Bolzengewinde leicht geölt sein. Sind Teile zu sehr beschädigt, bestellt man sich Ersatzteile.

Muttergewinde

Gewindebolzen

Drehzapfen von kleinen Tischen

Abgenutzte Drehzapfen aus Holz bei kleinen Mittelfußtischen können erneuert werden. Wenn die Löcher in den Trägerleisten unrund sind, müssen diese ersetzt werden.

1 Abfeilen abgenutzter Drehzapfen

Eng anliegende Messingrohrstücke werden in die Löcher der Trägerleisten gesteckt, dann feilt man die Drehzapfen bis auf den Durchmesser der Rohre ab. Man sollte von dem gleichen Rohr einen Lochbohrer herstellen (s. Seite 52) und damit den Zapfen abtragen.

2 Ummanteln der Drehzapfen

Passende Rohrstücke werden mit Epoxydharzkleber auf die Zapfen aufgeschoben. Überschüssigen Klebstoff wischt man mit Spiritus ab.

Ausbessern von Ausziehtischen

Die meisten Probleme bei Ausziehtischen stehen mit dem Zustand der Trägerleisten im Zusammenhang.

Gängigmachen einer Ausziehplatte

Die Trägerleisten werden mit Kerzenwachs eingerieben, damit sie besser gleiten. Wenn das keinen Erfolg hat, müssen die Träger auf geraden Sitz geprüft werden.

Befestigen der Führungsleisten

Die Schrauben der Führungen für die parallel laufenden Trägerleisten werden nachgezogen.

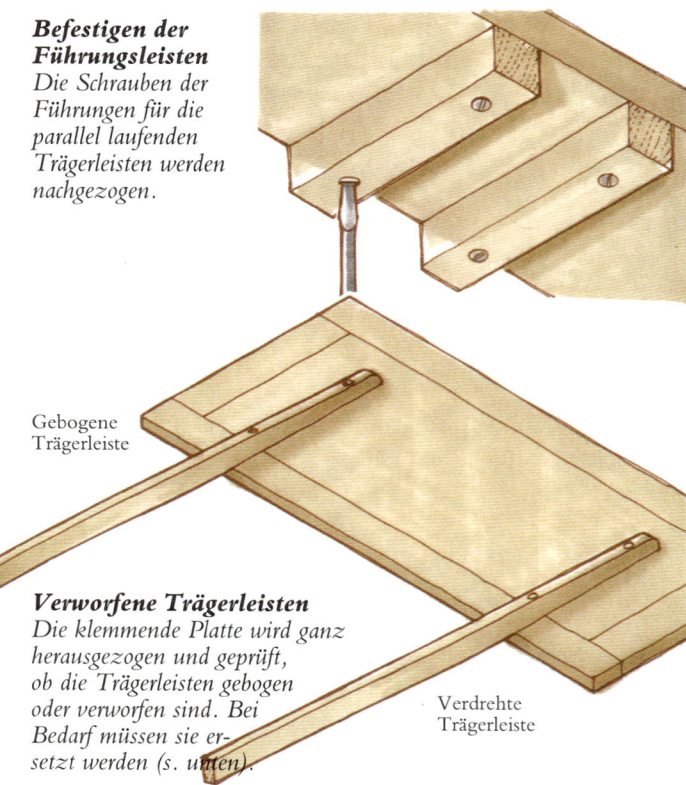

Gebogene Trägerleiste

Verworfene Trägerleisten

Die klemmende Platte wird ganz herausgezogen und geprüft, ob die Trägerleisten gebogen oder verworfen sind. Bei Bedarf müssen sie ersetzt werden (s. unten).

Verdrehte Trägerleiste

Ausrichten schiefer Platten

Wenn eine Platte schief aufliegt, versucht man zunächst, sie durch Festziehen der Schrauben der Trägerleisten wieder zu richten, andernfalls müssen sie ersetzt werden.

Herstellen neuer Trägerleisten

Aus einer vorgefertigten Leiste wird ein neuer Träger von gleicher Größe gehobelt. Man spannt einen noch einwandfreien Träger seitlich an und überträgt die Abschrägung, die dann abgesägt wird. Anschliessend wird der neue Träger angeschraubt.

Anbringen von Anschlagklötzen

Fehlen Anschlagklötze, kann die Platte zu weit herausgezogen werden. Das muß nicht unbedingt sofort behoben werden. Die Klötze erneuert man zweckmäßigerweise mit, wenn der Tisch zur Reparatur in die Werkstatt geht.

1 Festlegen der Anschlagstelle

Die Platte wird so weit herausgezogen, daß sie an der Hauptplatte anliegt. Dann werden die Stellen markiert, wo die Trägerleisten durch die Gestellzargen gehen.

2 Anleimen der Klötze

Die Platte wird auf der Hobelbank umgelegt, anschließend werden die mit Leim bestrichenen Klötze von außen bis an die Markierungen auf der Unterseite der Träger geschoben.

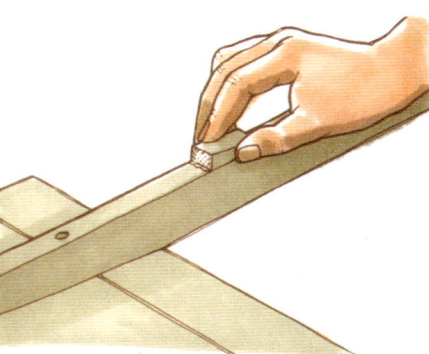

Behandlung einer zerkratzten Ausziehplatte

Ist eine Ausziehplatte durch parallele Kratzer verdorben, muß die Unterseite der Hauptplatte sorgfältig geprüft werden, bevor man sich der Mühe der Erneuerung der gesamten Oberfläche unterzieht. Zum Schutz der Ausziehplatte sind normalerweise Filzstreifen an den Enden der Unterseite der Hauptplatten befestigt. Sind sie verschlissen, wird durch Vor- und Zurückschieben der Platte die Politur abgeschabt.

Erneuern der Schutzstreifen

Die Hauptplatte wird umgedreht, und die Fugen zwischen den Brettern werden gereinigt, um jeden Splitter zu entfernen, der zu Kratzern führen könnte. Außerdem ist jeder Brettstift oder Nagel herauszuziehen. Dann stößt man mit einem scharfen Stemmeisen den alten Leim ab und klebt neue Filzstreifen an.

TISCHPLATTEN

Bevor furniert wurde, bestanden alle Platten aus massiven Brettern. Kleinere Tischplatten wurden aus einem großen Brett geschnitten. Bei größeren Platten mußten mehrere Bretter zusammengeleimt werden. Zu breite Bretter neigen zum Verwerfen und reißen, wenn sie sich nicht ausreichend bewegen können. Bei furnierten Tischplatten wird eine dünne Holzschicht, die natürlich wesentlich vorsichtiger als massive Platten behandelt werden muß, auf Blindholz aufgeleimt.

Befestigen von Tischplatten

Tische bestehen aus zwei Hauptteilen: Gestell und Tischplatte. Muß etwas repariert werden, ist es besser, beide Teile voneinander zu trennen. Tischlern ist seit langem bekannt, daß sich Massivholz durch Feuchtigkeit ausdehnt. Das gilt besonders für breite Flächen wie z.B. Tischplatten. Bretter bewegen sich mehr quer als längs, deshalb können Probleme auftreten, wenn die Gestellzargen, die sich nicht mitdehnen, quer über die gesamte Breite der Tischplatte befestigt werden. Um die daraus resultierenden Risse zu vermeiden, wurden zahlreiche Verbindungstechniken entwickelt, von denen hier einige gezeigt werden. Hat die Platte bereits einen Riß, prüft man ihre Befestigungen und ändert sie bei Bedarf so ab, daß sie sich bewegen können.

Aussparungen

Die einfachste Befestigung wird mit Holzschrauben erreicht, die in einer ausgestemmten oder ausgebohrten schrägen Vertiefung eingelassen sind. Die vertiefte Aussparung soll etwas größer sein, damit sich die Schraube bewegen kann.

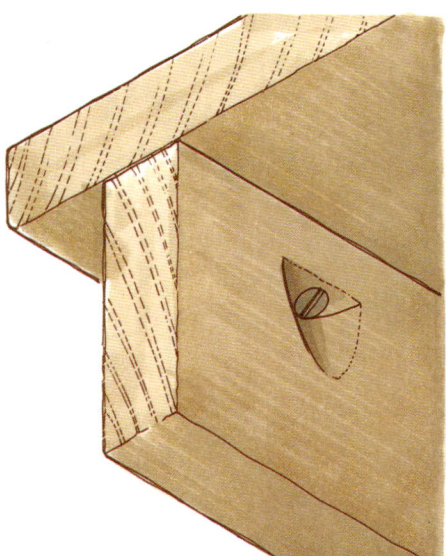

Tiefe Senklochschrauben

In manchen Fällen werden tiefe Senklöcher in die Unterkanten der Zarge gebohrt, damit man die Tischplatte mit relativ kurzen Holzschrauben befestigen kann. Die Senkung sollte etwas breiter sein, damit die Schraube Bewegungsfreiheit hat. Ist das nicht der Fall, bohrt man das Loch konisch nach.

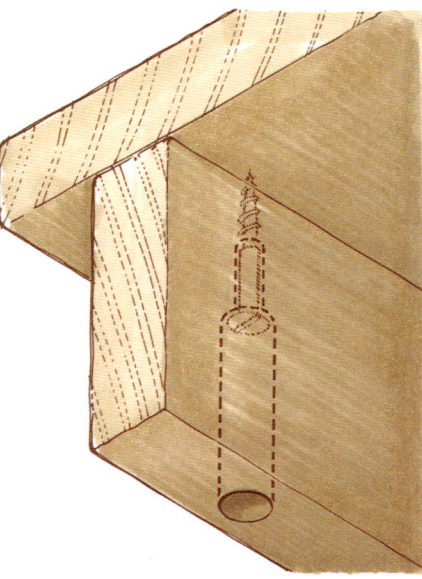

Gefederte Befestigung

Bei der traditionellen Methode wird ein Holzklotz als Feder verwendet, der die Platte hält, ihr aber dennoch Bewegung erlaubt. Die Feder liegt locker in einer Nut an der Innenseite der Zarge. Fehlende Klötze sollten in gleicher Form ersetzt werden. An den Seiten dürfen die Klötze nicht mit der Zarge verbunden werden, sonst wird die Bewegung des Holzes unterbunden.

Schwindungs-Beschläge

Gegenwärtig werden meist Schwindungs-Beschläge aus Metall angebracht. So gibt es flache Schwundklammern, die an die Oberkanten der Zargen, oder Winkelschwundklammern, die an die Innenseiten angeschraubt werden. Die Beschläge sind in zwei Richtungen geschlitzt. Die Schrauben werden dort eingedreht, wo der Schlitz quer zur Faserrichtung steht.

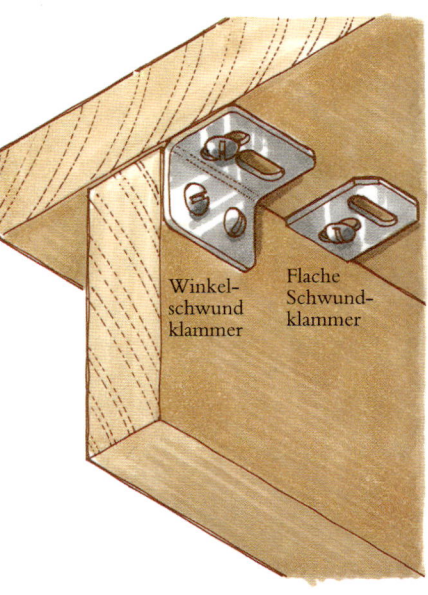

Winkel-schwundklammer

Flache Schwundklammer

Gerissene Tischplatten

Risse laufen in Richtung der Faser oder entlang der Fugen. Die längslaufenden Risse können ihre Richtung ändern und Kanten zum Abbrechen bringen. Letztere Schäden sind ohne eine umfangreiche Vorarbeit nicht zu reparieren (s. Seite 137). Einfaches Neuverleimen und Spannen verträgt das Holz nicht, es würde an einer anderen Stelle erneut reißen. Risse, die nicht so stark ins Auge fallen, läßt man stehen. Sie bilden eine Art Altersfurchen und sind damit Merkmale für den lebendigen Charakter eines Tisches. Ein gerader Bruch ist leicht zu reparieren. Die Art und Weise der Reparatur ist davon abhängig, wie die Bretter zusammengefügt sind.

Stumpf verleimte Tischplatten

Die Bretter alter Tischplatten wurden einfach stumpf verfugt und geleimt. Fehlt der Leim, nimmt man die Platte ab und kratzt oder wäscht die Fuge sauber. Dann wird die Passung geprüft und die Bretter verleimt sowie gespannt (s. rechts).

1 Richten der Verbindungen

Liegen die Stoß-kanten nicht genau aneinander, werden sie plangehobelt. Dazu spannt man die beiden Hälften bündig Rücken an Rücken in einen Schraubstock und hobelt die Kanten mit einer Rauhbank gerade.

2 Benutzen einer Stoßlade

Um gerade Stoßkanten zu erhalten, kann eine einfache Stoßlade aus Hartholz verwendet werden. Sie wird mit einer kleinen Zwinge festgeklemmt.

Gespundete Verbindung

Einige Verbindungen werden mit losen Holzfedern, die in Nuten an den Kanten eingesteckt sind, verstärkt. Besser ist es, wenn man Federn aus Sperrholz mit querlaufenden oder aus Massivholz mit längslaufenden Fasern verwendet.

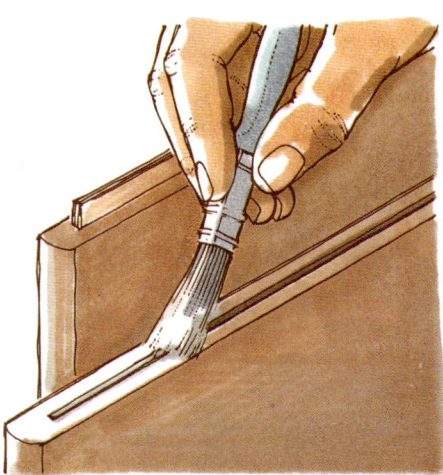

Neuverleimen der Verbindung

Dazu muß sie zuerst mit Wasser oder Dampf angefeuchtet werden, um die Feder ohne Schaden zu lösen (s. Seite 54). Dann werden die Stoßflächen gesäubert, der Leim mit einem Pinsel aufgetragen, die Teile zusammengesteckt und gespannt (s. gegenüber).

Gedübelte Verbindungen

Kurze Dübel, in gleiche Abstände gesetzt, sind eine weitere Methode, um die Verbindung der Fugen zu verstärken.

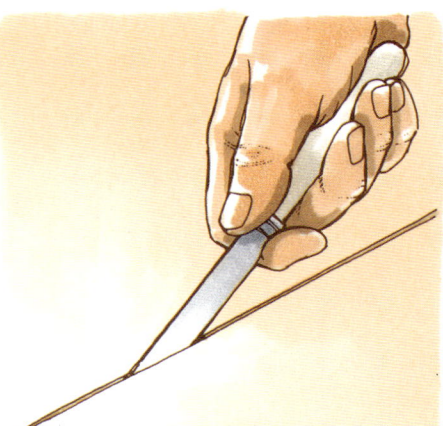

Auffinden der Dübel

Um die genaue Lage der Dübel zu bestimmen, führt man ein Tafelmesser in der Fuge zwischen den Brettern entlang.

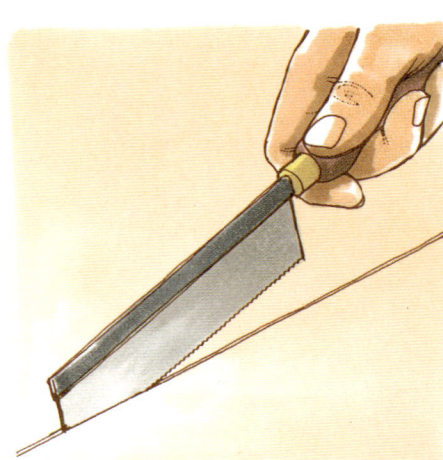

Reparieren einer Dübelverbindung

Sitzen die Dübel zu fest, weicht man den Leim auf (s. Seite 54), säubert die Stoßflächen und leimt die Bretter zusammen. Dübel können auch mit einer feinen Säge getrennt werden. Anschließend bohrt man neue Löcher und steckt neue Dübel ein.

Verleimen von Brettern

Die meisten Verbindungen in alten Möbeln werden durch wasserlöslichen Tischlerleim zusammengehalten, weil er das Zerlegen der Möbel erleichtert, obwohl er erst zubereitet und erwärmt werden muß. Im allgemeinen wird jedoch heute für alle Arten der Möbelherstellung PVA-Holzkaltleim benutzt, der, obwohl nicht völlig reversibel, ein

hervorragend klebendes Fertigprodukt ist. Wofür man sich auch entscheidet, es ist immer wichtig, daß beide Stoßflächen mit Klebstoff bedeckt werden, um die Verteilung und das Eindringen des Klebers zu gewährleisten. Warmer Tischlerleim wird gewöhnlich mit dem Pinsel, moderner Kaltleim auch mit einem Gummiroller aufgetragen.

Spannen der Bretter

Vor dem Spannen setzt man die Bretter zusammen, um die Paßfähigkeit zu prüfen und spannt sie leicht vor. Um dies so schnell und rationell wie möglich zu gestalten, sollte der Leim erst dann aufgetragen werden, wenn alle Werkzeuge bereitgelegt sind.

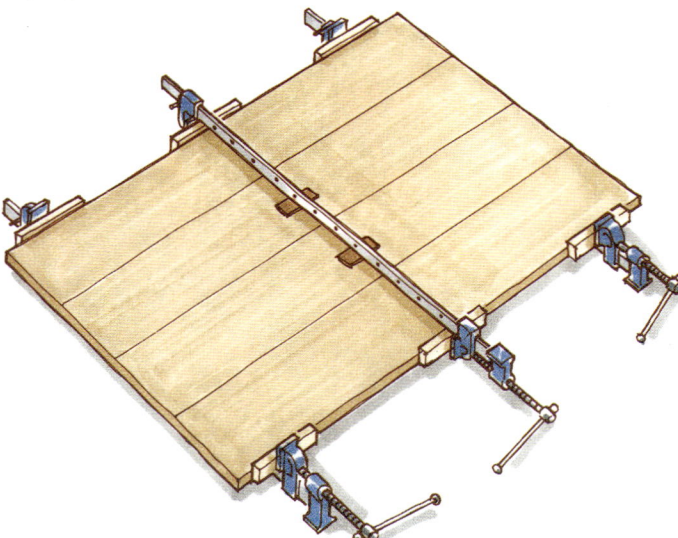

1 Verwendung von Gleitschienenzwingen

Zum Spannen einer Tischplatte werden Gleitschienenzwingen benötigt – zwei unten und eine oben, damit durch Gegendruck eine eventuelle Wölbung ausgeglichen wird. Zwischen Holz und Zwingenbacken sind Zulagen aus Holz nötig. Damit wird der Druck verteilt.

2 Ausrichten der Verbindung

Nach leichtem Anziehen der Zwingen wird überflüssiger Leim herausgedrückt und bei stumpf gefugten Brettern mit der Handfläche geprüft, ob sie bündig sind. Bei Bedarf werden die entsprechenden Stellen mit Hammer und Zulage glattgeschlagen, dann kann die Zwinge fester angezogen werden.

3 Prüfen der Wölbung

Überschüssiger Leim wird mit einem feuchten Tuch entfernt und mit dem Richtscheit geprüft, ob die Oberfläche durch die Zwingen gewölbt wurde. Ist das der Fall, lockert man die Spannung, um die Druckrichtung zu ändern, oder fügt noch eine Zwinge hinzu, damit jede Unebenheit ausgeglichen werden kann.

4 Gegenformen

Für Tischplatten mit profilierten Rändern werden Klötzer mit negativ geformten Anschlagflächen benötigt, um den Druck gleichmäßig über die Randzone zu verteilen. Die Gegenformen werden aus mehreren Weichholzstücken oder einem massiven Stück gefertigt. Innen ist zum Schutz der Profile dicker Filz oder Teppich anzukleben.

5 Spannen runder Platten

Um den Druck gleichmäßig zu verteilen, legt man ein Paar Gegenformen an die Rundungen der Platte parallel gegenüber.

Verzogenes Holz

Frisch aus dem Baum gesägte Bretter haben in ihren Zellstrukturen einen hohen Wassergehalt. Damit man mit ihnen arbeiten kann, muß die Feuchtigkeit durch Lufttrocknung herabgesetzt werden. Lufttrocknung erfolgt langsam im Gegensatz zur künstlichen und regelbaren Schnelltrocknung in Trockenöfen. Nach dem Austrocknen ist der Feuchtigkeitsgehalt relativ niedrig, und das Holz ist mehr oder weniger stabil, denn es reagiert nach wie vor auf die Umgebung. Entsprechend der Luftfeuchte wird es sich allerdings mehr in der Breite und Dicke als in der Länge verändern. Ist die Luft feucht, dehnt es sich aus, ist sie trocken, zieht es sich zusammen.

Verzogene Tischplatten

Dünne Platten aus breiten Brettern verziehen sich häufig. Sind sie wie die Platten eines Klapptisches nicht gerahmt, ist eine Reparatur fast unmöglich. Gerahmte Platten können unter Umständen abgenommen, erneuert und so an ein Gestell angeschlagen werden, daß sie wieder gerade gedrückt werden. Da unbehandeltes Holz schnell Feuchtigkeit aufnimmt, ist es zu empfehlen, die Unterseite der Platte mit einem Holzüberzug zu versiegeln. So wird einem Verziehen entgegengewirkt.

Geraderichten einer Klappe

Eine dünne, verzogene Klappe eines Schwenkrahmentisches kann u.U. durch Anschrauben einer starken Leiste an die Unterseite wieder gerichtet werden. Um die Schwenkfreiheit des Rahmens zu gewährleisten, wird eine Leiste diagonal angebracht. Die Schrauben sind durch Schlitze in der Leiste zu führen.

Strecken einer Tischplatte

Nach dem Abnehmen der Platte wird sie bündig verfugt, geleimt und die Oberfläche nach dem Trocknen des Leims angefeuchtet. Über mehrere Tage sind dann die Zwingen nach und nach fester anzuziehen.

Nuten der Rückseite

Sind Bretter verzogen, können sie gerichtet werden, indem man mit einer Oberfräse mehrere parallele Nuten entlang des Faserwuchses ausschneidet und Versteifungsstäbe einlegt.

1 Herstellen der Nuten

Im Abstand von etwa 18 mm werden Nuten in einer Tiefe von zwei Dritteln der Plattenstärke eingeschnitten, ohne sie bis zum Rand durchzuführen, es sei denn, es soll eine Leiste zum Überdecken der Reparatur angebracht werden.

2 Festigen der Versteifungsstäbe

Um die Platte zu richten, wird sie zwischen 4 Klemmleisten eingespannt. Dann Stäbe aus dem gleichen Holz wie die Platte schneiden und in die Nuten einleimen, nach dem Trocknen die Stäbe bündig hobeln.

MARMORTISCHPLATTEN

Marmor ist ein feinstrukturierter, kristalliner Kalkstein, der in der Natur in vielen Farbtönen auftritt und sich durch eine eindrucksvolle Aderung auszeichnet. Er kann auf Hochglanz poliert werden. Seine Oberfläche ist nicht nur praktisch, sondern auch schön. In der Vergangenheit verwendeten Möbeltischler Marmor für Tische sowie Kommoden, später auch für Waschtische. Am häufigsten findet man weiße Platten, seltener pinkfarbene oder schwarze. Marmorplatten werden nicht befestigt, sondern liegen lose auf. Da sie leicht brechen, dürfen sie nicht horizontal transportiert werden. Geplatzte oder gerissene Platten können normalerweise mit Erfolg repariert werden.

Profilierte Kanten

Die Kanten von Tischplatten zeigen oft dekorative Profile, die in die Ränder einer Massivholzplatte geschnitzt oder als Leisten an eine furnierte Platte angeleimt sind. Besonders die Ecken der Tischplatten können leicht beschädigt werden. Kleine Dellen hebt man mit Dampf an (s. Seite 23), und abgebrochene Kanten werden mit Holzeinlagen repariert (s. Seite 136). An kleinen Mittelfußtischen treten manchmal verzogene Kanten auf. Da es sich dabei um ursprünglich gedrechselte Platten handelt, ist zu empfehlen, auch das eingesetzte Stück abzudrehen. Kanten mit Muschelstruktur sind aus der massiven Platte geschnitzt oder bestehen aus gesondert gearbeiteten Leisten. Eine Restaurierung sollte man in diesem Fall besser Fachleuten überlassen. Nur zur Information sei hier der Werdegang eines Muschelprofils dargestellt.

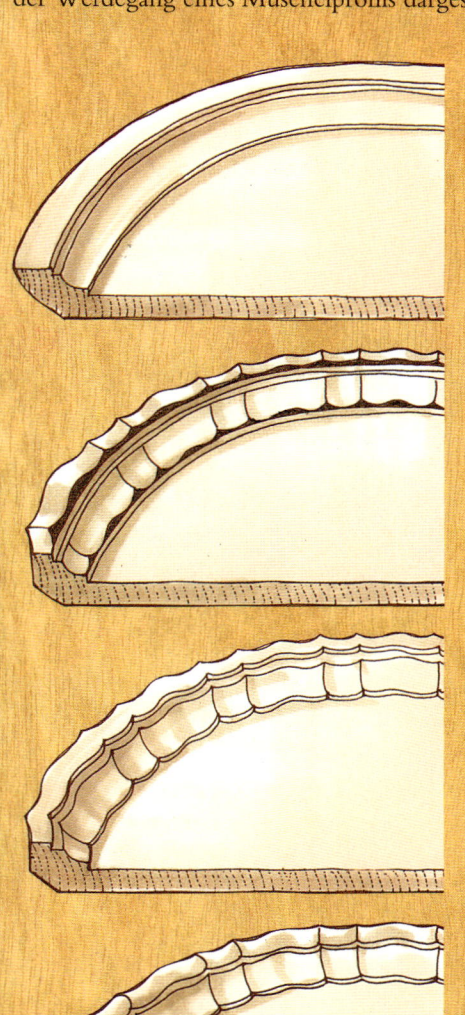

Phase 1
Eine gedrehte oder geschnitzte Scheibe mit einer breiten, erhöhten Kante und genügend Masse zum Ausarbeiten der Profile.

Phase 2
Gesägtes Profil mit Führungslinien für die anschließende Schnitzerei.

Phase 3
Gemuschelte Abschnitte, die an der Innenseite der hochstehenden Kante eingesetzt sind.

Phase 4
Oben wird die Profilierung mit einem Rundstab abgeschlossen.

Pflegen von Marmorplatten

Besonders weißer Marmor nimmt, wenn er porös ist, leicht Schmutz oder Farbe an. Mit Marmor-Wachspolitur kann diesem Prozeß vorgebeugt werden. Trotzdem sollten auch dann Reste saurer Lebensmittel oder von Getränken sofort beseitigt werden. Flecken können normalerweise mit einer absorbierenden Kompresse und einer geeigneten Lösung entfernt werden.

Reinigen von Marmor
Die Oberfläche ist regelmäßig abzustauben und gelegentlich mit einer milden Seifenlösung, die einige Tropfen Salmiakgeist enthält, zu waschen. Danach trocknet man mit einem weichen Tuch oder Leder und trägt dünn Marmor-Wachspolitur auf.

Entfernen von Wasserflecken
Über den Fleck wird eine dicke Kompresse gelegt. Während des Trocknens zieht sie den Fleck heraus. Dann entfernt man die Kompresse, wischt die Oberfläche ab und trocknet sie mit einem weichen Tuch.

Entfernen von Fettflecken

Über den Fleck wird eine mit Waschbenzin oder Azeton getränkte Kompresse gelegt. Damit die Lösung nicht zu schnell verfliegt, wird darüber mit Klebestreifen ein Stück Kunststoffolie befestigt. Bei Bedarf ist dieser Vorgang zu wiederholen. Danach wird die Oberfläche poliert.

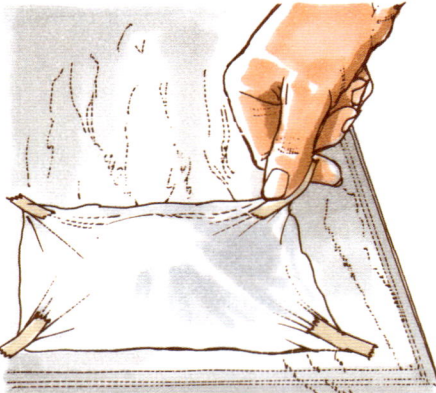

Entfärben von weißem Marmor

Für hartnäckige Flecken nimmt man eine Lösung, die aus 3 Teilen destilliertem Wasser und 1 Teil Wasserstoffperoxyd (100 %) sowie einigen Tropfen Salmiakgeist besteht. Sie wird auf den Fleck aufgestrichen und soll längere Zeit einwirken. Danach wäscht man sauber und wiederholt dies gegebenenfalls.

Glätten der Oberfläche

Ist diese zerkratzt oder verätzt, wird die Stelle mit allerfeinstem Naß- und Trockensandpapier feucht abgeschliffen. Bei tieferen Kratzern wird zunächst ein um ein oder zwei Stufen gröberes Sandpapier verwendet, nachfolgend dann ein immer feineres.

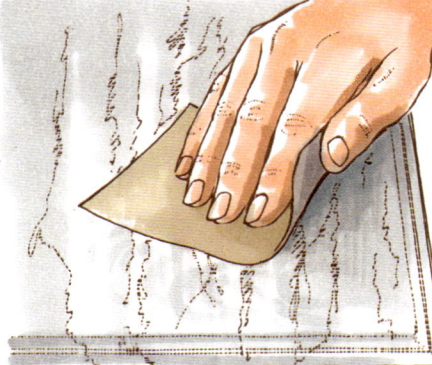

Polieren der Oberfläche

Poliert wird mit einem Marmorwachs oder, um einen noch besseren Glanz zu erreichen, mit einem groben Gewebe und einer Kleesalzlösung (s. Seite 25). Danach wird die Lösung abgewaschen und mit Marmorwachs poliert.

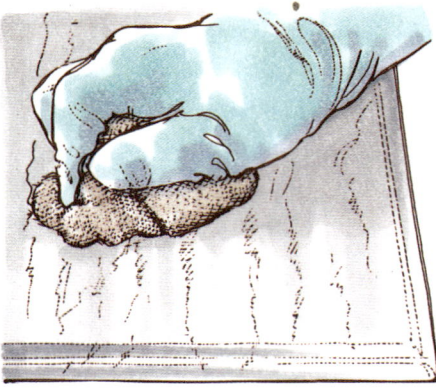

Kleben von gebrochenem Marmor

Eine gebrochene Marmorplatte muß repariert werden, bevor sich der Bruch verfärbt. Der Bruch wird mit Zweikomponentenkleber geschlossen. Zunächst prüft man jedoch, daß die Bruchflächen gut passen und bereitet die Werkzeuge vor, die zum Zusammenspannen der Teile benötigt werden. Je nach Größe und Art des Bruches handelt es sich dabei um Gleitschienenzwingen, Elastikbänder, Schnur oder Klebeband.

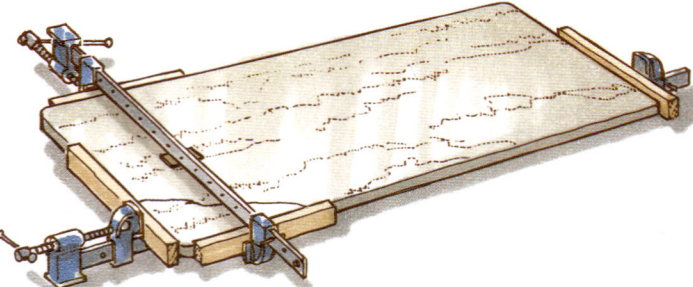

Zusammenfügen der Kanten

Auf beiden Bruchflächen wird ein dünner Film des Zweikomponentenklebers aufgetragen. Ist die Oberfläche bündig, können die Teile zusammengespannt werden. Danach wird der überschüssige Kleber mit Azeton oder Spiritus entfernt. Nun kann der Bruch abbinden.

Schließen von Vertiefungen

Falls notwendig, Vertiefungen ausfüllen mit einer Mischung aus Epoxydharzkleber und Marmorstaub. Für weiße Platten kann Talkum oder Schlämmkreide verwendet werden. Der Kratzer wird ausgefüllt, nach dem Trocknen mit feinem Sandpapier überschliffen und die Fläche mit Wachspolitur überzogen.

Reparieren einer abgeplatzten Kante

Die abgeplatzte Stelle mit einer Mischung aus Epoxydharzkleber und Marmorstaub möglichst sauber füllen. Darüber klebt man ein Stück stärkere Kunststoffolie. Nach dem Trocknen wird die Folie entfernt und die betreffende Stelle mit sehr feinem Sandpapier in Form gebracht und geglättet.

FURNIERTE TISCHPLATTEN

Bei Furnier handelt es sich um eine sehr dünne Holzschicht, die aus einem Baumstamm gesägt und auf einer festen Unterlage wie zum Beispiel dem Blindholz verlegt wird. Früher dienten meist Kiefern-, aber auch Mahagoniholz als Blindholz. Heute verwendet man Sperrholz oder Spanplatten. Furniertem Möbel eilt der Ruf voraus, es sei gegenüber Massivholzmöbeln minderwertiger. Ein Vorteil des Furniers ist jedoch, daß als Blindholz nicht Holz erster Wahl verwendet werden muß, und das Möbel trotzdem kostbar wirkt. Hinzu kommt der ökonomische Vorteil, denn es wird nur wenig teures Holz benötigt. Auch wenn sich die Handwerker in der Vergangenheit kaum mit dem Schutz des Waldes beschäftigt haben, die Schönheit und die Vielfalt der Furniere haben sie wohl erkannt. Die von ihnen hervorragend furnierten Möbel gehören heute zu den Kostbarkeiten auf dem Kunstmarkt.

Sägen von Furnier

Das Furnierbild wird nicht nur von der natürlichen Farbe des Holzes, sondern auch von der Richtung bestimmt, aus der man das Furnier aus dem Stamm sägt. Das Bild bzw. die Maserung wird durch die Zellstruktur hervorgerufen. Die Haupttypen der Maserung sind: Längsgestreiftes Furnier, Riegelfurnier, Maserfurnier und Wechseldrehfurnier. Vor der Erfindung der Furniersägemaschine wurden alle Furniere mit der Hand abgesägt (sog. Sägefurnier) und sind deshalb im Verhältnis zum heutigen Standard ziemlich stark. Allgemein kann festgestellt werden, daß Möbel mit starken Furnieren vor der Einführung der Furniersägemaschine im 19. Jahrhundert entstanden sind. Bei den maschinell hergestellten Furnieren unterscheidet man entsprechend der angewendeten Methode im wesentlichen 3 Arten: Schälfurnier, Messerfurnier und Radialfurnier. Vor dem Abschneiden wird das Holz gekocht bzw. gedämpft, wobei die Behandlungsdauer von der Art abhängig ist.

Schälfurnier

Der Stamm wird in eine riesige Drehbank gespannt und das Furnier durch ein Messer, das so lang wie die Maschine ist, abgeschält. So entstehen breite Furnierblätter mit einer variationsreichen Maserung. Die Herstellung ist ökonomisch, und die Furniere werden in der Industrie zur Fertigung von furnierten Sperrholzplatten verwendet. Auch das Vogelaugen-Ahornfurnier wird so produziert.

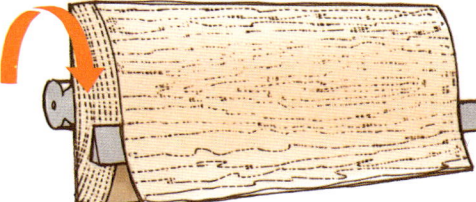

Halbrundschälfurnier

Dabei handelt es sich um eine Variante des Schälfurniers, bei der ein halber Stamm außermittig in der Drehbank eingespannt ist. Der Stamm kann auch mit dem Kernholz nach vorn eingelegt werden. Diese Technik heißt Rückschnitt. Sie wird angewendet, um dekorative Maser- und Pyramidenfurniere zu erhalten.

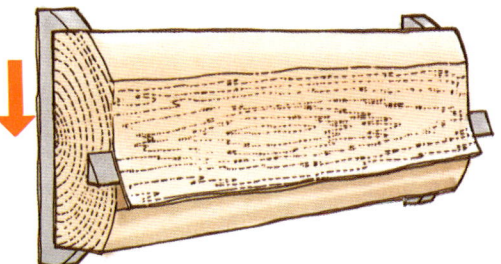

Messern eines Fladerfurniers

Bei dieser Messermethode wird ein Stammabschnitt quer in eine bewegliche Halterung eingespannt und gegen das Furnierhobelmesser geführt. Die hier entstehende Maserung wird davon bestimmt, wie der Stamm geschnitten ist und wie er in der Halterung liegt. Wird ein Halbstamm mit dem Kern nach unten eingespannt und in der Tangente gemessert, entsteht ein Fladerfurnier.

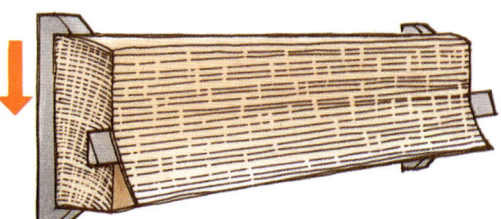

Messern eines Viertelstammes

Messert man ein Furnier mehr oder weniger senkrecht zu den Jahresringen eines Viertelstammes ab, führt das zu einem gestreiften Maserungsbild und bei Eiche zu der unverwechselbaren, strahlenförmigen Zeichnung mit „Spiegelung".

Rundgeschältes Vogelaugen-Ahornfurnier

Halbrundgeschältes Königsholzfurnier

Gemessertes Eschen-Fladerfurnier

Vom Viertelstamm gemessertes Eichenfurnier

FURNIERARTEN

Charakter und Erscheinungsbild eines Furnieres sind nicht nur von der Holzart, sondern auch von dem Teil des Stammes, von dem es stammt, sowie der Abspänmethode abhängig. Furniere gleichen sich nie. Deshalb sind die hier gezeigten nur eine Auswahl typischer Furniere, die bei der Reparatur oder dem Neubezug von Schrank- und Tischplatten benötigt werden, – selbst ausgefallene und fehlerhafte Furniere können wieder verwendet werden.

Kaufen von Furnier

Wenn sich ein Furnier von einem Möbel gelöst hat, sollte möglichst mit dem Originalfurnier ausgebessert werden. Sind Teile davon verlorengegangen oder das Furnier ist unbrauchbar, wird neues Material von gleicher Stärke und Farbe sowie ähnlicher Maserung gekauft. Das ist jedoch nicht einfach. Besonders in Fällen, wo das Originalfurnier gefärbt oder vom Licht ausgebleicht wurde, ist es schwierig, die Holz-

Fladerschnittfurnier
Wenn der Stamm in der Tangente geschnitten ist, zeigt das Furnier eine reizvolle Maserung aus schwingenden Linien, die sich in der Mitte treffen, und Streifen an den Rändern.

Streifenfurnier
Radial aus dem Stamm geschnittenes Furnier weist Streifen auf. Eine gebänderte Maserung besteht aus zarten Streifen, die durch die wechselnden Richtungen der Strukturen von Hölzern mit Wechseldrehwuchs entstehen.

Riegelfurnier
Dieses dekorative Furnier ist durch auffällige, quer verlaufende Bänder in hellen und dunklen Tönen gekennzeichnet. Die Bänder werden durch welligen Faserwuchs wie beispielsweise bei Bergahorn und Esche hervorgerufen.

Spiegelfurnier
Bei Hölzern, die eine eindeutige radiale Zellstruktur haben, ergeben sich einmalige und dekorative Furniere, wenn sie von gevierelten Stämmen geschnitten werden. Neben den Strahlen erscheint zusätzlich eine gesprenkelte Maserung.

sorte zu bestimmen und den passenden Farbton zu finden. Ein Spezialist wird diese Aufgabe lösen können, aber auch er ist für ein gutes Musterstück dankbar. Eine solche Beratung ist natürlich immer besser als ein Kauf per Katalog und Nachnahme, was prinzipiell auch möglich ist. Furnier wird als zugeschnittenes Material oder in großen Blättern angeboten, letzteres je nach Art in unterschiedlichen Längen, Breiten und Preisen. Knollenfurniere wer-

den als Maserfurniere geliefert, Pyramidenfurniere sind gehobelt und in der Regel hinterklebt. Große Blätter werden einzeln oder in Bündeln zu vier fortlaufenden Stücken verkauft. Packungen mit gemischten Furnieren enthalten relativ kleine Stücke, die für Intarsien geeignet sind. Wird stärkeres Furnier benötigt, wie es an alten Möbeln vorkommt, leimt man mehrere Lagen aus modernem Furnier übereinander, bis die gewünschte Stärke erreicht ist.

Pyramidenfurnier
Wird aus der Astgabel geschnitten. Dabei entsteht aufgrund unterschiedlich strukturierter Faserzellen eine schimmernde gefiederte Maserung.

Wurzelmaserfurnier
Der natürliche, unregelmäßige Wuchs des Baumstumpfes bringt ein zufällig und reich gestaltetes Muster hervor.

Maserknollenfurnier
Schneidet man die Knollen an den Seiten der Stämme in Furnierblätter, zeigen sie einmalige Muster. Dieses Furnier ist nur in kleinen Stücken erhältlich, außerdem reißt es leicht, solange es nicht auf dem Blindholz aufgeleimt ist.

Furnier aus verwachsenem Wundgewebe
Wie hier, entstehen z.B. durch Insektenfraßgänge oder andere Fehlentwicklungen Furniere mit effektvoller Zufallsmaserung.

AUSBESSERN VON FURNIER

Zusammenstellen von Mustern

Tischler teilen eine Platte meist in Abschnitte, um kleinere Furnierstücke nutzen zu können. Es können auch Teile nebeneinandergelegt werden, die unterschiedliche Maserungsrichtungen aufweisen. Typische Muster sind unten dargestellt. Viele einfache Muster können mit der Hand und einem Furnierhammer aufgelegt werden. In den meisten Fällen ist es jedoch einfacher und effektiver, sie in Zulagen vorzubereiten (s. Seite 123).

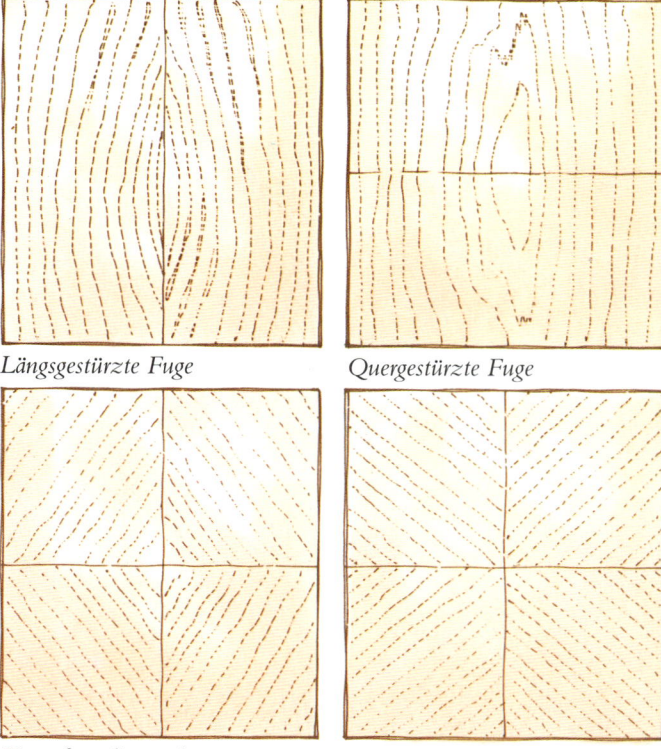

Längsgestürzte Fuge   Quergestürzte Fuge

Kreuzfuge diagonal   Kreuzfuge umgekehrt diagonal

Kaffeetisch mit Kreuzfuge

Furnierte Platten von Tischen oder Schränken sind ebenso praktisch wie solche aus Massivholz, vorausgesetzt, das Furnier wurde gut aufgelegt und überzogen. Natürlich kann es auch durch den Aufschlag eines harten Gegenstandes beschädigt werden. Schlechte Verarbeitung, ungeeignete Materialien und widrige Umweltbedingungen können dazu führen, daß es Blasen zeigt, sich abhebt und die Kanten abplatzen. Solch ein Schaden sollte möglichst schnell behoben werden, denn später wird die Reparatur immer schwieriger.

Anheben einer Delle

Vorher sollte gut überlegt werden, ob man eine Delle im Furnier anhebt. Eine flache Delle wird auf ähnliche Weise ausgeglichen wie beim Massivholz (s. Seite 23). Sie darf jedoch nur mit ganz wenig Feuchtigkeit aufgequollen werden. Sobald die Oberfläche bündig ist, wird die Arbeit beendet.

Pressen der Oberfläche
Da auch der das Furnier haltende Leim durch Wasser aufgeweicht wird, ist die Holzschicht auf das Blindholz zu pressen. Dazu wird die Reparaturstelle mit Kunststoffolie sowie einer Holzplatte bedeckt und mit Gewichten beschwert.

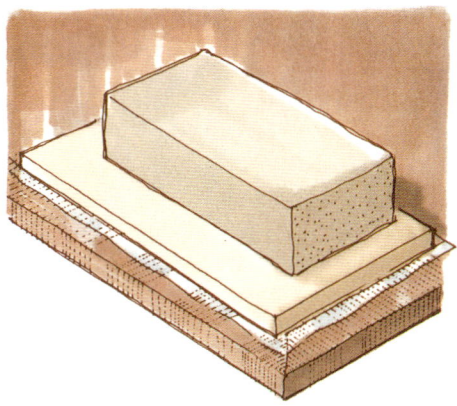

Behandlung von Blasen

Blasen entstehen häufig dadurch, daß der Leim das Furnier nicht mehr an das Blindholz bindet. Auch durch Wasser, das vom Furnier aufgesaugt wird, können Wellungen entstehen. Die meisten Blasen sind recht auffällig. Ist das Furnier nur lose, können die Stellen nur entdeckt werden, indem man die Oberfläche systematisch mit dem Fingernagel antippt. Der entstehende Ton ist anders als bei festsitzendem Furnier.

Entfernen von alten Blasen
Wenn eine alte Blase einen Riß hat, ist sie meist verschmutzt. Deshalb Furnier und Reste von Leim mit einem feuchten Tuch erweichen. Danach wird das Innere der Blase mit einem Skalpell ausgeschabt, Leim eingedrückt und das Furnier flachgepreßt.

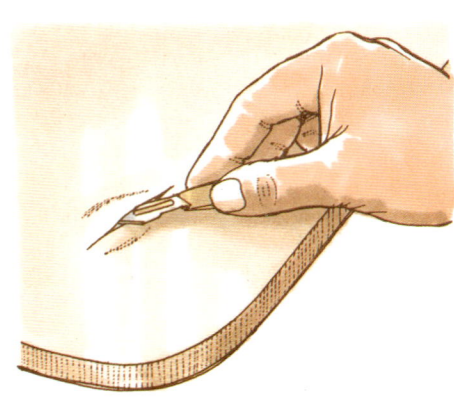

1 Einebnen einer Blase

Auf die Blase wird ein feuchtes Tuch gelegt und mit dem Elektrobügeleisen erwärmt. Sobald Furnier und Leim beginnen zu erweichen, wird die Blase flachgedrückt. Dann entfernt man das Tuch, preßt die Reste der Blase mit dem Bügeleisen glatt und läßt alles abkühlen. Das Furnier wird glatt bleiben, wenn noch genügend Leim vorhanden war.

2 Hinzufügen von Leim

Befindet sich zu wenig Leim unter der Blase, fügt man etwas Leim hinzu. Das Furnier wird angefeuchtet und ein feiner Messerschnitt in Faserrichtung durch die Blase gezogen. Dann bringt man mit Malspachtel oder Pinsel PVA- oder Tischlerleim unter das Furnier, preßt die Blase glatt, wischt überflüssigen Leim ab und überklebt mit Klebeband.

3 Einspannen der Ausbesserung

Die Reparaturstelle wird mit einem Stück Kunststoffolie sowie einer Holzplatte bedeckt und bis zum Abtrocknen des Leims in eine Zwinge eingespannt.

Aussetzen einer beschädigten Kante

Von den Kanten eines Deckfurniers, umlaufenden Bändern oder Querfriesen können leicht kleine Teile absplittern. Wichtig ist, daß das Ersatzstück gut zum Furnier paßt. Ist es heller, muß nachgebeizt werden. Wenn dickeres Sägefurnier ausgebessert wird, muß man den Ersatz mit der Kreissäge ausschneiden oder mehrere Schichten dünnes Maschinenfurnier aufeinander kleben. Dabei muß die Schicht etwas höher als die Oberfläche sein, damit abgeschliffen werden kann.

1 Anheften des Ersatzstückes

Dieses wird etwas größer geschnitten und so aufgelegt, daß die Maserung möglichst gut übereinstimmt. Dann befestigt man es mit Klebestreifen.

2 Ausschneiden des Ersatzstückes

Dazu wird versucht, mit einem scharfen Messer und Lineal schräg das Ersatz- und Deckfurnier zuzuschneiden. Bei Wurzelfaserfurnier wird der Schnitt frei Hand geführt. Er folgt einer Kurvenlinie.

3 Ausstechen einer Reparaturstelle

Am Deckfurnier werden die Begrenzungen nachgeschnitten, mit einem scharfen Stemmeisen die Reste des beschädigten Furniers ausgestochen und das Blindholz mit einem breiten Stemmeisen abgespitzt.

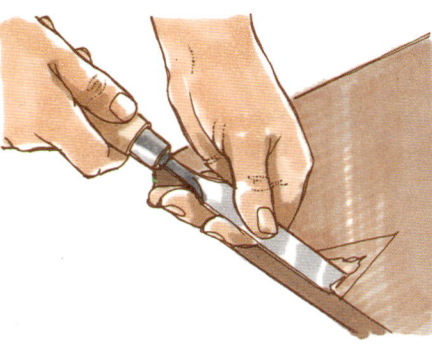

4 Anleimen des Ersatzstückes

Auf Blindholz und Furnier wird Leim aufgetragen, das Furnier angeleimt und mittels Holzplatte und Zwinge festgepreßt. Nach dem Trocknen legt man die Platte um und schneidet den Überhang mit der Kante bündig.

Aussetzen der Oberfläche

Tiefe Kratzer mitten in der furnierten Ansichtsfläche können ähnlich wie eine Kantenausbesserung behandelt werden. Das Ersatzstück wird entsprechend der Maserung ausgesucht und geschnitten. Im Fachhandel sind außerdem Furniereisen in vielen Größen erhältlich. Benötigt man mehrere ähnliche Ersatzstücke, ist die Anschaffung eines solchen Stanzeisens günstig. Mit seiner Hilfe schneidet man ein unregelmäßiges Stück aus dem Deckfurnier und ein gleiches aus dem Ersatzfurnier.

1 Ausschneiden des Ersatzstückes

Das ausgewählte Furnier wird entsprechend dem Faserlauf ausgerichtet und über die Schadstelle geheftet. Danach schneidet man das Ersatzstück und das Deckfurnier aus, sticht letzteres ab und leimt dafür das Ersatzstück ein.

2 Verwenden eines Furniereisens

Das Eisen wird in entsprechender Größe über die Schadstelle gesetzt und mit dem Holzhammer in das Furnier getrieben. Dann entfernt man innen den Abfall, schlägt eine neue Stanzform aus dem Ersatzfurnier und leimt sie in den Ausschnitt.

Aussetzen des Blindholzes

Ist auch das Blindholz beschädigt, muß es vor dem Neufurnieren ausgebessert werden. Wenn die Stelle flach ist, putzt man sie sauber und füllt die Vertiefung mit Holzkitt, ist sie tiefer, wird ein Stopfen eingesetzt.

Einleimen eines Stopfens

Das Ersatzfurnier etwas größer als die Schadstelle im Blindholz zuschneiden. Dann grundet man die Schadstelle in Form eines Rhombus oder eines Kreises aus dem Blindholz aus, erstellt einen gleichgroßen Holzstopfen in der gleichen Faserrichtung, leimt ihn in die Ausgrundung und hobelt bündig.

Abheben von Furnier

Damit die Patina eines alten Furniers erhalten bleibt, sollte man Ergänzungen auf ein Minimum reduzieren. Falls das Furnier abgehoben werden muß, kann es im Idealfall sofort wieder verwendet werden, zumindest sollte es jedoch für spätere Fälle aufbewahrt werden.

1 Anfeuchten

Zunächst ist der alte Überzug zu entfernen (s. Seiten 20 bis 21). Dann wird die furnierte Platte für mehrere Stunden mit einem mehrfach übereinandergelegten feuchten Tuch bedeckt. Im Anschluß wird das Tuch abgenommen und die Oberfläche mit einem heißen Bügeleisen und einem feuchten Tuch geglättet.

2 Abheben des Furniers

Das Furnier wird vom Blindholz mit einer breiten Spachtel getrennt, bei Bedarf muß nochmals heiß gebügelt werden. Dann legt man das Furnier mit der Rückseite nach oben und entfernt den alten Leim mit einem feuchtwarmen Lappen und einer Spachtel.

3 Glätten des Furniers

Damit sich das Furnier nicht wellt, legt man das feuchte Furnier zwischen zwei flache Spanplatten und Papier und läßt es trocknen.

FURNIEREN

Im Gegensatz zu früher ist es heute üblich, eine Tischplatte beidseitig zu furnieren, um ein Verziehen der Platte während des Schwindens zu verhindern. Furnier kann mit der Hand aufgedrückt werden, so daß es glatt aufliegt, oder es wird vorher gepreßt. Bei der traditionellen Methode wird Tischlerleim zum Furnieren mit dem Furnierhammer verwendet. Letzteren schiebt man unter Druck über die Fläche, so daß überflüssiger Leim herausgedrückt wird und sich das Furnier anlegt. Es kann jedoch auch ein moderner, unter Hitze aufzubügelnder Klebefilm verwendet werden. Beim Preßfurnieren werden flache oder gebogene Platten benutzt, die man zusammenspannt und damit das Furnier in die richtige Lage bringt. Es ist möglich, sowohl Tischlerleim als auch Kunstharzkaltleim zu verwenden. Letzterer läßt etwas mehr Zeit für das Auflegen und Einpassen des Furniers. Belegt man Blindholz neu, sollte dies zuerst mit dem Originalmaterial versucht werden. Ist das Material zu sehr gebrochen, muß unbedingt neues Furnier verwendet werden.

Vorbereiten des Blindholzes

Das Blindholz muß vollkommen eben und glatt sein, da sich jede Erhebung, besonders bei einer Hochglanzpolitur, im Furnier zeigt. Große Risse können ausgespänt (s. Seite 137), feine Kratzer mit einem Holzkitt geschlossen werden.

1 Abwaschen von altem Leim
Dicke Lagen von altem Tischlerleim schabt man ab, bearbeitet das Blindholz dann mit Wasser und einem groben Lappen und läßt es danach trocknen.

2 Schleifen des Blindholzes
Nachdem die Fehler im Blindholz beseitigt sind, wird die Oberfläche mit Sandpapier, das um einen Klotz gelegt ist, diagonal abgeschliffen und zuletzt der Staub entfernt.

Handfurnieren

Traditionell wird beim Handfurnieren Tischlerleim mit einem Furnierhammer aufgetragen. Anstelle dessen kann auch ein Tischlerhammer verwendet werden. Außerdem werden benötigt: Bügeleisen, Schwamm, eine Schüssel mit warmem Wasser, Klebeband, Lineal und ein scharfes Messer. Einfacher ist jedoch das Auftragen von Harzkaltleim.

Verwenden von Klebefilm
Hitzeempfindlicher, auf Papier aufgetragener Klebefilm ist sauber und färbt nicht. Die Blätter können mit der Schere in der gewünschten Größe und Form zugeschnitten werden. Der Leim wird mit einem Bügeleisen erweicht und das Furnier angepreßt.

1 Aufbügeln des Films
Zunächst wird das Blatt in entsprechender Größe zugeschnitten und mit der Papierseite nach oben auf das Blindholz gelegt. Dann wird das Bügeleisen mit mittlerer Hitze über das Papier geführt, damit der Leim am Blindholz anklebt.

2 Abziehen des Papiers
Nachdem der Leim getrocknet ist, zieht man das Papier ab und legt das zugeschnittene Furnier auf das geleimte Blindholz.

3 Bügeln des Furniers
Das Furnier wird zum Schutz mit dem abgezogenen Papier bedeckt und das Bügeleisen langsam bei mittlerer Hitze über die Fläche geführt, um den Leim zu verflüssigen. Beim Bügeln muß das Furnier niedergedrückt werden.

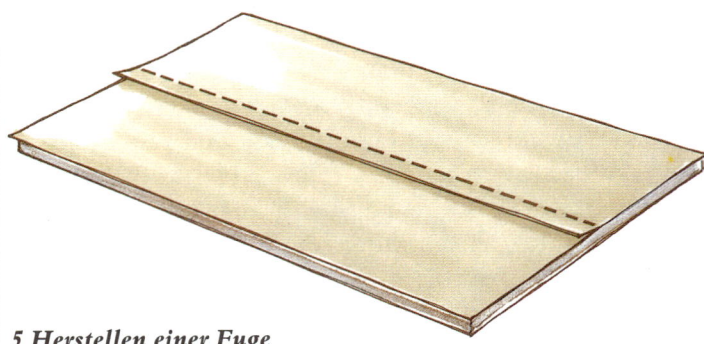

Aufbügeln von geleimtem Furnier

Tischlerleim ist als perlenförmiges Granulat erhältlich und wird im Wasserbad in einem Leimtopf zubereitet. Der Leimtopf wird zu einem Viertel mit den Perlen gefüllt und der Leim mit heißem Wasser bedeckt. Ist er angeweicht, füllt man den Topf zur Hälfte mit Wasser, erhitzt den Leim bis auf maximal 49 °C und verrührt ihn zu einer sämig fließenden Masse.

1 Grundieren der Platte

Soll neues Blindholz furniert werden, muß es nach dem Abschleifen mit verdünntem Leim versiegelt werden. Nach dem Trocknen schleift man erneut leicht darüber.

2 Auflegen des Furniers

Dann wird eine dünne Schicht konzentrierter Leim aufgestrichen. Wenn er klebrig wird, wird das Furnier aufgelegt, mit der Hand angedrückt und die Oberfläche mit einem heißen, gut ausgewrungenen Schwamm angefeuchtet.

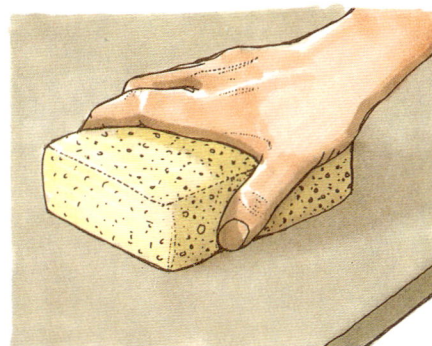

3 Bügeln des Furniers

Dann das Bügeleisen mit mäßiger Hitze über die feuchte Oberfläche führen. Ist das Bügeleisen zu heiß, wird die Klebkraft des Leims abgebaut, und es entstehen Probleme druch Schwinden des Furniers.

4 Arbeiten mit dem Furnierhammer

Dieser wird unter Druck in Zickzackbewegungen von der Mitte aus in Faserrichtung geführt und überflüssiger Leim sowie Luft herausgedrückt. Ist der Leim abgekühlt, feuchtet man das Furnier an und bügelt es erneut.

5 Herstellen einer Fuge

Ist es notwendig, zwei Furnierblätter nebeneinander über die Platte zu legen, werden sie symmetrisch angeordnet. So können z.B. zwei Stücke wie ein geöffnetes Buch verlegt werden, dabei verläuft die Fuge in der Mitte der Platte. Die Stücke werden so aufgeleimt, daß die Ränder in der Mitte etwa 25 mm überlappen.

6 Abschneiden des Furniers

Über die Mittellinie wird ein Lineal gelegt und mit einem scharfen Messer, möglichst ohne Absetzen, durch beide Furniere geschnitten.

7 Entfernen der Überlappungen

Der obere Streifen wird abgenommen, der Rand des überlappenden Furniers hochgehoben und der untere Abschnitt vorgezogen. Eventuell vorher nochmals anfeuchten und bügeln. Dann drückt man die Ränder mit einem Hammer glatt und bündig und verbindet sie mit Klebestreifen.

8 Abschneiden der Außenränder

Nach dem Trocknen wird die Platte gewendet, mit dem Furnier auf eine glatte Oberfläche gelegt und der Abfall ringsherum mit einem scharfen Messer abgeschnitten. Zuletzt schleift man die Kanten glatt.

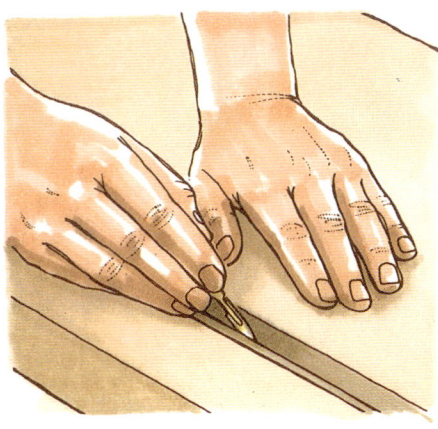

PRESSEN VON FURNIER MIT ZULAGEN

Hinterklebte oder brüchige Furniere, die von Hand schwierig aufzulegen sind, preßt man am besten mit verschraubten Zulagen. Anhänger traditioneller Methoden entscheiden sich hierbei meist für warmen Tischlerleim, weil dann ein eventuell notwendig werdendes Auseinandernehmen für den Restaurator weniger Probleme bereiten würde. Andererseits ist kalter Harzleim praktischer in der Anwendung.

Herstellen von Zulagen

Zulagen, die aus dicken Brettern oder Spanplatten bestehen, werden etwas größer als die Blindholzfläche vorbereitet. Um große Zulagen zusammenpressen zu können, müssen genügend Leistenpaare als Klammern zur Verfügung stehen.

1 Hobeln der Leisten

Man hobelt die Innenseiten der Leisten in leicht konvexer Form, damit der Preßdruck in der Mitte liegt. Dadurch wird der überschüssige Leim an den Kanten des Furniers herausgedrückt. Dasselbe geschieht, wenn die Schrauben an den Enden der Leisten angezogen werden.

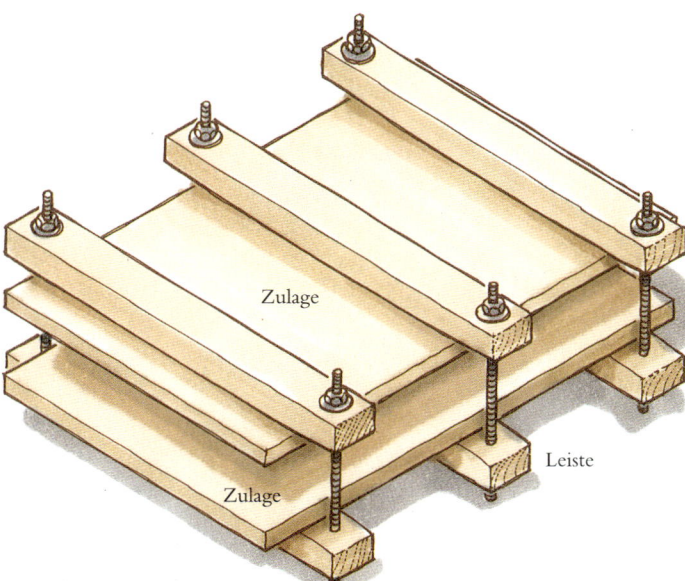

Zulage

Zulage

Leiste

2 Herstellen von Klemmschrauben

Zum Ausüben des Druckes auf die Leisten können natürlich gewöhnliche Zwingen verwendet werden, billiger ist es jedoch, Gewindebolzen mit Muttern und großen Unterlegscheiben zu nutzen.

Verwenden von Tischlerleim

Hier muß schnell gearbeitet werden, da die Zulagen warm bleiben müssen. Aus diesem Grund müssen Hobelbank und alle erforderlichen Werkzeuge griffbereit zur Verfügung stehen. Nach Möglichkeit sollte eine zweite Person assistieren.

1 Auftragen des Leims

Bei Bedarf wird das Blindholz versiegelt und grundiert. Dann streicht man gleichmäßige Schichten Leim auf Blindholz und Furnier. Erst wenn der Leim geliert ist, darf das Furnier angepreßt werden, weil es dann nicht mehr wegrutscht.

2 Vorbereiten der Zulage

Die obere Zulage wird beidseitig erwärmt und die Unterlage auf eine Reihe von Leisten gebracht. Dann legt man das mit Furnier bedeckte Blindholz darauf und deckt Zeitungspapier darüber.

3 Zusammenpressen der Zulagen

Nach dem Auflegen der oberen Zulage schraubt man die Leisten von der Mitte aus zusammen. Ist der Leim getrocknet, werden die Leisten gelöst und die Kanten abgehobelt. Die Unterseite des Blindholzes wird, sofern vorgesehen, so schnell wie möglich mit Furnier versehen.

123

Verwenden von Kaltleim

Hat Kontaktkleber einmal abgebunden, hält er außerordentlich gut und widersteht Hitze und Feuchtigkeit. Er ist ideal geeignet zum Furnieren von Tischplatten, allerdings nur unter Benutzung von Zulagen, da er längere Zeit unter Druck abbinden muß, damit die Verbindung auch gut hält. Da er nicht erwärmt werden muß, kann man sich beim Auflegen des Furniers etwas Zeit lassen. Außerdem ist es möglich, beide Seiten einer Platte in einem Arbeitsgang zu furnieren.

1 Vorbereiten des Furniers
Wenn das Furnier in zwei Hälften aufgeleimt werden soll, legt man die Blätter übereinander, spannt sie zwischen zwei Leisten und hobelt die Kanten mit einer Rauhbank ab.

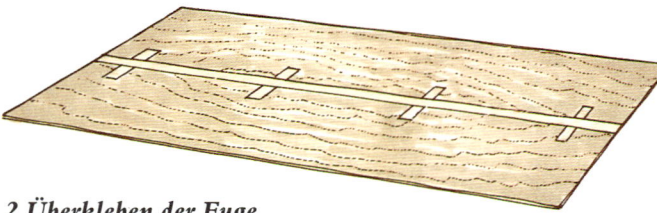

2 Überkleben der Fuge
Man legt die Blätter mit der Draufsicht nach oben sowie Kante an Kante aneinander und verbindet sie mit kurzen Klebestreifen. Danach überklebt man die gesamte Fugenlänge mit einem Klebestreifen.

Zulage
Zeitungen
Deckfurnier
Blindholz
Gegenfurnier
Zeitungen
Zulage
Leisten

3 Furnieren beider Seiten
Zuerst legt man die unteren Leisten zurecht und eine Zulage darüber. Dann wird das auf der Unterseite eingeleimte Blindholz auf das Gegenfurnier gelegt, die Oberseite des Blindholzes geleimt und das Deckfurnier darauf gebracht. Schließlich preßt man die furnierte Platte zwischen der unteren und der oberen Zulage gleichmäßig zusammen.

Vorbereiten des Furniers für den Überzug

Bis zum Putzen der Oberfläche sollten einige Tage vergehen. Wird dazu beispielsweise ein Bandschleifer benutzt, ist darauf zu achten, daß nicht zu viel Furniermaterial abgetragen wird.

1 Entfernen der Klebestreifen
Zunächst werden alle Klebestreifen befeuchtet und anschließend abgezogen. Dann wischt man Leimreste auf der Oberfläche mit einem feuchten Tuch ab und läßt das Holz trocknen.

2 Benutzen einer Ziehklinge
Zum Glätten der Oberfläche wird eine Ziehklinge verwendet. Wird ein einzelnes Furnierblatt bearbeitet, folgt man der Faserrichtung und hält die Klinge im rechten Winkel. Schabt man über die Fugen der Blätter und der Einlagen, muß die Klinge schräg gehalten werden.

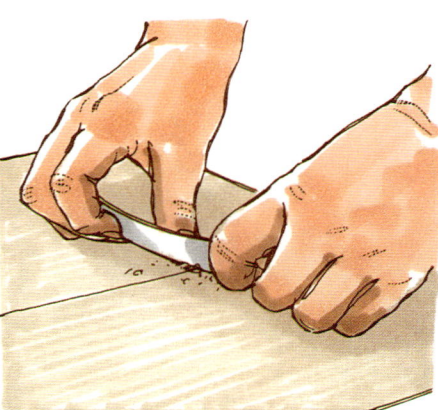

3 Schleifen der Oberfläche
Es wird mit sehr feinem Sandpapier, das um einen Klotz gewickelt ist, in Faserrichtung geschliffen. An Fugen und Adern schleift man nur in einer Richtung. Für große Flächen lohnt sich ein Bandschleifer. Zuletzt wird die Oberfläche abgewischt und so für den Überzug vorbereitet.

4 Schleifen von Profilen
Furnierte Profile sollten mit einer Profilziehklinge geschliffen werden. Noch besser eignen sich entsprechend geformte Klötze, um die Sandpapier gelegt wird.

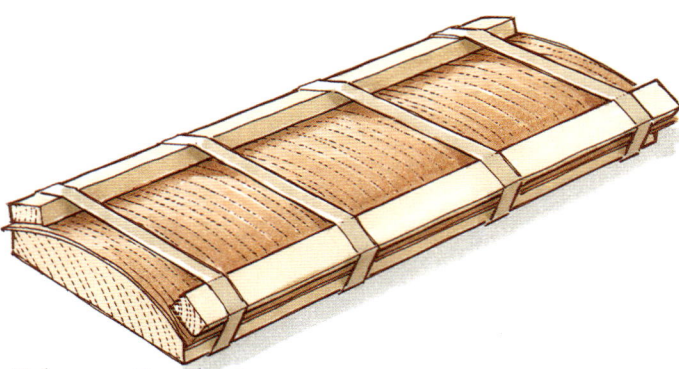

Furnieren von profilierten Formen

Kleinteilig geformte Simse, Sockel und Profile bestehen teilweise aus Holz zweiter Wahl, das mit dekorativem Querfurnier überzogen wurde (s. Seite 152). Bei Reparaturen ist es meist einfacher, in einer Sandform den Druck auf das Furnier auszuüben, als dafür spezielle Zulagen herzustellen.

1 Herstellen einer Negativform

Das Werkstück wird in Sand gedrückt, um eine negative Form zu erhalten. Danach hebt man es heraus und bürstet anhaftende Sandkörnchen ab.

2 Auflegen des Furniers

Auf das Blindholz wird PVA-Leim aufgetragen, das Furnier aufgelegt und mit Zeitungspapier abgedeckt. Anschließend wird das Ganze in die Sandform gebracht.

3 Pressen in Sand

Mit Zwingen und einer Platte, die den Druck verteilt, wird das Werkstück nun in die Sandmulde gepreßt.

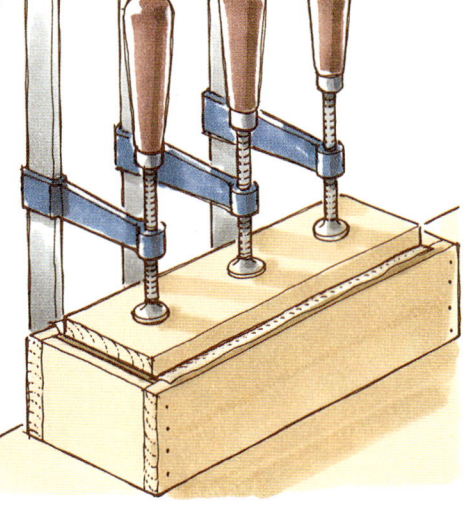

Gebogenes Querfurnier

Furnier, das quer über einem Profil liegt, muß geformt werden, um es leichter aufbringen zu können. Nach dem Anfeuchten wird das Furnier auf das Blindholz gelegt und an den Rändern mit Leisten überdeckt, die durch elastische Bänder oder Klebestreifen angepreßt werden. Nach dem Trocknen trägt man Leim auf und preßt es in den Sandkasten.

Verwenden eines Sandsäckchens

Als Alternative fertigt man ein Leinensäckchen an, das den entsprechenden Teil überdeckt, und füllt es mit feinem Sand. Nach dem Vorbereiten von Blindholz und Furnier wird Leim aufgetragen. Wird Tischlerleim benutzt, muß das Sandsäckchen erwärmt und über das mit Papier bedeckte Furnier gelegt werden. Anschließend wird alles zwischen Zulagen gepreßt.

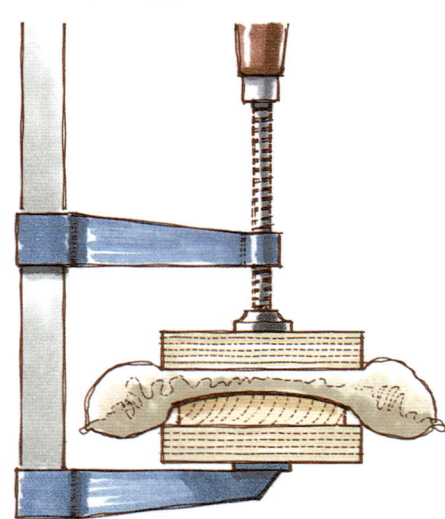

Leimen mit Kontaktkleber

Fertiger Kontaktkleber kann zur Befestigung von Furnier auf abgerundeten Flächen ohne Anwendung von Zulagen verwendet werden. Man trägt den Kleber gleichmäßig auf beide Oberflächen auf, läßt ihn handtrocknen, beginnt mit dem Auflegen des Furniers an einer Kante und drückt es zur anderen Seite fest.

QUERFRIES

Querfriese stellen eine dekorative Umrahmung von Platten dar. Schmale Holzstreifen, Adern genannt, werden zur Abgrenzung einzelner Furnierabschnitte verwendet. Dekorative Friese können aus fertigen Segmenten in den unterschiedlichsten Mustern und Breiten hergestellt werden. Sie werden zusammen mit anderen Furnieren aufgelegt, können aber auch eine Umrahmung im Massivholz bilden.

Reparatur von Querfriesen

Querfriese an den Rändern einer Tischplatte sind durch Abplatzen besonders gefährdet. Defekte Stellen können jedoch ausgesetzt werden, oder man erneuert den gesamten Fries.

1 Aussetzen eines Stückes

Über die defekte Stelle wird ein etwas größeres Stück Furnier geheftet. Mit einem scharfen Messer werden zwei Schnitte quer in Richtung der Fasern des Frieses geführt, wobei der Fries nur angeritzt wird. Dann schneidet man auf gleiche Weise die Kante innen, parallel zur Frieskante.

2 Vorbereiten des Ersatzstückes

Das Ersatzstück wird abgenommen, geputzt und der Fries an den eingeritzten Linien durchgeschnitten. Dann wird die defekte Stelle ausgestochen. Durch Anfeuchten kann die Arbeit erleichtert werden.

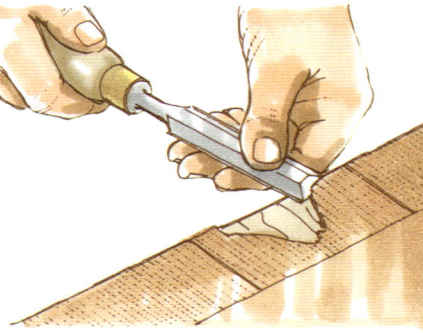

3 Anleimen des Ersatzstückes

Man trägt Leim auf das Blindholz auf, legt das Ersatzstück hinein und preßt es glatt. Zuletzt wird der Abfall abgestoßen und die Stelle für das Überziehen vorbereitet.

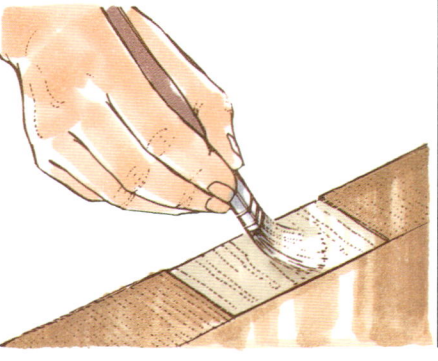

Legen eines Querfrieses

Ist der Fries beschädigt, wird er befeuchtet und sorgfältig abgenommen, ohne das Blindholz zu beschädigen. Das neue Furnier muß möglichst gut zu dem bisherigen passen.

1 Schneiden eines Querfrieses

Da die Friese querlaufende Fasern haben, muß man den Rand des Furniers mit einem Lineal und einem sehr scharfen Messer gerade abschneiden. Dann werden vom Rand aus parallele Streifen, die etwas breiter als die alten Friese sind, abgeschnitten.

2 Benutzen einer Schneidlehre

Zum Schneiden schmaler Friese kann auch eine Schneidlehre verwendet werden, diese wird in der entsprechenden Breite eingestellt und an der geraden Kante eines Brettes entlanggeführt.

3 Herstellen von Gehrungen

Das für die Gehrung vorgesehene Ende des Streifens wird mit Band überklebt, damit die Ecke nicht abbricht. Dann wird ein Anschlagwinkel an die Gehrungskante des alten Frieses gelegt und die Gehrungskante des neuen Frieses in diesem Winkel geschnitten.

BÄNDER UND ADERN

4 Aufleimen des Querfrieses

Vor dem Auflegen wird der Fries angefeuchtet. Dann beginnt man an einer Gehrungsecke, trägt Leim auf das Blindholz und auf das erste Friesstück auf, legt es ein und drückt es mit einem Furnierhammer fest.

5 Verfugen des Querfrieses

Nach dem Auftragen von Leim wird das nächste Stück Furnier so aufgelegt, daß das Ende den ersten Streifen leicht überdeckt. Mit Lineal und einem scharfen Messer schneidet man beide Streifen durch, entfernt den Abfall und drückt die Fuge glatt.

6 Schließen des Querfrieses

Der Schlußstreifen wird erst an die Gehrungskante angefügt, dann schneidet man das andere Ende im rechten Winkel durch. Alle Fugen werden mit Klebestreifen bedeckt. Wenn der Leim abgebunden hat, stößt man die überhängenden Ränder ab.

Verfugen von starkem Furnier

Starke Furnierfriese sägt man am besten mit einer feinen Säge. Zur Herstellung von stumpfen Fugen werden die Stoßkanten auf einer Stoßlade abgehobelt. Dann prüft man die Stöße und arbeitet bei Bedarf nach.

Dekorativ gemusterte Bänder werden aus querfaserigen Abschnitten farbiger Harthölzer hergestellt und haben etwa die gleiche Stärke wie gemessertes Furnier. Sie können, mit anderen Furnierstücken zusammengeheftet, in Zulagen gepreßt oder in Nuten in einer Massivholzplatte eingelegt werden. Adern sind einzelne Streifen oder „Fäden" aus Holz von bestimmter Größe. Sie sind speziell zum Herausheben dekorativer Details und als Kontrast zum Grundfurnier geeignet und werden als „weiße" Adern aus hellem Holz oder „schwarze" Adern aus gebeiztem Holz angeboten.

Dekorative Bänder und einfarbige Adern aus Buchsbaumholz.

Reparatur von Bändern

Bänder sind wie Furnier verlegt. Ist die Tischplatte beschädigt, muß man unter Umständen aussetzen. Dabei sollte man das gleiche Muster finden. Ist das nicht möglich, ersetzt man eine volle Länge komplett mit einem ähnlichen Band.

1 Putzen der Nut

Die Reste des alten Bandes und der Leim werden mit einem Lochbeitel, der immer senkrecht gehalten werden muß, abgestoßen. Sollen nur bestimmte Teile entfernt werden, muß man die Streifen mit einem feinen Messer durchschneiden und den Abfall ausstechen.

2 Einleimen der Bänder

Man schneidet das Band in entsprechender Länge ab und gehrt das Ende, wenn das Band um eine Ecke geführt werden soll. Dann trägt man Leim auf und drückt das Band mit einem Tischlerhammer ein.

INTARSIE UND MARKETERIE

Intarsie und Marketerie sind dekorative Auflagen aus farbigen Hölzern. Intarsien haben einen malerischen Stil und schließen naturalistische oder abstrakte Motive aus Flora und Fauna ein. Eine spezielle Form der Intarsie ist die Marketerie. Unter diesem Begriff werden gegenwärtig vor allem geometrische Muster aus Rhomben und Quadraten zusammengefaßt. Häufig fehlen Teile aus den Intarsien. Die Restaurierung ist für Laien, ausgenommen ganz einfache Fehlstellen, schwierig.

Es gibt jedoch auch vorgefertigte Intarsienbilder, die dem Möbel traditionelles Aussehen verleihen. Sie werden in den verschiedensten Holztönen hergestellt, sind in vielen Umrißformen und Größen erhältlich und mit Papier beschichtet, so daß sie zum Einlegen in eine furnierte Platte fertig vorbereitet sind. Diese vorbereiteten Motive können ein beschädigtes Original durchaus ersetzen oder einen zerstörten Abschnitt einer furnierten Platte überdecken.

Reparatur von Adern

Adern findet man besonders in der Oberfläche oder an den Kanten einer Tischplatte. Da sie flexibel sind, werden sie häufig für Bögen benutzt. Das Biegen der Adern kann durch vorheriges Wässern noch erleichtert werden.

1 Vorbereiten einer Nut

Die Nut für die neue Ader wird mit einem schmalen Lochbeitel oder, wenn sie sehr eng ist, mit einem Messer geputzt.

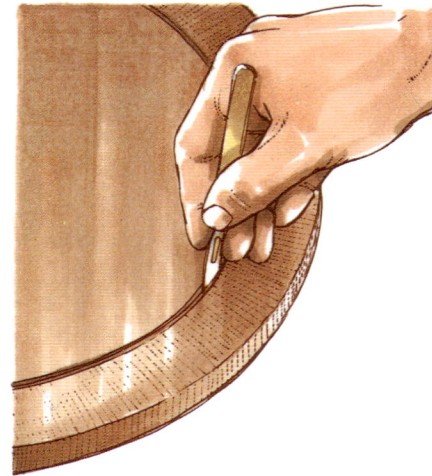

2 Anleimen der Ader

Die Ader wird ohne Leim in die Nut eingepaßt und die Länge gekennzeichnet. Anschließend wird sie wieder herausgenommen und mit dem Stemmeisen auf Länge geschnitten. Dann trägt man Leim auf, legt die Ader ein und preßt sie mit einem schmalen Tischlerhammer in die Nut.

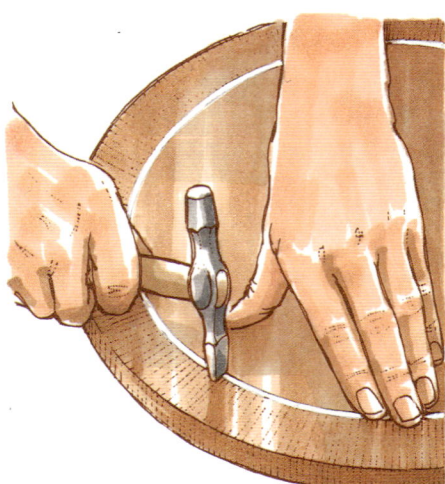

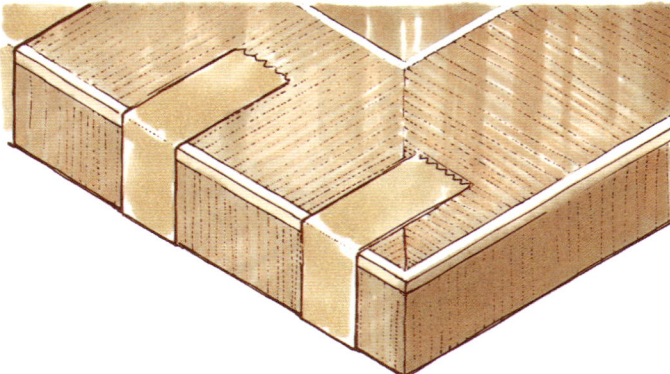

Reparatur von Adern an den Kanten

Die Eckfalze werden mit einem Kratz- oder Stemmeisen geputzt. Nach dem Auftragen von Leim drückt man die Adern ein und heftet sie mit Klebestreifen in kurzen Abständen über die Kanten an.

Vorgefertigte Intarsienmotive.

Ersetzen nicht mehr vorhandener Teile

Zum Schneiden gerader Kanten braucht man ein scharfes Messer und ein Stahllineal. Bei runden Formen wird frei Hand gearbeitet.

1 Pausen des Umrisses

Die Fehlstelle wird ausgeputzt und ein dünnes Stück Papier darübergelegt. Dann reibt man den Umriß mit einem weichen Bleistift oder Buntstift ab.

2 Vorbereiten des Ersatzfurnierstückes

Die Pause wird mit wasserlöslichem Leim auf die Ansichtsseite des ausgesuchten Furniers geheftet. Es ist darauf zu achten, daß die Fasern des Holzes in der vorgesehenen Richtung laufen. Danach beschwert man die Stelle mit einem Gewicht und läßt sie trocknen.

3 Einkleben des Ersatzstückes

Das Stück wird an den Umrißlinien ausgeschnitten, probehalber eingelegt und bei Bedarf nachgearbeitet. Dann trägt man Leim auf und drückt das Ersatzstück ein. Nach dem Trocknen wird das Pauspapier eingeweicht und abgezogen.

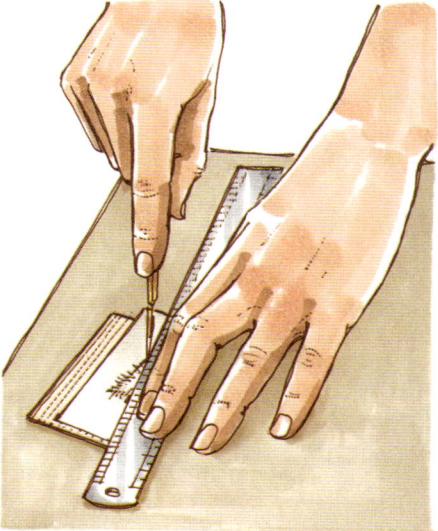

Bräunen des Furniers

Ältere Intarsien haben manchmal Motive mit Schattenwirkungen, wodurch ein dreidimensionaler Effekt entsteht. Wie früher können sie auch heute in heißem Sand schattiert werden.

1 Eintauchen eines Furnierstückes in heißen Sand

Auf einer Kochstelle wird feiner Sand in einem Tiegel langsam erwärmt. Das etwas größer geschnittene Furnierstück steckt man auf einer Seite in den Sand und zieht es nach einigen Sekunden mit einer Pinzette wieder heraus, um die Bräunung zu kontrollieren.

2 Prüfen der Bräunung

Die gebrannte Oberfläche wird leicht angeschliffen und etwas angefeuchtet. Dadurch erhält man einen Eindruck, wie die Oberfläche später mit Überzug aussieht. Ist die gewünschte Bräunung erreicht, schneidet man das Stück in der entsprechenden Form zu und leimt es ein.

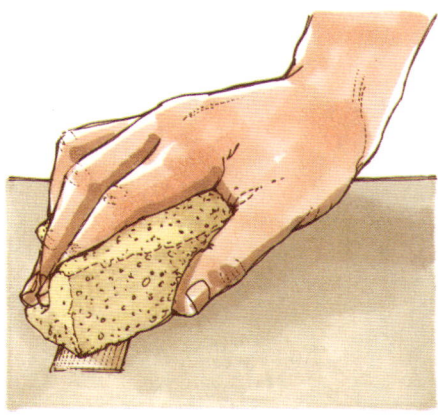

Einlegen eines Intarsienbildes

Dazu wird ein passendes Bild ausgesucht und mit der Papierseite nach oben auf das Grundfurnier geheftet.

Schneiden durch das Grundfurnier

Wenn das Bild in sich geschlossen ist, schneidet man es mit einem scharfen Messer vollständig aus. Ist es außen nicht begrenzt, wird der vorgesehene Ausschnitt um das Bild herum angezeichnet und an diesen Linien zugleich durch Einlage und Grundfurnier geschnitten. In beiden Fällen entfernt man das Grundfurnier und putzt aus. Dann wird die Intarsie in den Ausschnitt eingeleimt.

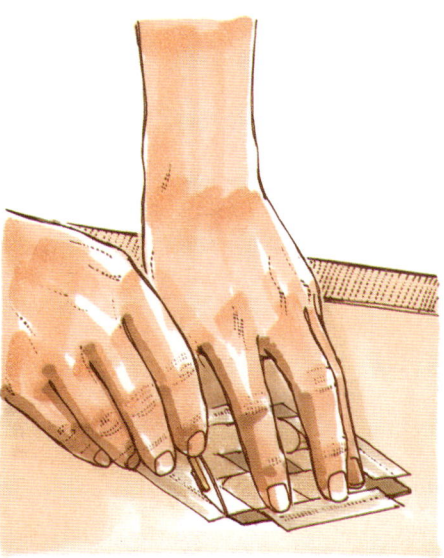

Kommoden und Schränke

Während es in früheren Zeiten für jeden Zweck einen besonderen Möbeltyp wie z.B. Kommoden, Kleiderschränke, Sekretäre, Anrichten, Büffets oder Frisiertische gab, sind heute trotz unterschiedlicher Funktionen die Möbel in den verschiedenen Wohn- und Arbeitsbereichen sehr gleich gestaltet. Die alten Möbel sind Einzelstücke und benötigen freien Raum um sich herum - moderne Möbel lassen sich dagegen eng miteinander verbinden. Allen gemeinsam ist jedoch, daß sie auf dem Prinzip des Kastens mit Klappen, Türen und Schüben beruhen. Damit sind natürlich auch die Methoden der Restaurierung von Möbeln ähnlich.

MASSIVHOLZKONSTRUKTION

Die Möbel wurden so konstruiert, daß im Holz infolge der Änderung der Luftfeuchtigkeit Bewegungen erfolgen können, aber Struktur und Aussehen der Möbel nicht beeinträchtigt werden.

Kommoden

Die traditionelle Kommode ist Ausdruck des Einfallsreichtums der Tischler bei der Entwicklung funktionsfähiger Möbel. Seitenwände und Ablageplatte bestehen ursprünglich aus mehreren zusammengefügten Brettern. Die Seitenwände sind mit der Sockelplatte durch eine verdeckte Schwalbenschwanzzinkung verbunden. Diese sehr haltbare Verbindung verteilt die Last über die gesamte Breite der Seitenwände. Die massive Ablageplatte kann in gleicher Weise mit den Seitenwänden verbunden sein, meist ist sie jedoch an zwei Zargen angeschraubt, die mit Schwalbenschwänzen in den Seitenwänden stecken. Die Schubkästen gleiten auf innen angeschraubten Laufleisten. Zwischen diesen befinden sich, über die gesamte Breite verteilt, Zargen, in die Staubböden eingenutet sind. Die beiden oben liegenden kleinen Schubkästen sind durch vertikale Leisten getrennt und gleiten auf kombinierten Leisten. Rückwände werden in Nuten oder Falzen, die in die umgebenden Platten eingeschnitten sind, sowie mit Nägeln an der hinteren Kante der Ablageplatte befestigt.

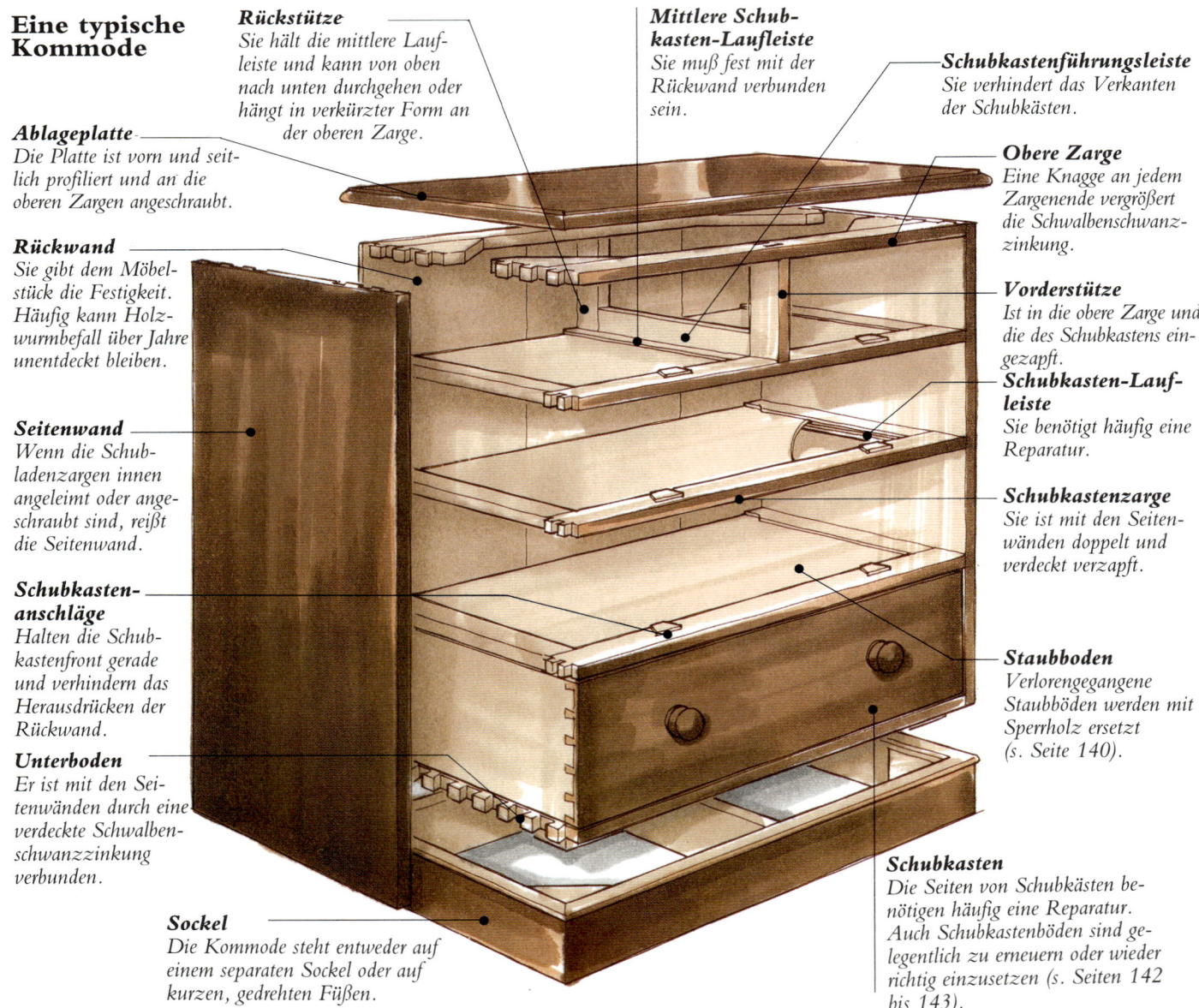

Eine typische Kommode

Rückstütze
Sie hält die mittlere Laufleiste und kann von oben nach unten durchgehen oder hängt in verkürzter Form an der oberen Zarge.

Ablageplatte
Die Platte ist vorn und seitlich profiliert und an die oberen Zargen angeschraubt.

Rückwand
Sie gibt dem Möbelstück die Festigkeit. Häufig kann Holzwurmbefall über Jahre unentdeckt bleiben.

Seitenwand
Wenn die Schubladenzargen innen angeleimt oder angeschraubt sind, reißt die Seitenwand.

Schubkastenanschläge
Halten die Schubkastenfront gerade und verhindern das Herausdrücken der Rückwand.

Unterboden
Er ist mit den Seitenwänden durch eine verdeckte Schwalbenschwanzzinkung verbunden.

Sockel
Die Kommode steht entweder auf einem separaten Sockel oder auf kurzen, gedrehten Füßen.

Mittlere Schubkasten-Laufleiste
Sie muß fest mit der Rückwand verbunden sein.

Schubkastenführungsleiste
Sie verhindert das Verkanten der Schubkästen.

Obere Zarge
Eine Knagge an jedem Zargenende vergrößert die Schwalbenschwanzzinkung.

Vorderstütze
Ist in die obere Zarge und die des Schubkastens eingezapft.

Schubkasten-Laufleiste
Sie benötigt häufig eine Reparatur.

Schubkastenzarge
Sie ist mit den Seitenwänden doppelt und verdeckt verzapft.

Staubboden
Verlorengegangene Staubböden werden mit Sperrholz ersetzt (s. Seite 140).

Schubkasten
Die Seiten von Schubkästen benötigen häufig eine Reparatur. Auch Schubkastenböden sind gelegentlich zu erneuern oder wieder richtig einzusetzen (s. Seiten 142 bis 143).

Küchenschränke

Beim Prototyp alter Küchenschränke findet man oberhalb zweier Türen zwei kleine, nebeneinander angebrachte Schubkästen. Der Rahmen besteht aus Zargen und Stollenblenden, die an die massiven Seitenwände geleimt sind. Der Schrankboden ist in den Nuten der Seitenwände befestigt und die überstehende Arbeitsplatte von unten angeschraubt. Hinter den Türen befindet sich ein fester Zwischenboden. Zur Ersparnis von Holz ist das offene Regal meist mit Dübeln separat auf die Arbeitsplatte aufgesetzt. Das obere Abschlußbrett kann mit Schwalbenschwänzen oder mit Nägeln an den schmalen Seitenbrettern verbunden sein. Die Zwischenböden liegen fest in Nuten. Vorn und an den Seiten sind stark profilierte Simsleisten angeleimt, und die Rückwand, die aus gespundeten Brettern besteht, ist an der oberen Abschlußplatte angenagelt.

Küchenschrank im Landhausstil

Simsprofil
Teile des Profils fehlen manchmal und müssen ersetzt werden (s. Seite 152).

Schmales Seitenbrett
Auf der Arbeitsplatte mit Dübeln befestigt.

Rückwand
Bei einigen Schränken reicht die Rückwand bis zum Sockel.

Fester Zwischenboden
In einer Rille können Teller aufrecht hinter Krügen stehen.

Arbeitsplatte
Oft zeigt sie Kratzer und Flecken.

Lauf- und Führungsleisten
Die Führungsleisten sind mit den Kanten der Stollenblenden bündig.

Untere Seitenwand
In Bodennähe können Schimmel- und Wasserflecken entstehen.

Stollenblende
An der Vorderkante der Seitenwände ist eine vertikale Stollenblende angeleimt.

Schrankboden
Er sitzt in Nuten der Seitenwände und dient als Türanschlag.

Mittelblende
Die vertikale Blende trennt die Türen und Schubkästen.

Schranktüren
Sie sind an der Stollenblende mit sichtbaren oder gekröpften Scharnieren angebracht.

Gestaltungsvarianten
1 Ein Wäscheschrank ist eine Kommode mit aufgesetztem Schrankteil, in dem Schubfächer liegen.
2 Ein Schreibschrank umfaßt ein Unterteil mit einer Schreibklappe und darüber einen Bücherschrank mit bleiverglasten Türen.

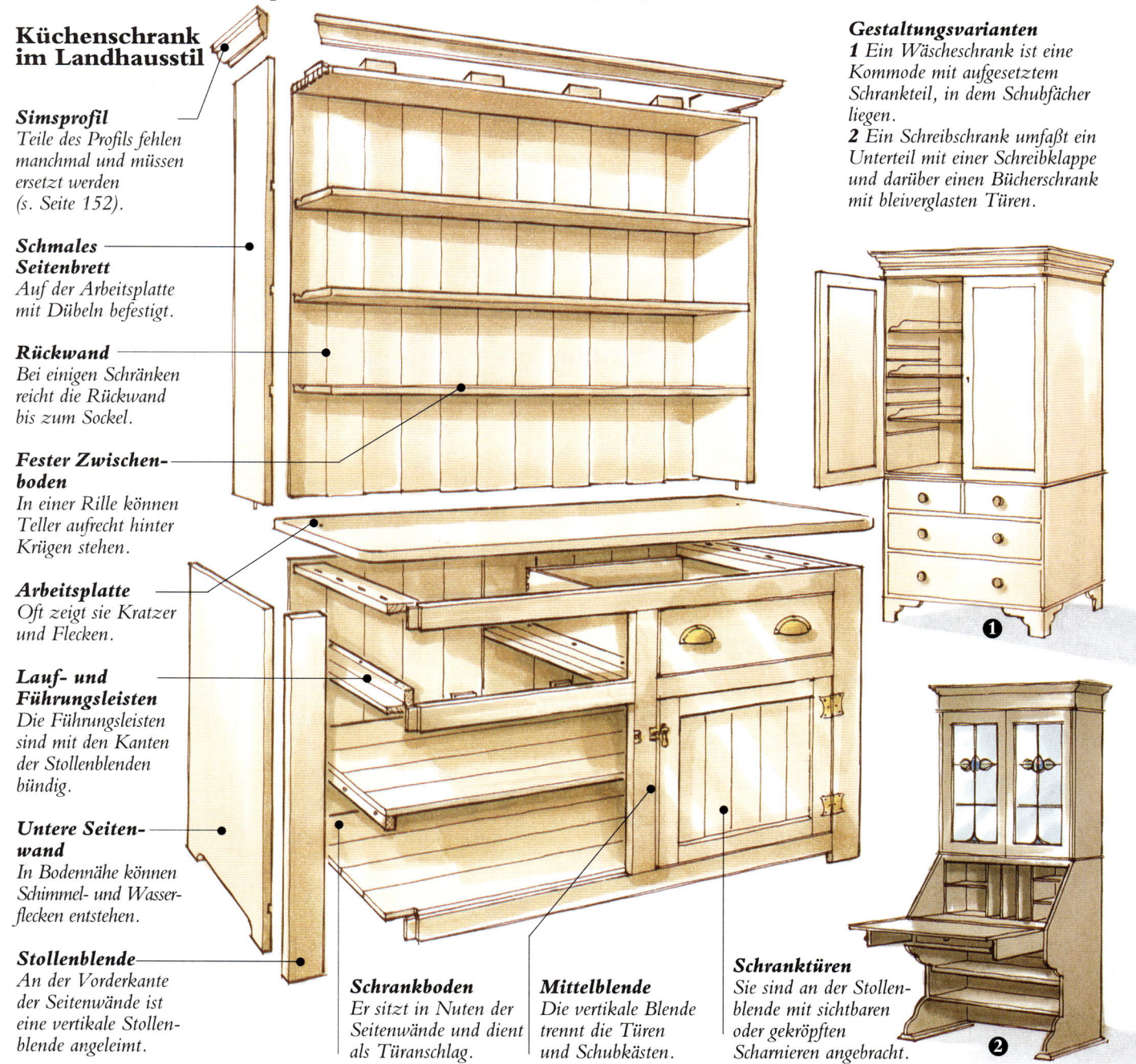

❶

❷

RAHMEN UND FÜLLUNG

Die Bauweise mit Rahmen und Füllung wurde entwickelt, weil so das Holz die Möglichkeit zum Bewegen hat und die Korpusmöbel ein viel geringeres Gewicht aufweisen. So besteht etwa eine Schrankseitenwand aus einem dünnen Brett, das in Nuten oder Falzen an der Innenseite des aus Zargen oder Stollen gearbeiteten Rahmenwerkes befestigt ist. Das Brett ist nur lose eingelegt. Ein Anleimen oder Annageln führt unweigerlich zum Reißen des Holzes. Idealer Ersatz für Massivholz ist Sperrholz. Es kann sogar von außen auf einen einfachen Rahmen geleimt werden, so daß es wie eine durchgehende Platte aus bestem Massivholz aussieht, aber nur einen Bruchteil des Gewichtes ausmacht und bedeutend weniger kostet.

Kredenz

Die Kredenz aus dem späten 19. Jahrhundert zeigt eine ursprüngliche Rahmen-und-Füllung-Konstruktion. Sie besteht aus einem offenen Rahmenwerk aus langen, horizontalen Zargen, die die Seitenwände halten. Auf der Rückseite ist die Rahmenkonstruktion mit einer zweiteiligen Wand geschlossen. Der Boden liegt auf dem unteren Rahmen. Vorn befinden sich zwei Türen mit geschnitzten, vorstehenden Füllungen. Möbel dieser Qualität haben innen an der Tür einen Riegel und an der anderen ein Schloß. Der furnierte Aufsatz mit applizierten Randschnitzereien trägt ein schmales Bord auf plastisch verzierten Konsolen. Er ist mit Schrauben befestigt.

Kredenz aus dem 19. Jahrhundert

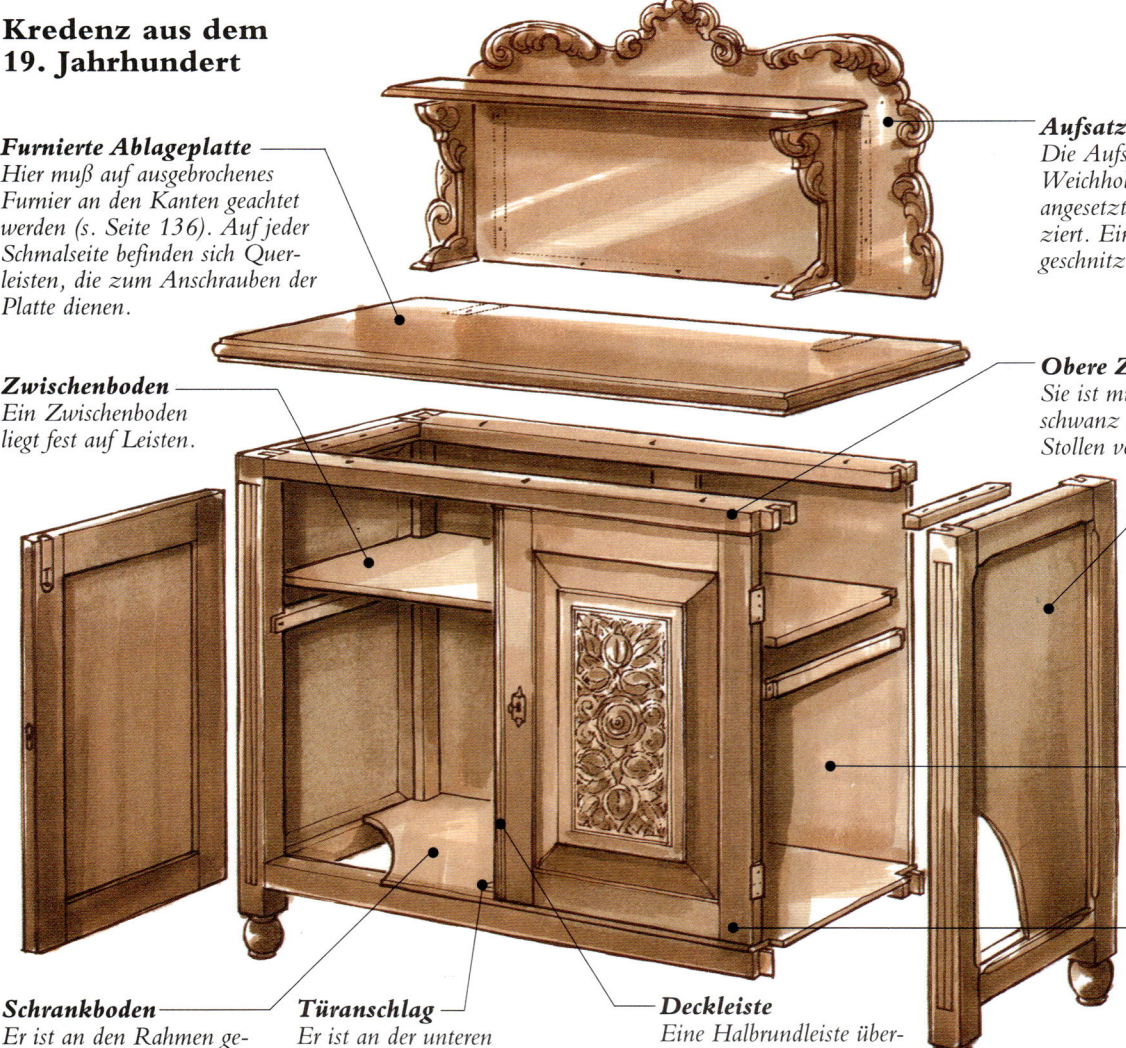

Furnierte Ablageplatte
Hier muß auf ausgebrochenes Furnier an den Kanten geachtet werden (s. Seite 136). Auf jeder Schmalseite befinden sich Querleisten, die zum Anschrauben der Platte dienen.

Zwischenboden
Ein Zwischenboden liegt fest auf Leisten.

Aufsatz
Die Aufsätze aus einfachem Weichholz sind furniert und mit angesetzten Schnitzereien verziert. Ein Hartholzbord wird von geschnitzten Konsolen gehalten.

Obere Zarge
Sie ist mit einem Schwalbenschwanz an jeder Ecke mit den Stollen verbunden.

Seitenwand
Der Rahmen ist mit Schlitzen und Zapfen verbunden. Er umschließt ein Vollholzbrett, dessen abgeschrägte Kanten in die Nuten der Zargen gesteckt sind.

Rückwand
Die meisten Möbel des 19. Jahrhunderts haben an der Rückseite Massivholzplatten.

Türen mit Rahmen und Füllung
Sollten sie klemmen, prüft man, ob das Holz gequollen ist (s. Seite 146) und ob die Scharniere fest sitzen.

Schrankboden
Er ist an den Rahmen geleimt und hat vorn eine schmale Abrundung.

Türanschlag
Er ist an der unteren Zarge festgenagelt.

Deckleiste
Eine Halbrundleiste überdeckt den Spalt zwischen den Türen. Sie ist manchmal gebrochen oder fehlt.

Frisiertisch

Diese hohe Kommode aus den 30er oder 40er Jahren ermöglicht es einem Mann, sich im Stehen vor dem Kippspiegel zu rasieren. Sie ist nach der gleichen Rahmen-und-Füllung-Bauweise gearbeitet wie gegenüber beschrieben und bildlich dargestellt, wobei in dieser Zeit meistens Sperrholz für Platten, Wände und Staubböden verwendet wurde. Die Anordnung der Laufleisten und Zargen entspricht derjenigen der beschriebenen Massivholzkommode (s. Seite 132). Wegen der Rahmen-und-Füllung-Konstruktion benötigt jedoch jede Laufleiste eine passende Schubkasten-Führungsleiste, um ein Verkanten der Schubkästen zu vermeiden.

Gestaltungsvarianten

Rahmen-und-Füllung-Konstruktionen sind praktisch in jedem Kastenmöbel verwirklicht.
1 Die Höhe des Kleiderschrankes wird durch die auf Bügeln hängende Garderobe bestimmt. Die Version aus den 30er Jahren hat meist eine Tür.
2 Die Truhe ist ursprünglich aus einer Kiste entstanden, die einen Klappdeckel hat, der meist mit handgeschmiedeten Eisenscharnierbändern beschlagen ist.
3 Viele Waschtische sind einfach und haben Marmorplatten. Dieses Beispiel hat einen gefliesten Aufsatz.

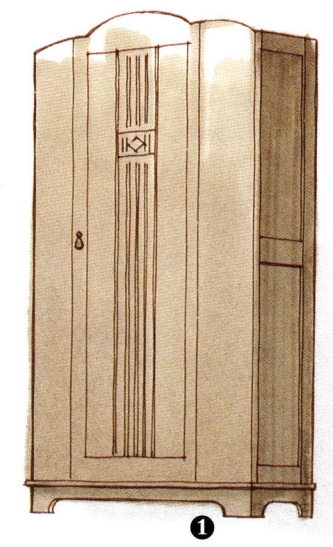

❶

Herren-Frisiertisch

Spiegel
Ist er blind, sollte man ihn durch einen neuversilberten, an den Rändern geschliffenen Spiegel ersetzen.

Spiegelgestell
Es ist auf der Ablageplatte entweder mit sichtbaren Rundkopf- oder mit Einlaßschrauben, die mit Holzpfropfen überdeckt sind, befestigt.

Massivholz-Ablageplatte
Der Überzug kann durch Wasserflecken oder weiße Ringe verdorben sein.

Schubkästen
Fronten sind aus ausgesuchtem Holz. Die anderen Seiten sind aus einfacherem Material. Kratzer im Griffbereich sollten beseitigt werden.

Schubkasten-Lauf- und Führungsleisten
Jede Laufleiste benötigt eine Führungsleiste.

Knagge
Knaggen sind an die Stollen und Zargen genagelt. Sie haben nur einen dekorativen Charakter und tragen nicht zur Stabilität bei. Sie sind problemlos zu ersetzen.

❸

Sperrholz-Rückwand
Die Platte ist an die Seitenwände und die Zargen angeschraubt. Sperrholz wird häufig vom Holzwurm befallen.

Seitenwand
Eine furnierte Sperrholzplatte sitzt in schmalen Nuten.

Staubboden
Diese Böden aus Sperrholz können leicht ersetzt werden.

REPARATUR VON KORPUSMÖBELN

Ein Korpusmöbel ist eine Art „Kasten", in dem Gegenstände aufbewahrt werden. Es hat je nach Bestimmung Türen oder Schubkästen und ist wegen seiner unkomplizierten, soliden Bauweise bei normalem Gebrauch kaum anfällig für ernsthafte Schäden, es sei denn, man setzt es einem extremen Wechsel der Feuchtigkeit aus. Außerdem kann es zu Verschleißerscheinungen an den Stellen kommen, wo die Schubkästen vor und zurück gleiten, und an Türen, dort allerdings nur, wenn sie durch großes Eigengewicht die Scharniere übermäßig belasten.

Aussetzen von abgebrochenem Furnier

Die meisten Gebrauchsmöbel haben Ablageplatten aus furniertem Weichholz. Sofern sie keine massiven Kantenwülste haben, springt das Furnier leicht ab, und das Blindholz kommt zum Vorschein. Der Schaden wird mit Ersatzfurnierstücken repariert (s. Seite 119).

Behandeln von Flecken auf den Oberflächenüberzügen

Vielfach entstehen durch Flüssigkeit auf dem Überzug Flecken, die sich eingefressen haben. So kann man zum Beispiel weiße Ringe von Gläsern oder Karaffen, aus denen Getränke übergelaufen sind, entdecken. Ähnliche Schäden haben Frisiertische, die durch verschütteten Nagellack oder durch Make-up verdorben wurden. Diese Schäden werden zunächst mit einem Möbelpflegemittel behandelt (s. Seite 19).

Säubern und Reparieren von Marmor

Wenn Marmor porös ist, wird er leicht fleckig. Er sollte deshalb regelmäßig gesäubert werden, damit Schmutz und Fett nicht eindringen können. Schmutzigen Marmor wäscht man mit Wasser und etwas Salmiakgeist (s. Seite 113) oder verwendet eine Kompresse, um einen hartnäckigen Fleck aufzusaugen (s. Seite 114).

Beschädigte Ablageplatten

Bei Ablageplatten von Kommoden und niedrigen Schränken bestehen die gleichen Probleme wie bei Tischplatten. Sie sind normalerweise aus stumpf verleimten Brettern zusammengesetzt und unter der Voraussetzung, daß sich die Bretter ohne Behinderung ausdehnen und wieder zusammenziehen können, bleiben sie stabil. Sind sie zu fest angebracht, können sich die Fugen der Bretter lösen. Das Auseinandernehmen einer beschädigten Platte und Neuverleimen der Fugen ist relativ problemlos durchzuführen (s. Seite 111).

1 Reparieren einer abgerundeten Kante

Abgebrochene Kanten sehen sehr häßlich aus. Sie sollten unbedingt repariert werden. Das abgebrochene Stück wird wieder angeleimt und mit Klebeband gesichert.

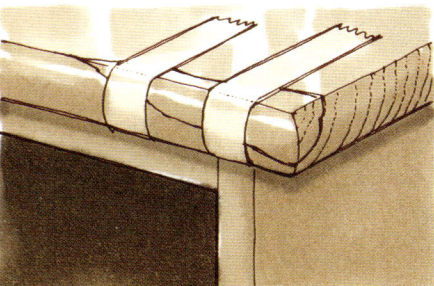

2 Erneuern einer beschädigten Kante

Wenn von der Kante etwas fehlt, hobelt man die Stelle gerade und glatt. Dann wird ein etwas größerer Klotz von möglichst ähnlichem Holz und mit der gleichen Faserrichtung hergestellt.

3 Verleimen und Einspannen

Den geleimten Klotz drückt man mit einer Gleitschienenzwinge an. Wird eine fehlende Ecke repariert, spannt man ein gefalztes Stück Holz an die Seite, damit der Klotz nicht wegrutscht.

4 Anpassen der Reparatur

Nach dem Trocknen des Leims wird der Klotz bündig gehobelt und die Rundung wiederhergestellt. Bei einem komplizierten Profil, verwendet man zusätzlich Hohleisen, Stemmeisen oder Profilhobel.

Reparatur gerissener Seitenwände

Bei Seitenwänden, an denen innen Laufleisten angeleimt sind, besteht die Gefahr des Auftretens langer, senkrechter Risse, weil das Holz nicht schwinden kann. Wird es an beiden Enden in seiner Bewegung gehindert, wirken die Kräfte quer zur Faserrichtung, dadurch öffnen sich die Bretterfugen, und es entsteht von oben bis unten ein Spalt. Theoretisch könnte man das Möbel auseinandernehmen, um die Fugen wieder zu schließen. Doch eine Reparatur ist auch ohne Demontage möglich und natürlich viel weniger aufwendig.

1 Erweitern eines schmalen Risses

Ein schmaler, auslaufender Riß, der der Faserrichtung folgt, kann so unauffällig sein, daß sich eine Reparatur nicht lohnt. Wenn man sich dennoch dazu entschließt, wird der Riß mit einer feinen Säge aufgeschnitten und ein Furnierstreifen eingepaßt.

2 Einlegen von Furnier

In den Riß wird ein schmaler Furnierstreifen eingeleimt. Ist der Riß breiter, verwendet man einen dünnen Flachstab. Nach dem Abbinden des Leims wird die Einlage bündig gehobelt oder geschabt, mit Holzbeize farbig angeglichen und überzogen.

1 Vorbereiten einer offenen Fuge

Zum Ausputzen der Fuge stellt man sich aus weichem Stahl einen Hakenkratzer her. Die Hakenspitze soll konisch sein, weil dadurch beide Seiten der Fuge geputzt werden und zugleich die Einlage guten Halt bekommt.

2 Herstellen eines Flachstabes

Aus ähnlich aussehendem Holz wird ein abgeschrägter Stab ausgesägt und an beiden Seiten so zurechtgefeilt oder gehobelt, daß er in die konische Fuge der Seitenwand hineinpaßt. Dann wird er eingeleimt, mit Hammer sowie Zulage eingeschlagen und nach dem Trocknen bündig gehobelt.

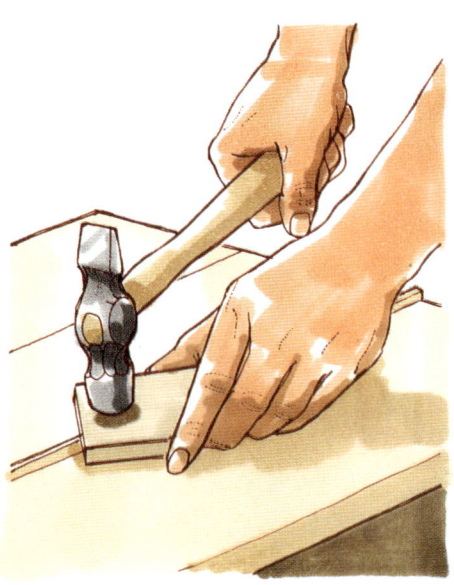

Reparieren oder Ersetzen von Rückwänden

Eine Rückwand verhindert nicht nur, daß etwas nach hinten herausfällt, sondern versteift auch die gesamte Konstruktion, verhindert das Wackeln des Möbels, was sonst die Verbindungen lockert und beugt dem Zusammenbrechen des Stückes vor. Deshalb ist es wichtig, lockere Rückwände baldigst zu festigen oder fehlende zu ersetzen. Bei älteren Stücken bestehen die Rückwände aus Massivholz, sie können jedoch auch später durch eine Sperrholz- oder Hartfaserplatte ersetzt worden sein. Sie sind normalerweise in einem umlaufenden Falz angeschraubt oder angenagelt bzw. direkt auf den hinteren Kanten befestigt. Breitere Rückwände bestehen meist aus zwei Hälften und sind durch einen genuteten Beistoß wie bei den Böden von Schubkästen getrennt (s. Seite 141).

Abnehmen einer Rückwand

Wenn eine Rückwand ersetzt werden soll, dreht man die Schrauben heraus oder schlägt die Wand von innen mit Hammer und Zulageklotz aus Weichholz heraus. Mit dem Klotz wird die Schlagwirkung verteilt und das Reißen der Wand verhindert. Vor dem Befestigen einer neuen Rückwand müssen mit der Zange alle alten Nägel entfernt werden.

Füße und Sockel

An diesen entstehen im Laufe der Jahre durch Besen oder Staubsauger abgestoßene oder eingedellte Stellen, die nicht unbedingt repariert werden müssen, weil die Füße nicht direkt im Blickfeld stehen. Wenn jedoch ein Fuß verlorengegangen oder vollständig vom Holzwurm oder durch Zerfall zerstört worden ist, muß er durch eine exakte Kopie ersetzt werden.

Gedrechselte Füße

Sie sind in den unteren Rahmen oder in den Boden des Möbels eingezapft. Manchmal hat der Zapfen noch ein einfaches Gewinde. Um einen fehlenden Kugelfuß zu ersetzen, muß eine exakte Kopie von einem noch vorhandenen angefertigt werden oder man dreht vier neue Füße.

Konsolfuß

Dieser Fuß besteht aus zwei konsolartigen Teilen, die mit einer Gehrung über Eck angeschraubt sind. Es gibt auch geleimte Fußklötze. Bei Ersatz überträgt man den Umriß auf eine Pappe als Schablone und sägt mit einer Kopiersäge die neuen Konsole aus.

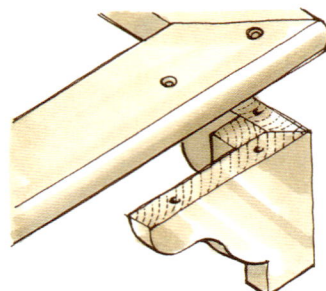

Angesetzte Konsole

In einigen Fällen ist eine Knagge an das Bein und die untere Zarge eines Möbels in Rahmen-und-Füllung-Bauweise angeleimt oder angenagelt. Eine gerissene Knagge wird geleimt oder es wird, wie oben beschrieben, eine Kopie angefertigt.

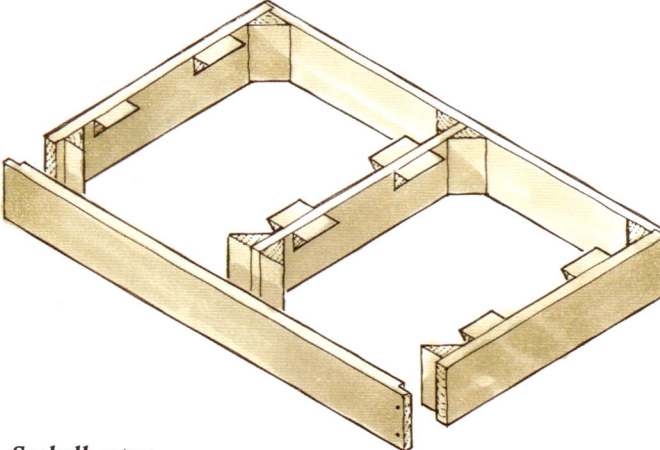

Sockelkasten

Sockel sind meist primitiv gearbeitet. Die Bretter halten durch eingeleimte Klötze an den Ecken zusammen. Um ein einfaches Brett zu ersetzen, stemmt man die Klötze mit einem Stemmeisen ab.

Schubkasten-Laufleisten und Zargen

Bei Verklemmen oder Verkanten kontrolliert man zuerst die stützenden Zargen und Laufleisten. Häufig werden diese Teile, auch wenn sie nur geringfügig schief sind, durch die Kanten des Schubkastens immer mehr abgeschliffen. Besonders in Weichholz-Laufleisten entstehen tiefe Rillen, die sich dann auch noch quer über die Schubkastenzarge fortsetzen. Vom Umfang des Schadens ist abhängig, ob die Originalteile repariert werden können oder besser ganz ersetzt werden.

Wie Zargen und Laufleisten befestigt werden

Die Befestigung von Laufleisten und Zargen entscheidet, ob man sie repariert oder ersetzt. Die unten gezeigten Beispiele stellen typische Konstruktionsmethoden dar.

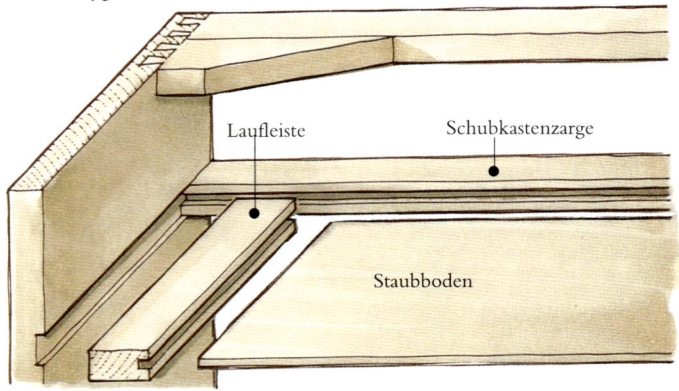

Laufleiste   Schubkastenzarge

Staubboden

Massivholzkonstruktion

Die Schubkastenzarge ist in eine Massivholz-Seitenwand eingezapft. Innen befindet sich eine Nut, in der der Staubboden steckt. Alle Laufleisten liegen in Nuten, die quer über die Seitenwand eingeschnitten sind. Vorn haben sie schmale Zapfen, die in die Staubboden-Nut der Zarge gesteckt sind. Eine solche Nut befindet sich auch innen an der Laufleiste. Der Staubboden drückt die Laufleiste in ihre Nut.

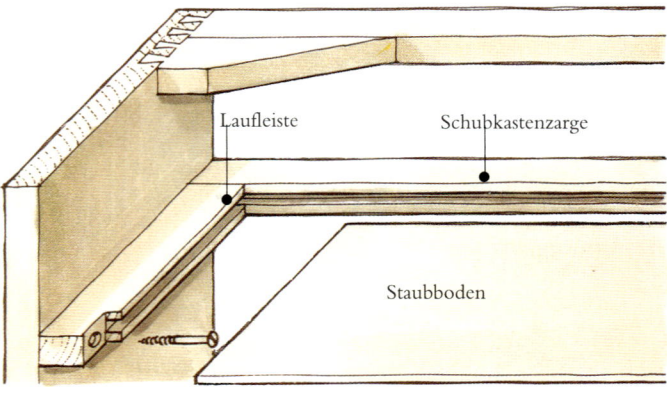

Laufleiste   Schubkastenzarge

Staubboden

Angeschraubte Laufleisten

Laufleisten sollten nie quer über die Seitenwand angeleimt werden. Häufig sind sie aber mit einer Schraube hinten befestigt. Ein Schlitz durch die Laufleiste für die Schraube erlaubt die Bewegung des Holzes quer zur Seitenwand. Ist die Wand eben, kann die Laufleiste auch angeschraubt werden, sofern sie in einer Nut sitzt.

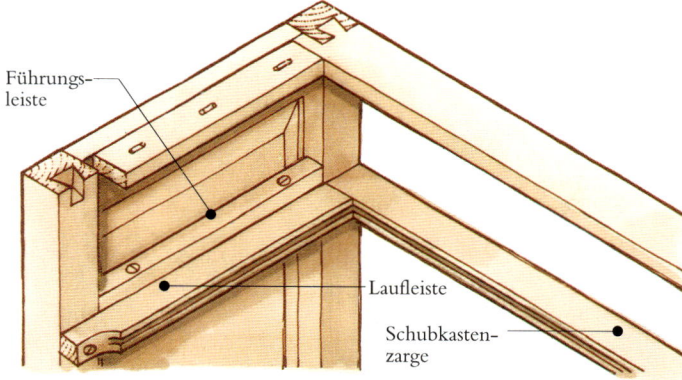

Führungs-
leiste

Laufleiste

Schubkasten-
zarge

Rahmen-und-Füllung-Konstruktion

Ähnliche Laufleisten sind bei Korpusmöbeln in Rahmen-und-Füllung-Bauweise zu finden. Da jedoch der Rahmen der Seitenwand über seine Breite schwinden kann, ist ein Schlitz für die Schraube unnötig. Die Führungsleiste wird auf die Leiste angeschraubt.

Beidseitige Laufleiste

Auf die Mittellaufleiste ist eine Führungsleiste geschraubt. Die Mittellaufleiste kann hinten von einer vertikalen Stütze (s. Seite 132) oder, bei einfachen Möbeln, mit Nägeln gehalten werden.

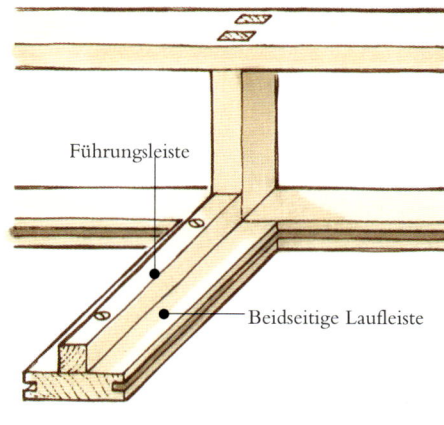

Führungsleiste

Beidseitige Laufleiste

Hängende Schubkästen

Manche Schubkästen gleiten nicht auf Leisten, sondern sind seitlich geschlitzt und werden auf Leisten aufgeschoben. Möbel mit hängenden Schubkästen können bereits seit dem 17. Jahrhundert nachgewiesen werden.

Laufleiste

Hängende Schubfächer

Eine Variante ist die Schlitzung der Seitenwände, während die Laufleisten am Schubfach befestigt sind. Dieses System wird für Wäscheschränke genutzt, in denen hinter den Türen flache Fächer eingesetzt sind.

Laufleiste

Anbringen von Schubkasten-Anschlägen

Ohne Anschläge würde der Schubkasten ständig an der Rückwand auftreffen, die dadurch eventuell reißt oder herausgedrückt wird. Außerdem halten die Anschläge die Fronten der Schubkästen in einer Linie und bündig mit dem Korpus.

1 Anzeichnen des Anschlages

Mit dem Streichmaß zeichnet man die Stärke der Schubkastenfront auf der Zarge dort an, wo die Vorderkante des Anschlages liegen soll. Dabei auf überstehende Profile an den Fronten achten. Für einen kleinen Schubkasten genügt ein Anschlag. Für einen Kasten, der über die ganze Breite geht, setzt man je einen Anschlag etwa 75 mm von den Seitenwänden entfernt.

2 Anleimen des Anschlages

Der Anschlag aus 6 mm starkem Sperrholz wird auf die Zarge geleimt und überschüssiger Leim durch Hin- und Herschieben des Anschlages herausgedrückt. Dann setzt man ihn mit der Kante an die angerissene Linie.

3 Sichern mit Stiften

Man schiebt den Schubkasten vorsichtig hinein, prüft, ob der Anschlag richtig sitzt und nagelt ihn an. Zuletzt wird restlicher Leim mit einem feuchten Tuch entfernt.

Ersetzen von Schubkasten-Laufleisten

Vom Holzwurm befallene, gerissene oder stark abgenutzte Laufleisten sollten abgenommen und als Muster verwendet werden. Sind die alten Leisten aus Weichholz, ist es besser, die neuen aus Hartholz herzustellen.

Austauschen der Laufleisten

Falls das Holz in Ordnung ist, kann man die Leiste mit der gegenüberliegenden tauschen. Man befestigt sie mit der abgenutzten Seite nach unten an der Wand gegenüber. Zu beachten ist, daß die Nuten für den Staubboden geradelaufen.

Reparieren von Leisten für Schubfächer

Sind die Laufleisten an den Schubfächern abgenutzt, rutschen eventuell alle Fächer nach unten. Dann nagelt man entweder neue Leisten an die Fächer oder leimt und nagelt Hartholzleisten zum Schliessen der Lücken direkt unter jede Nut an die Seitenwände.

Reparieren von Schubkastenzargen

Beim Reparieren der Laufleisten setzt man die abgeschliffenen Stellen an der Schubkastenzarge mit aus.

1 Anreißen des Ausschnittes

Zuerst wird die Tiefe der Aushebung an der Zargen-Vorderseite direkt unter der ausgeschliffenen Kerbe angerissen. Dann wird über die Zarge die Kontur für die Aushebung leicht konisch angezeichnet. Der Schnitt sollte einen Winkel von etwa 60° haben, um einen Schwalbenschwanz zu bilden.

2 Sägen des Ausschnittes

Man sägt die Zarge an der Linie ein, stößt den Abfall mit einem Stechbeitel so ab, daß eine Schwalbenschwanzzinke hineinpaßt und setzt die Laufleiste des Schubkastens wieder an.

3 Anleimen des Aussetzers

Der etwas größer gearbeitete Aussetzer wird geleimt, mit einem Hammerschlag paßgerecht eingedrückt und gespannt. Nach dem Abbinden des Leims hobelt und feilt man den Aussetzer mit der Zarge bündig.

Ersetzen von Staubböden

Die Staubböden halten die Schubkasten-Laufleisten in ihren Nuten und sind wichtige Elemente (s. Seite 138). In vielen Fällen wird jedoch bei einer Kommode auf diese Elemente verzichtet. Wegen des permanenten Abtragens feinen Staubes von den Leisten in die Schubkästen darunter, ist es angebracht, Staubböden einzusetzen. Zusätzlich verhindern sie, daß Unbefugte durch Herausziehen eines Schubkastens in den darunterliegenden und verschlossenen Schubkasten gelangen können.

Einsetzen neuer Böden

Zunächst werden neue Staubböden aus Sperrholz zugeschnitten. Nach dem Abnehmen der Rückwand werden die neuen Staubböden von hinten in die Nuten der Zargen und Laufleisten eingeschoben.

REPARATUR VON SCHUBKÄSTEN

Typisch für Schubkästen in den oft alten Möbeln ist, daß sie durchweg aus Massivholz hergestellt und mit Schwalbenschwanzzinkungen an den Ecken versehen sind. Bauernmöbel und billige Kommoden haben allgemein Schubkästen aus Weichholz. Hartholz wurde für Möbel von besserer Qualität verwendet. Die Vorderstücke bestanden eigentlich immer aus schön gewachsenem Holz oder waren mit einem interessant gemaserten Furnier bedeckt. Den Schubkastenboden schob man von hinten an den Innenseiten oder in vorn und seitlich angeleimte, genutete Leisten ein und nagelte oder schraubte ihn an die Rückseite. Leim wurde im Prinzip nie zur Befestigung des Bodens eingesetzt.

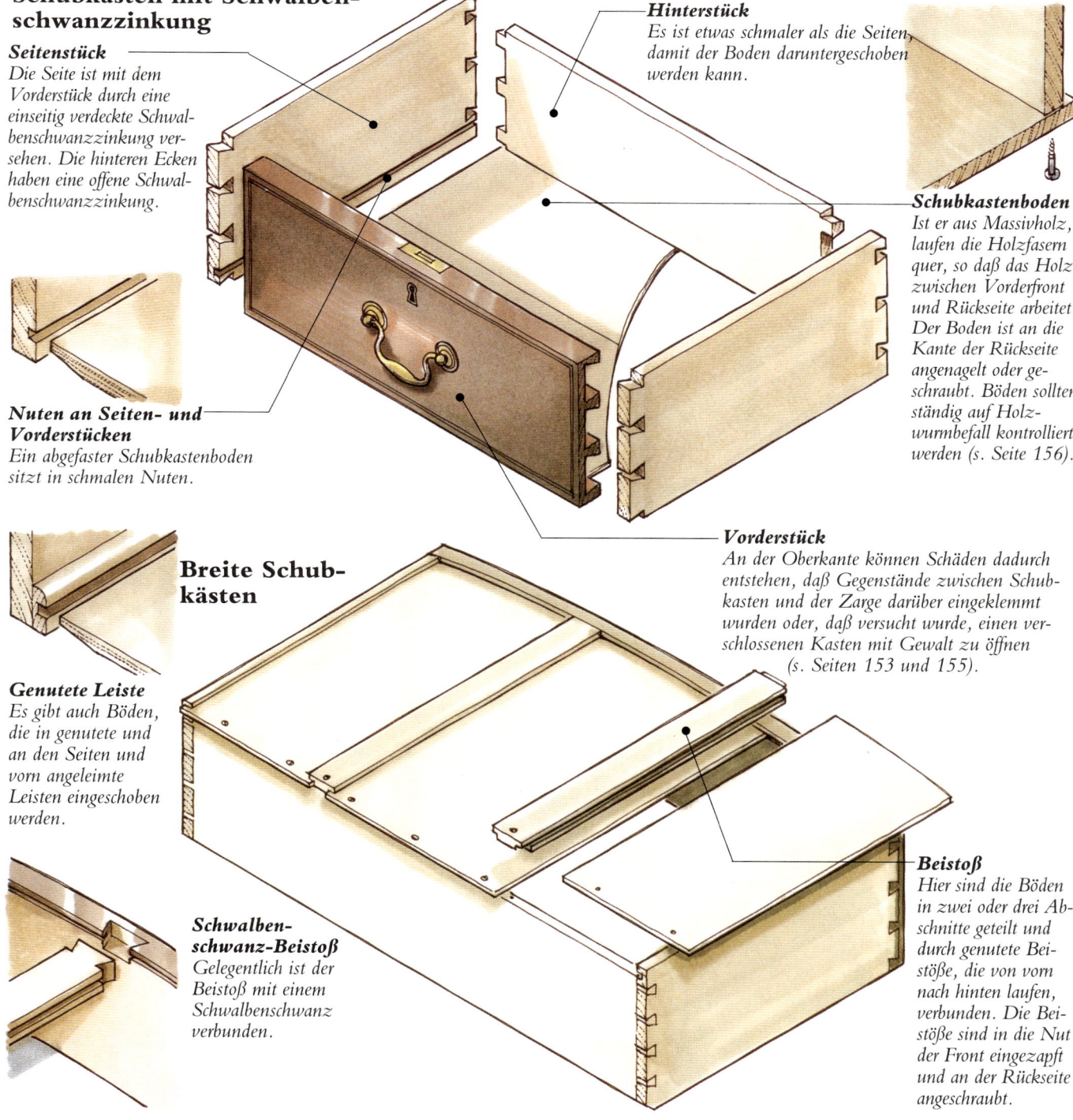

Schubkästen mit Schwalben-schwanzzinkung

Seitenstück
Die Seite ist mit dem Vorderstück durch eine einseitig verdeckte Schwalbenschwanzzinkung versehen. Die hinteren Ecken haben eine offene Schwalbenschwanzzinkung.

Nuten an Seiten- und Vorderstücken
Ein abgefaster Schubkastenboden sitzt in schmalen Nuten.

Hinterstück
Es ist etwas schmaler als die Seiten, damit der Boden daruntergeschoben werden kann.

Schubkastenboden
Ist er aus Massivholz, laufen die Holzfasern quer, so daß das Holz zwischen Vorderfront und Rückseite arbeitet. Der Boden ist an die Kante der Rückseite angenagelt oder geschraubt. Böden sollten ständig auf Holzwurmbefall kontrolliert werden (s. Seite 156).

Breite Schub-kästen

Genutete Leiste
Es gibt auch Böden, die in genutete und an den Seiten und vorn angeleimte Leisten eingeschoben werden.

Schwalben-schwanz-Beistoß
Gelegentlich ist der Beistoß mit einem Schwalbenschwanz verbunden.

Vorderstück
An der Oberkante können Schäden dadurch entstehen, daß Gegenstände zwischen Schubkasten und der Zarge darüber eingeklemmt wurden oder, daß versucht wurde, einen verschlossenen Kasten mit Gewalt zu öffnen (s. Seiten 153 und 155).

Beistoß
Hier sind die Böden in zwei oder drei Abschnitte geteilt und durch genutete Beistöße, die von vorn nach hinten laufen, verbunden. Die Beistöße sind in die Nut der Front eingezapft und an der Rückseite angeschraubt.

Reparieren eines klemmenden Schubkastens

Stark abgenutzte Laufleisten und nicht mehr vorhandene Führungsleisten führen zum Klemmen des Schubkastens. Dieser Schaden kann durch einfache Maßnahmen behoben werden.

1 Wachsen der Laufflächen

Der Schubkasten wird herausgezogen und nach abgeschliffenen Stellen untersucht. Bevor eine Ausbesserung vorgenommen wird, reibt man mit einer weißen Kerze gleichzeitig die Laufflächen an den Leisten und an der Unterkante des Kastens ein.

2 Abhobeln

Sollte Wachs nicht zum gewünschten Erfolg führen, werden die abgeschliffenen Stellen mit einer ganz fein eingestellten Rauhbank geradegehobelt. Es darf jedoch nicht zu viel Holz abgetragen werden, sonst hängt der Schubkasten schief und klemmt noch mehr.

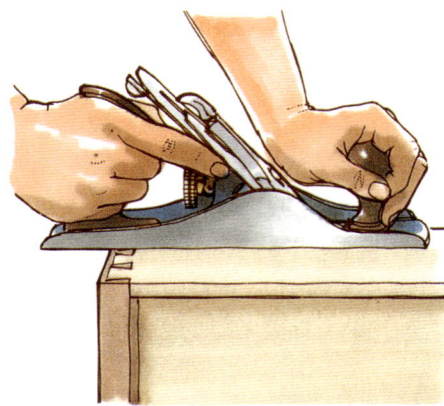

Erneuern der Seitenstücke

In den meisten Fällen sind stark verschmutzte Unterkanten der Grund für das Klemmen alter Schubkästen. Da sich die Reibung bei mit schweren Gegenständen gefüllten Schubkästen auf den hinteren Bereich konzentriert, wird dort ständig mehr abgeschliffen. Ein Indiz dafür ist die schräg nach hinten gekippte Front des Schubkastens in zugeschobenen Zustand.

1 Abhobeln der Kanten

Die Kanten werden schräg nach hinten abfallend glattgehobelt.

2 Erneuern der Kanten

Auf beide abgehobelte Kanten wird eine Leiste bündig mit der Innenseite geleimt. Nach dem Abbinden des Leims hobelt man mit der Außenseite bündig.

3 Anreißen der Höhe

In Höhe der Seitenstücke wird mit einem Streichmaß parallel zur Oberkante angerissen und an dieser Linie an beiden Seiten abgehobelt.

Erneuern von Schubkastenböden

Wenn ein Boden nur an der Rückseite befestigt ist, kommt es beim Schwinden dazu, daß er aus der Nut des Vorderstücks herausrutscht. Hat er keinen weiteren Halt, biegt er sich unter dem Gewicht des Kasteninhalts und rutscht hinter die Schubkastenzarge.

Wiedereinbauen des Bodens

Man entfernt die Befestigungen, die den Boden mit der Rückseite verbinden. Im Notfall können auch die Nägel mit einem Versenker durch den Boden hindurchgeschlagen werden. Dann wird der Boden in den Nuten nach vorn getrieben.

Reparieren eines gerissenen Bodens

Ein Schubkastenboden wird, da er dünn ist, leicht reißen, wenn er in die Nuten eingeleimt oder genagelt ist. Unter der Voraussetzung, daß an der gerissenen Stelle nichts fehlt, kann der Boden ohne äußere Beeinträchtigung repariert werden. Sollten die zwei gerissenen Teile gekrümmt sein, wässert und beschwert man sie mit Gewichten. So werden die Teile für das Zusammenleimen wieder gerichtet.

1 Auflegen von Isolierstreifen
Die Rißkanten werden geleimt und zusammengedrückt und der Riß auf jeder Seite mit einem Streifen Kunststoffolie bedeckt.

2 Ansetzen von Bügelzwingen
Der Riß wird beidseitig mit kräftigen Leisten belegt, die mit Bügel-zwingen an den Enden festgehalten werden.

3 Schließen des Risses
Vor dem Festziehen der Bügelzwingen werden lange Gegenformen an Vorder- und Hinterkante des Bodens angesetzt. Anschließend wird der Riß mit Gleitschienenzwingen zusammengepreßt.

4 Aufleimen einer Stützverbindung
Ist es nicht möglich, den Riß wieder einwandfrei zu schließen, stützt man ihn auf der Unterseite mit einem aufgeleimten Leinenstreifen.

Erneuern von Schubkastenböden

Ist eine Reparatur nicht möglich, ersetzt man ihn durch eine Sperrholz- oder mittelharte Hartfaserplatte (HFM).

1 Anfertigen der Bodenplatte
Die Stärke der Platte wird entsprechend der Nutbreiten im Schub-kasten gewählt. Paßt sie nicht, hobelt man an den Kanten ganz wenig schräg ab, wo-bei der Boden auf eine etwas dickere Platte gelegt wird.

2 Befestigen des Bodens
Der Boden wird ein-geschoben und an der Rückseite mit kleinen Senkkopfschrauben befestigt.

143

REPARATUR VON TÜREN

Die bereits bei den Korpusmöbeln beschriebene Bauweise mit Rahmen und Füllung wird auch bei Schranktüren angewendet. Sowohl Seitenwände von Kommoden als auch Türen in Schränken bestehen aus Rahmen, die dünne Bretter aus Massivholz umschließen. Breite Türen sind oft durch Beistöße geteilt und haben manchmal horizontale Zar-

gen, um einem Schwinden großer Türplatten entgegenzuwirken. Ursprünglich wurde Furnier auf stumpf verfugte Massivholzplatten geleimt. Heute sind stabile Platten aus Holzwerkstoffen verbreitet. Das führt automatisch zum häufigeren Einbau von glatten Türen.

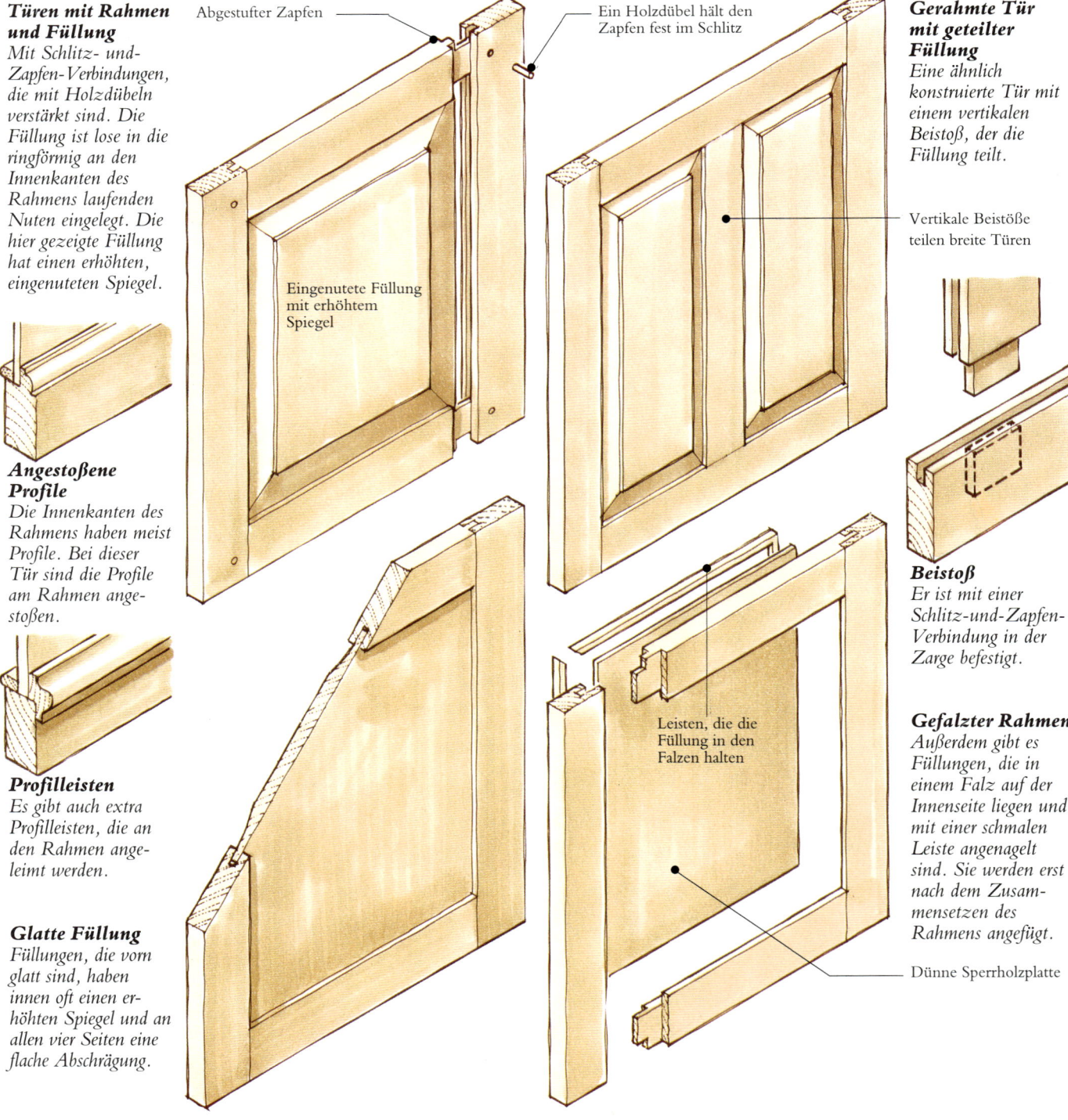

Türen mit Rahmen und Füllung
Mit Schlitz- und Zapfen-Verbindungen, die mit Holzdübeln verstärkt sind. Die Füllung ist lose in die ringförmig an den Innenkanten des Rahmens laufenden Nuten eingelegt. Die hier gezeigte Füllung hat einen erhöhten, eingenuteten Spiegel.

Abgestufter Zapfen

Ein Holzdübel hält den Zapfen fest im Schlitz

Eingenutete Füllung mit erhöhtem Spiegel

Gerahmte Tür mit geteilter Füllung
Eine ähnlich konstruierte Tür mit einem vertikalen Beistoß, der die Füllung teilt.

Vertikale Beistöße teilen breite Türen

Angestoßene Profile
Die Innenkanten des Rahmens haben meist Profile. Bei dieser Tür sind die Profile am Rahmen angestoßen.

Profilleisten
Es gibt auch extra Profilleisten, die an den Rahmen angeleimt werden.

Glatte Füllung
Füllungen, die vorn glatt sind, haben innen oft einen erhöhten Spiegel und an allen vier Seiten eine flache Abschrägung.

Leisten, die die Füllung in den Falzen halten

Beistoß
Er ist mit einer Schlitz-und-Zapfen-Verbindung in der Zarge befestigt.

Gefalzter Rahmen
Außerdem gibt es Füllungen, die in einem Falz auf der Innenseite liegen und mit einer schmalen Leiste angenagelt sind. Sie werden erst nach dem Zusammensetzen des Rahmens angefügt.

Dünne Sperrholzplatte

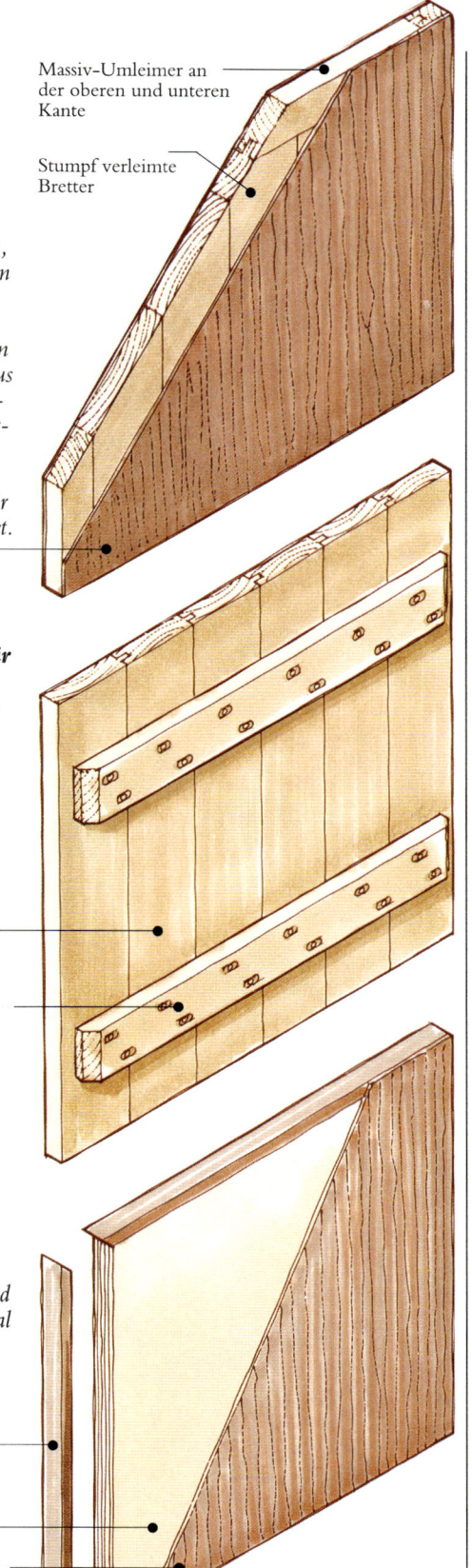

Glatte Massivholztür

Stumpf verleimte Weichholz-Bretter werden auf beiden Seiten furniert. Um ein Verbiegen der Platte zu verhindern, müssen die Bretter im Wechsel einmal die linke, daneben die rechte Seite nach vorn zeigen. Umleimer aus Massivholz überdecken oft die Hirnholzkanten. Sie treten unter dem Furnier hervor, wenn die Tür in der Breite schwindet.

Massiv-Umleimer an der oberen und unteren Kante

Stumpf verleimte Bretter

Starkes Furnier auf beiden Türfronten

Quer versteifte Tür

Hier eine einfache glatte Tür aus Brettern mit Nut und Feder. Über die Bretter sind innen Leisten quer angeschraubt. Sie halten die Bretter zusammen und gerade.

Bretter mit Nut und Feder

Querhölzer mit Schlitzen für Holzschrauben

Platten aus Holzwerkstoffen

Platten aus Sperrholz oder anderen Holzwerkstoffen sind für glatte Türen ideal geeignet. Das Furnier an den Kanten ist jedoch gefährdet.

Schmale Umleimer schützen die Kanten

Sperrholzplatte

Das Furnier überdeckt Platte und Umleimer

Klemmende Türen

Schranktüren können aus unterschiedlichen Gründen klemmen. So ist das Holz eventuell gequollen, weil das Möbelstück lange Zeit in einem feuchten Raum stand. In diesem Fall stellt man es in eine trockene Umgebung, dadurch erledigt sich das Problem von selbst. Es kann jedoch auch sein, daß das Möbel schief steht und die Tür in einem verkanteten Rahmen steckt. Außerdem muß am Scharnier geprüft werden, ob es noch fest sitzt.

Festdrehen lockerer Schrauben

Man hebt die Tür in geschlossenem Zustand an und kontrolliert die Scharniere auf festen Sitz. Leider sind die Schrauben manchmal herausgerissen. In diesen Fällen müssen zuerst die Löcher geschlossen werden, damit die Windungen der Schrauben wieder greifen.

1 Einsetzen von Dübeln

Aus schmalen Dübeln werden konische Rundhölzer geschnitten und in die ausgebrochenen Schraublöcher geleimt.

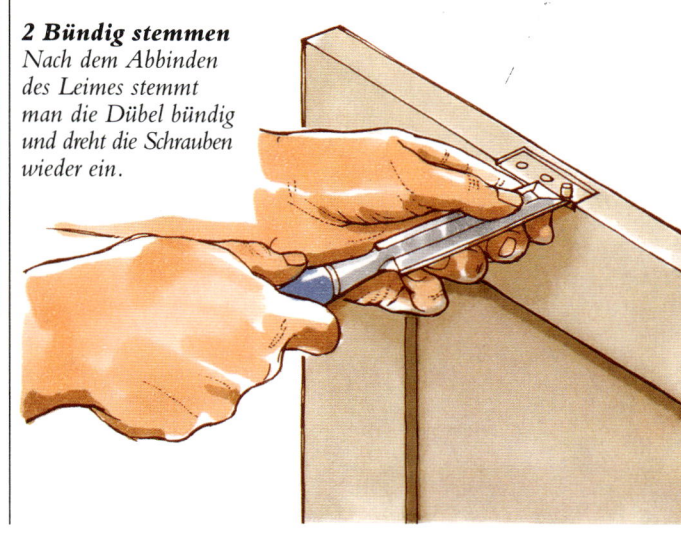

2 Bündig stemmen

Nach dem Abbinden des Leimes stemmt man die Dübel bündig und dreht die Schrauben wieder ein.

Reparieren von gerissenem Holz

Beim Prüfen von Korpus oder Türrahmen bemerkt man möglicherweise, daß das Holz entlang der Schraublöcher gerissen ist und deshalb die Schrauben nicht mehr halten.

Leimen des Risses

Die Tür wird abgenommen, mit einem Messer Leim in den Riß gedrückt und dieser mit einer Zwinge zusammengepreßt. Nachdem der Leim getrocknet ist, wird die Zwinge gelöst und das Scharnier wieder angeschraubt.

Fehlstellen in Blenden oder Seitenwänden

Ist ein Stück Holz aus der Türblende oder der Seitenwand ausgebrochen, wird ein neues Stück eingesetzt, damit das Scharnier festen Halt bekommt.

1 Anzeichnen

Für das Ersatzstück wird eine gegratete Aushebung angezeichnet, wobei möglichst viel von der Original-Unterlage des Scharniers stehen bleiben sollte.

2 Einsetzen des Eckstückes

Das Ersatzstück wird in die Aushebung eingeleimt. Nach dem Abbinden des Leims hobelt man das Stück auf beiden Seiten bündig, schneidet die Aushebung für den Scharnierlappen ein und leimt die Profilleiste wieder an (s. Seiten 152 bis 153).

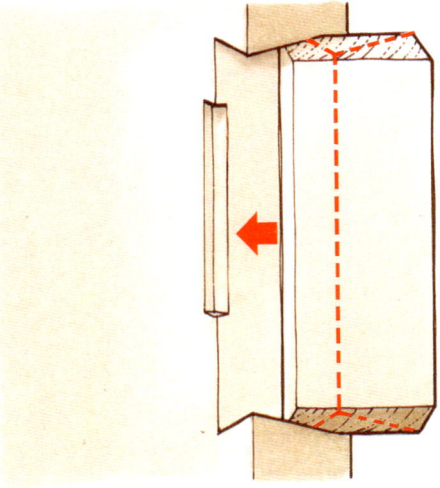

Korrigieren gequollener Türen

Kann die Ursache nicht ermittelt werden, wird sie an den Kanten mit einem fein eingestellten Taschenhobel leicht abgespänt.

1 Prüfen der Klemmstellen

Zunächst muß nachgesehen werden, wo sich abgeschliffene Stellen befinden und wodurch sie entstanden sind. Eine Prüfung kann mit einem kleinen Blatt Papier vorgenommen werden.

2 Abspänen mit einem Taschenhobel

Die Tür wird in eine Hobelzange gespannt und nur die Stelle abgehobelt, die Schleifspuren zeigt. Ist das Türblatt an den Kanten furniert, muß vom Türrahmen abgetragen werden. Dazu sollten die Scharnierlappen abgenommen werden.

Gerissene Türfüllungen

Eine massive Füllung muß sich frei bewegen können. Sollte sie versehentlich geleimt oder genagelt sein, kann sie reißen. Wenn sie schwindet, lösen sich möglicherweise stumpfe Verbindungen. Liegt die Füllung in einem Falz, kann man sie abschrauben oder die Leisten entfernen und sie wieder anleimen (s. Seite 143). Wenn sie eingenutet ist, füllt man den Riß mit einem Furnierstreifen oder einem schmalen Stab aus (siehe Seite 137). Es ist aber auch möglich, die zwei Hälften der Füllung zusammenzupressen, ohne den Rahmen zu zerlegen.

Schließen eines Risses mit Zwingen

Man spannt Bügelzwingen auf beiden Seiten der Tür sowie oben und unten. Dann drückt man die Zwingen mit Gleitschienenzwingen gegeneinander und schließt langsam den Spalt. Wenn die Rißkanten passen, werden sie geleimt und in der gleichen Weise aneinandergepreßt.

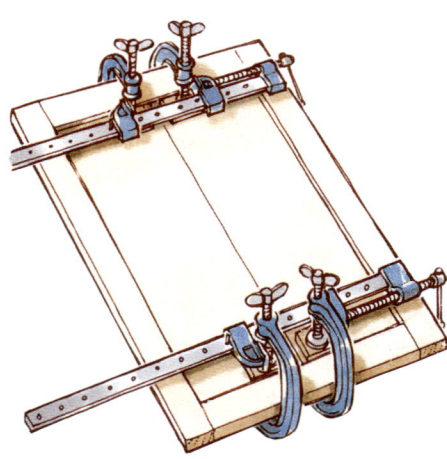

Nicht schließende Türen

Wird eine immer wieder aufspringende Tür mit Gewalt zugedrückt, kann das zu Schäden an den Scharnieren führen. Schrauben werden herausgerissen, das umgebende Holz kann splittern. Zunächst ist zu prüfen, ob sich an den Scharnieren Schrauben gelöst haben und die überstehenden Schraubenköpfe das Schließen der Tür verhindern. Auch zu lange Schrauben können eingedreht

worden sein, die entfernt werden müssen. Schwieriger ist es, herauszufinden, ob die Lappen eines oder beider Scharniere zu tief in das Holz eingesetzt wurden. Deshalb prüft man die Scharniergelenke beim Schließen der Tür. Wird dabei festgestellt, daß sich eines der Scharniere aus der Vertiefung hebt, sollte es unterlegt werden, damit die Tür leicht schließt, ohne die Schrauben oder das Holz zu sehr zu beanspruchen.

Ersetzen zu langer Schrauben

Werden lockere Schrauben durch etwas größere ersetzt, ist ein Verdübeln der ausgerissenen Löcher nicht erforderlich. Allerdings passen die Köpfe größerer Schrauben nicht in die Senklöcher der Scharniere und verhindern das Schließen.

Flachtreiben der Scharnierlappen

Nach dem Abnehmen des Scharniers werden die Schraubenlöcher mit konischen Holzdübeln geschlossen. Durch ständiges gewaltsames Zudrücken können sich die Scharnierlappen verbiegen. Dann richtet man sie mit dem Hammer auf einem Schraubstock und befestigt sie mit passenden Schrauben.

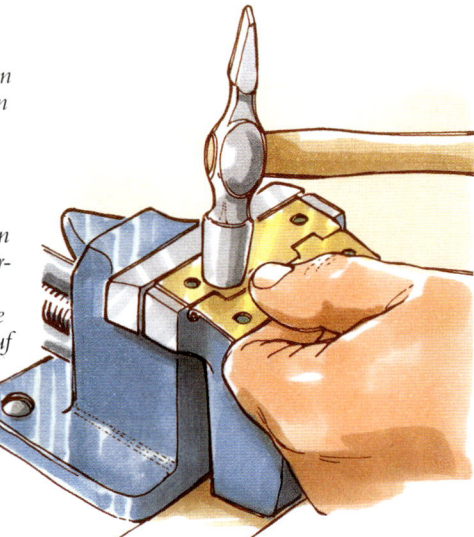

Anheben eines zu tief sitzenden Scharniers

Damit das Scharnier mit dem Holz bündig ist, wird eine Unterlage unter den Scharnierlappen gesetzt.

Einsetzen der Unterlage

Aus Karton oder Furnier wird in der Größe des Scharnierlappens ein Streifen geschnitten, der in die Aushebung darunter paßt. Dann schlägt man Löcher für die Schrauben durch die Unterlage und befestigt das Scharnier in der Mitte, um die Gängigkeit der Tür zu prüfen. Zuletzt wird der Lappen in der Aushebung festgeschraubt.

Geradebiegen verworfener Türen

Alles Basteln an den Scharnieren einer verworfenen Tür führt nicht dazu, daß solch eine Tür geschlossen bleibt, es sei denn, man schließt sie ab oder verriegelt sie. Auch durch Einweichen der konkav verbogenen Oberfläche einer Tür mit Wasser und nachfolgendem Pressen ist es unter Umständen möglich, die Tür wieder zu richten. Chancen auf einen Langzeiterfolg sind jedoch gering. Auch eine verworfene Rahmen-und-Füllung-Tür ist eventuell zu korrigieren. Das ist jedoch nur dann möglich, wenn der Rahmen nach innen gebogen ist, so daß die Reparatur auf der Rückseite durchgeführt werden kann. Vor dem Beginn ist zu prüfen, wie hoch und wie ausgedehnt die Biegung ist. Beschränkt sich der Schaden beispielsweise nur auf eine Ecke, kann man die Reparatur selbst vornehmen. Ist er jedoch größer, sollte besser ein Fachmann beauftragt werden.

1 Einspannen des Werkstückes

Die Tür wird mit Bügelzwingen mit der Vorderseite nach unten auf die Ecke der Hobelbank gespannt. Damit die Auflage absolut eben ist, legt man eine Sperrholz- oder Tischlerplatte auf.

2 Einsetzen einer Dehnungssperre

Auf der Querleiste wird eine gegratete, konische Aushebung hergestellt. Dann werden in jede Aushebung entsprechende Keile aus Hartholz geschlagen. Die Zwingen dürfen erst gelöst werden, wenn der Leim abgebunden ist. Zuletzt hobelt man die Keile bündig.

Glastüren

Unabhängig vom sozialen Status wurden früher vor allem Gegenstände aus Glas und Keramik gesammelt. Mit Stolz wurden diese Stücke in Vitrinen vorgezeigt. Noch heute findet man solche Möbel in vielen Wohnungen, angefangen beim exquisiten Einzelstück, das inzwischen selbst zum Sammelobjekt wurde, bis zu billigen Serienfertigungen für die aufstrebende Mittelschicht.

Vitrinen mit Gitterwerk aus schmalen Sprossen und Glasscheiben sind von Natur aus ziemlich gefährdet.

Beim geringsten Anstoß können die Glasscheiben brechen, unter Umständen kann dabei sogar das zierliche Gitterwerk beschädigt werden.

Ähnlich konstruierte Glastüren haben englische Sekretäre und Bücherschränke. Da es jedoch in erster Linie darauf ankam, den Inhalt vor Staub zu schützen, waren klare Scheiben nicht unbedingt erforderlich, weshalb die Türen oftmals sehr hübsche farbige und strukturierte Bleiglasscheiben hatten.

Türkonstruktion

Der äußere Rahmen einer Glastür besteht meist aus massivem Hartholz, bei billigen Stücken dagegen aus Weichholz mit querfurnierten Friesen. Die Sprossen bestehen aus zwei Teilen - einer flachen Leiste und einem Profilstab, der auf die Kante der Leiste aufgeleimt ist. In den meisten Fällen bilden die Sprossen ein geometrisches Muster. Dort, wo sie sich kreuzen, sind die Leisten überplattet, ansonsten haben sie stumpfe Gehrungen. Besonders feingliedrige Verbindungen werden durch aufgeleimte Leinenstreifen gestützt. Die Enden der Leisten liegen in kleinen Kerben des Türrahmens. Die Glasscheiben werden in den Falzen mit Leinenstreifen und Kitt oder mit zierlichen Rundstäben gehalten. In vorn abgerundeten Vitrinen findet man auch gebogene Scheiben. Die Rundungen in den Türen werden durch einzelne, winklig angesetzte Flachglasscheiben geschaffen.

Glastür einer Vitrine

Hauptrahmen
Aus furniertem Weichholz, hat an den Ecken Schlitze und abgestufte Zapfen.

Sprossen
In einer Kerbe des Rahmens liegt die flache Leiste. Profilstäbe, die vorn auf die Leisten geleimt sind, haben an beiden Seiten Falze, in denen das Glas mit Leistenstiften oder Glaserecken und Kitt befestigt ist.

Gehrungen
Zum Verstärken der Verbindungsstellen von stumpf gegehrten Sprossen sind Leinenstreifen aufgeklebt.

Glastüren haben oft dekorative Motive.

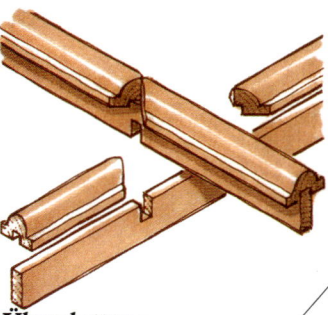

Überplattung
Kreuzen sich die flachen Leisten, sind sie überplattet.

Bleiruten
Die relativ kleinen Glasscheiben werden von H-förmigen Ruten aus Blei gehalten, daher der Name "Bleiglasfenster". Die Verbindungen sind gelötet.

Glassorten

Die meisten Vitrinen haben 2 mm dickes, durchsichtiges Glas, das auch für Bilderrahmen verwendet wird. Bei einer Bleiverglasung finden wir häufig eine Kombination von klaren, gefärbten und manchmal strukturierten Scheiben. Entsprechende Gläser sind in speziellen Farbglashandlungen, die beispielsweise in Handwerker-Zeitschriften nachzulesen sind, erhältlich.

Entfernen von zerbrochenem Glas

Die Rundstäbe werden abgenommen oder die Scherben können auch vorsichtig nach hinten herausgeschlagen. Dann wird der alte Kitt entfernt.

Putzen der Falze

Mit einem alten Stemmeisen stößt man die letzten Reste von Glas ab. Wenn der Kitt so hart ist, daß eventuell die dünnen Sprossen beschädigt werden, sollte er erst mit einem Lötkolben erweicht werden. Zuletzt zieht man die Stifte mit der Zange heraus.

Vitrine aus massivem Eichenholz (um 1930).

Schneiden von Glas

Es wird eine Pappschablone hergestellt, die etwas Toleranz aufweisen sollte, damit das Glas leicht eingelegt werden kann. Komplizierte Formen läßt man vom Glaser schneiden. Gerade Schnitte können selbst ausgeführt werden.

1 Reinigen des Glases

Die Scheibe wird flach auf ein Tuch gelegt, und die Oberfläche mit Spiritus von Fingerabdrücken und Fettflecken gesäubert.

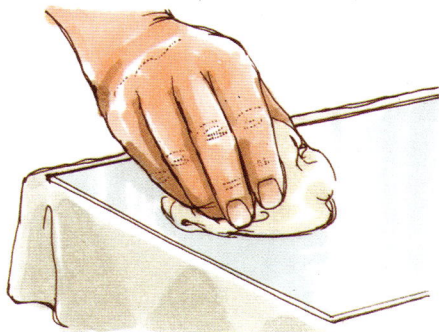

2 Anritzen des Glases

Man benutzt die Schablone als Führung und legt ein Holzlineal an die Schnittlinie. Der Glasschneider wird zwischen Zeige- und Mittelfinger gehalten, die Spitze des Glasschneiders in Leichtöl getaucht, und das Glas in einem Zug angeritzt.

3 Verlängern des Ritzes

Die Scheibe wird etwas über den Rand der Auflage geschoben und der Ritz auf der Unterseite durch Klopfen mit dem Glasschneider direkt darunter verstärkt.

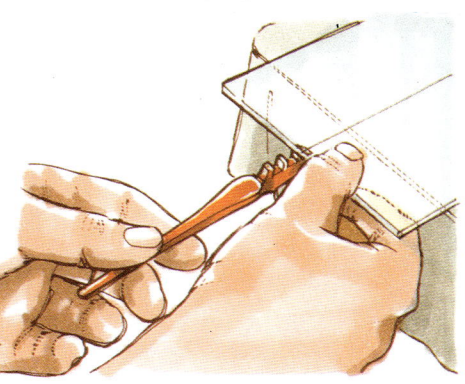

4 Abbrechen des Glases

Auf jede Seite des Ritzes wird ein Daumen gelegt und das Glas durch eine Drehung des Handgelenkes abgebrochen.

Einsetzen einer neuen Scheibe

Die Scheibe wird mit einem Rundstab festgemacht und gekittet. Dem Kitt setzt man etwas Leinöl zu und knetet ihn weich. Er kann außerdem mit Glanzruß oder Künstlerölfarben abgetönt werden.

Befestigen des Glases

Man legt eine neue Scheibe in die Falze und schlägt mit der Seite eines Stemmeisens Stifte in das Holz. Dann wird der Kitt mit einem Kittmesser zur Überdeckung der Stifte schräg in die Falze gedrückt. Das Messerblatt muß zum Glätten und zum Ausformen der Ecken von Zeit zu Zeit in Wasser getaucht werden.

Reparieren von Sprossen

Beim Einsetzen einer neuen Glasscheibe sollten stets auch die Sprossen nach Beschädigungen untersucht werden. Das Gitterwerk ist zwar elastisch genug, um einen Stoß auf das Glas abzufangen, es können jedoch trotzdem Risse vorhanden sein, die erst beim vorsichtigen Biegen zum Vorschein kommen.

Leimen und Versteifen einer gerissenen Sprosse

Der Riß wird durch leichten Druck auf die Sprosse auseinandergezogen und Leim eingefügt. Dann preßt man den Riß mit einer kleinen Zwinge oder mit Klebeband zusammen und versteift die Stelle auf beiden Seiten mit schmalen, aufgeleimten Leinenstreifen.

Reparieren zerbrochener Bleiglasscheiben

Einzelne zerbrochene Scheiben können erneuert werden, dagegen geht das Einsetzen neuer Bleiruten über die Möglichkeiten eines unerfahrenen Heimwerkers hinaus. Informationen über die Kosten sind bei einem ausgebildeten Glasmaler einzuholen. Vorausgesetzt, die Formen sind nicht zu kompliziert, wäre ein Austausch von ein bis zwei Scheiben in der eigenen Werkstatt durchaus möglich. Dazu werden die Schrauben entfernt oder die Rundstäbe abgehoben. Das Glas wird vorsichtig aus den Falzen genommen und vertikal transportiert, damit sich das Blei nicht verbiegt. Dann legt man es mit der Vorderseite auf die Hobelbank und entfernt die restlichen Scherben aus den Ruten.

1 Aufschneiden der Ecken

Mit einem scharfen Mehrzweckmesser wird das Blei an jeder Ecke durchgeschnitten und von der Lötstelle getrennt.

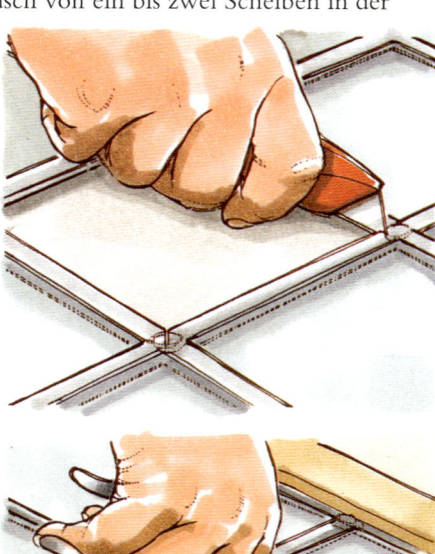

2 Öffnen der Ruten

Die gebördelten Ränder der Ruten werden mit einer Flachzange, deren Backen mit Klebestreifen zusammengehalten werden, hochgedrückt. Die Ränder dabei nicht knicken, sonst ist es nahezu unmöglich, sie wieder zu glätten.

3 Einsetzen von neuem Glas

Die Scheibe wird zwischen die Ränder geschoben und diese angebördelt. Man sollte versuchen, die Schnitte an den Ecken wieder kalt zusammenzudrücken, ohne sie zu löten.

4 Verkitten

Der mit etwas Glanzruß gefärbte Leinölkitt wird auf beiden Seiten der Tür mit dem Daumen ringsherum in die Ruten gedrückt. Dann entfernt man Reste von Kitt mit einem Griffel und bürstet zum Festigen mit einer Schuhbürste über die Ruten.

REPARATUR UND RESTAURIERUNG VON PROFILEN

Eines der Hauptmerkmale zur Unterscheidung von alten und neuen, in Serie gefertigten Möbeln ist das Fehlen der Profile. Scheinbar war es für die Tischler der Vergangenheit unakzeptabel, eine Kante unbearbeitet zu lassen. Schmuckformen gehörten zu einem guten Gesamtbild einfach dazu, nicht nur bei besseren Stücken, sondern auch bei Möbeln, die zur Zeit der Entstehung als Durchschnittsware zu betrachten waren. Hinzu kommen praktische Gründe. Profile dienen häufig dazu, die

Abnutzung an den sichtbaren Stellen von Türen, Schubkästen und Ablageplatten als Folge des Gebrauchs zu verdecken. Gerade laufende Profile konnten etwa Schwindungsspalten unkenntlich machen oder zumindest die Aufmerksamkeit von ihnen ablenken. Da Profile sehr häufig angebracht wurden, mit Ausnahme ganz einfacher und glatter Bauernmöbel, steht man auch oft vor der Aufgabe, sie zu restaurieren. Zur Herstellung von Profilen verwendet man schon seit langem Profilhobel.

Alte Profilhobel und ein selbstgefertigter Schlitzhobel.

Profilarten

Obgleich traditionsgemäß vorgeschrieben war, an welchen Stellen Profile anzubringen waren und welche Form sie ungefähr haben sollten, entschied letztlich jeder Tischler selbst, wie ein spezielles Profil anzubringen war. Ob ein Profil am Holz angestoßen oder als separate Leiste angesetzt war, hing von der Größe und der jeweiligen Position ab.

Angestoßene Profile
Profilhobel waren früher wichtige Werkzeuge in jeder Werkstatt. Einige wendete man nur für spezielle Formen an, so zum Beispiel für die Kanten einer Ablageplatte. Andere Profile mit Wülsten und Kehlen wurden auch zu schlichten Profilen kombiniert. Sehr schmale Profile erhält man oft durch Einsatz selbstgefertigter Schlitzhobel, einfache, selbst angefertigte Werkzeuge mit einem Stahlblatt, in das die gewünschte Form eingefeilt wurde. Sie waren in der damaligen Zeit vielseitig einsetzbar, billig in der Herstellung und sowohl für runde als auch für gerade Werkstücke verwendbar. Im Ergebnis findet man einfach gezogene Profile an vielen Möbelteilen, angefangen bei gebogenen Stuhlbeinen und Lehnen bis hin zu Schubkastenformen und Türen.

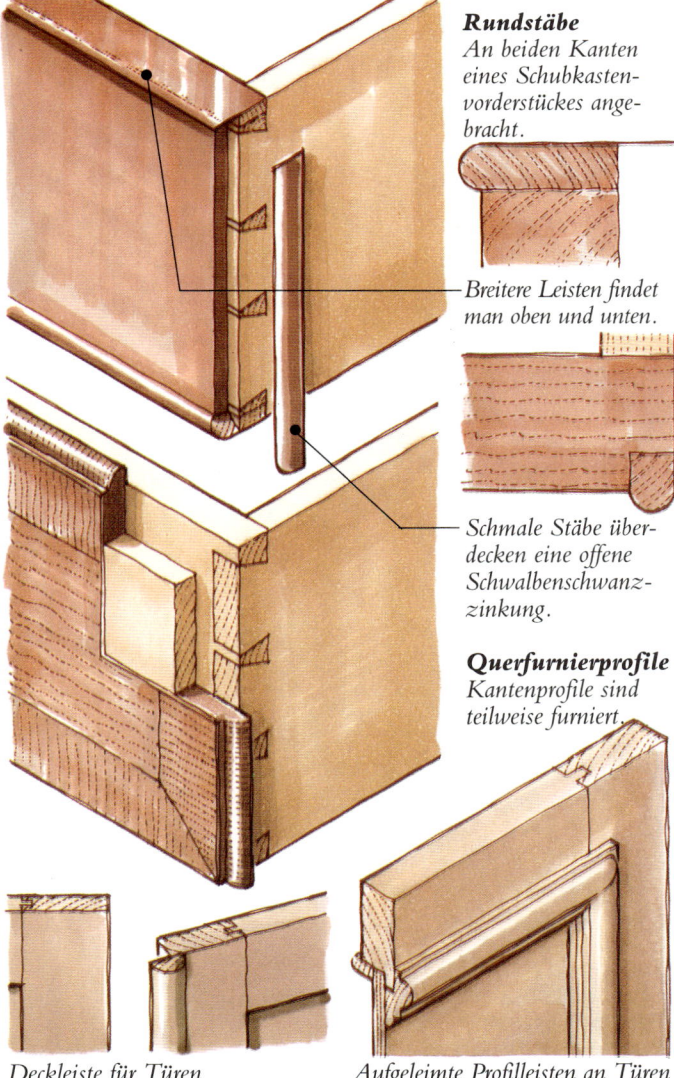

Rundstäbe
An beiden Kanten eines Schubkastenvorderstückes angebracht.

Breitere Leisten findet man oben und unten.

Schmale Stäbe überdecken eine offene Schwalbenschwanzzinkung.

Querfurnierprofile
Kantenprofile sind teilweise furniert.

Deckleiste für Türen   *Aufgeleimte Profilleisten an Türen*

Aufgeleimte Profilleisten
Für den Tischler stellt die Technik des Aufleimens von teilweise vorgefertigten Profilleisten einen gewissen Vorteil dar. Seit die Leisten furniert werden, verringerte sich der Einsatz von kostbarem Hartholz. Ein neuer Weg eröffnete sich dadurch, daß Profilleisten aus verschiedenen Hölzern ohne Rücksicht auf den Faserwuchs geschnitten wurden, wodurch attraktiv gemaserte Oberflächen entstanden.

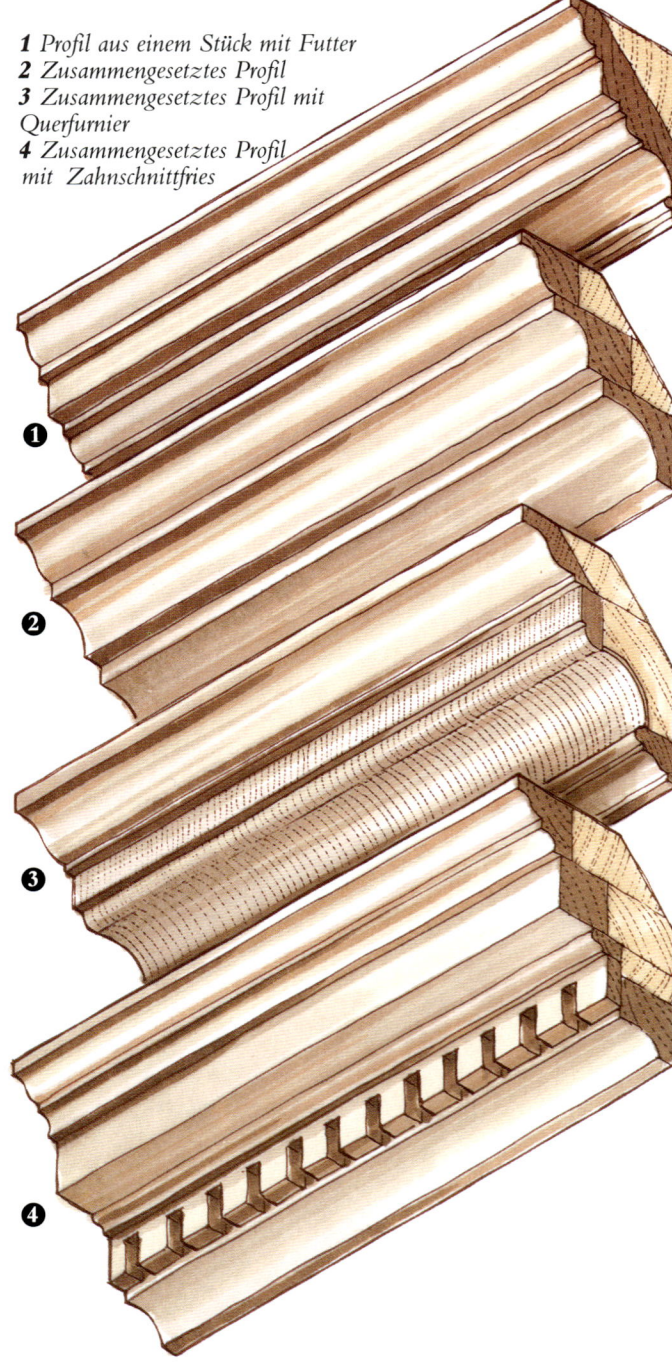

1 Profil aus einem Stück mit Futter
2 Zusammengesetztes Profil
3 Zusammengesetztes Profil mit
Querfurnier
4 Zusammengesetztes Profil
mit Zahnschnittfries

❶

❷

❸

❹

Zusammengesetzte Profile

Bestimmte Profile, beispielsweise Simsprofile, waren oft zu breit und
zu kompliziert, um aus einem Stück gefertigt zu werden. Das ist
leicht vorstellbar, weil große physische Kraft benötigt wird, um das gesamte Profil auf einmal abzuhobeln. Theoretisch wäre es zwar möglich, Wulst für Wulst und Kehle für Kehle mit verschiedenen Profil-
hobeln einzeln aus dem Holz anzustoßen. Einfacher ist es aber, sie
als gesonderte Leisten aus Hartholz herzustellen, die auf Weichholz-
unterlagen geleimt sind. Teilweise zeigen sie Furnier, das quer aufgeleimt wurde. Bei zusammengesetzten Profilen können auch Zahn-
schnittfriese hinzugefügt werden.

Ersetzen schmaler, angestoßener Profile

Gegenwärtig benutzen die meisten Tischler Oberfräsen zur
Anfertigung von Profilen. Doch nicht zu jedem alten Profil
gibt es passende Fräsköpfe. Wenn die Form nicht übermäßig
kompliziert ist, kann man sich selbst einen Schlitzhobel herstellen, um zum Beispiel ein schmales Profil an einem neuen
Zargenteil wieder anzubringen oder an einer profilierten
Kante etwas zu ergänzen.

1 Herstellen eines Schlitzhobels

*Die Klinge fertigt man
aus einem alten Me-
tallsägeblatt, schleift
die Kanten ab und
feilt das vorgesehene
Profil negativ ein.
Dann spannt man sie
mit Schrauben zwischen
zwei winklige Sperr-
holzstücke, so daß
eine Art Griff mit
Führung entsteht.*

2 Schlichten des Profils

*Vor der Anwendung
des Schlitzhobels wird
mit einem Hobel oder
Stemmeisen möglichst
viel vom Holz abge-
schlichtet.*

3 Verwenden des Profilhobels

*Man führt den An-
schlag straff am Holz
entlang, kippt den
Hobel etwas schräg
nach vorn und hobelt
in die gleiche Rich-
tung. Das Holz wird
schichtweise abgenom-
men, bis die Klinge
nicht mehr faßt und
damit verhindert wird,
daß zu viel abgeschabt
wird.*

Erneuern aufgeleimter Profilleisten

Die an einer Schubkastenfront angebrachten Profilleisten gehören zu den aufgeleimten Stücken, die von Zeit zu Zeit repariert oder ersetzt werden müssen. So kann beispielsweise die obere Leiste zerdrückt oder gebrochen werden, wenn der Kasten zu heftig zugeschoben wird, obwohl noch Gegenstände überstehen. Auch die kurzen Leisten an beiden Seiten können abfallen oder verloren gehen.

Ein gebrochenes Profil sollte nach Möglichkeit mit einer eingeleimten Ergänzung repariert werden, die dann an Ort und Stelle abgehobelt wird. Wenn eine ganze Länge eingesetzt werden muß, ist darauf zu achten, daß man sie nicht zu sehr abhobelt. Viel einfacher ist es, erst das Profil herzustellen und es dann vom Brett abzusägen.

Aussetzen einer gebrochenen Profilleiste

Die beschädigte Stelle der Profilleiste sägt man gegratet und konisch so aus, daß sie innen breiter ist. Dann setzt man ein etwas dickeres, konisches Leistenstück mit Leim ein und spannt es, bis der Leim abgebunden ist. Zuletzt wird es mit dem Schlitzhobel geformt und mit Sandpapier geschliffen.

Befestigen einer gelösten Profilleiste

Wenn ein Schubkastenvorderstück in der Breite schwindet, werden die sehr schmalen Seitenleisten von den oben und unten liegenden Querleisten verbogen. Man entfernt die Seitenleisten, kürzt sie, bis sie wieder passen, leimt sie ein und heftet sie mit Klebestreifen an, bis der Leim trocken ist. Fehlt eine Leiste, wird eine neue hergestellt.

Anfertigung von Profilleisten mit querlaufenden Fasern

Um eine Profilleiste mit querlaufenden Fasern zu ersetzen, leimt man eine dünne Hirnholzschicht auf ein Hartholzbrett mit Längsfasern. Nachdem das Profil mit einem Profil- oder einem selbstgefertigten Hobel angestoßen wurde, wird es von der Brettkante abgesägt.

Geschnitzte Profile

Zu Zeiten, als die Möbel noch ausschließlich von Hand gefertigt wurden, war die Möbelschnitzerei ein spezieller Beruf. Bei Aufträgen für Möbel mit Schnitzerei übergab der Tischler das vorbereitete Stück einem Möbelschnitzer zur Fertigstellung. In Anbetracht der Kompliziertheit der Schnitzereien sowie der vielen Spezialwerkzeuge, die benötigt werden, ist es deshalb sinnvoll, zum Schnitzer zu gehen, wenn an einem Möbelstück ein solches Teil zu ergänzen ist. Der Schnitzer muß beachten, daß das Holzstück, aus dem das Motiv herausgearbeitet werden soll, genügend groß ist. Das Motiv muß jedoch nicht unbedingt aus einem Stück gefertigt werden. Vielfach leimt man ein schon roh vorgeschnitztes Stück an den Hauptteil an und beendet die Schnitzerei mit Stemm- und Hohlbeitel.

Ergänzen einer beschädigten Schnitzerei

Weniger schwierig ist es, ein kleines Stück an einer Schnitzerei zu ersetzen. Dazu hobelt man den beschädigten Abschnitt glatt, leimt beide Stoßflächen ein und drückt die Ergänzung unter Reiben auf, damit überschüssiger Klebstoff und Luft entwichen sind, wenn genau aufeinander gepaßt wird. Nach dem Trocknen des Leims gleicht man die Ergänzung an. Für einen Anfänger ist es leichter, mit der Feile als mit Stemm- und Hohlbeitel zu arbeiten.

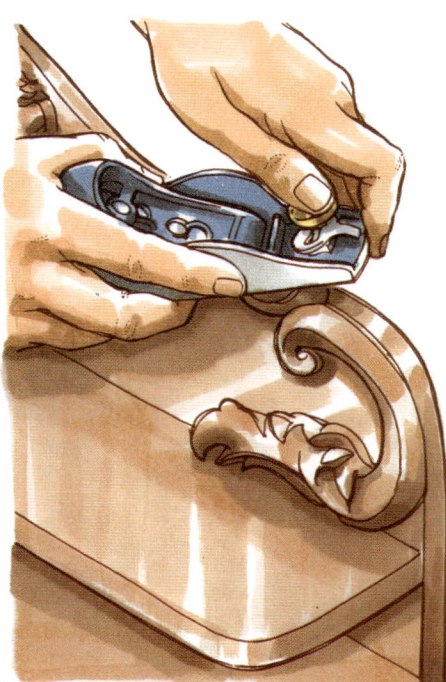

MÖBELBESCHLÄGE

Experten empfinden falsche Handhaben an einem Möbel als sehr störend. Die Löcher, die von den originalen Handhaben verblieben sind, geben ihnen Hinweise auf den früheren Zustand. Meist sind diese Löcher sogar verschlossen und mit Furnier überdeckt worden. Auch innen finden sich Spuren einer früheren Montage. Eine gute Hilfe, um herauszufinden, wie die ursprünglichen Handhaben ausgesehen haben könnten, sind Reste von Abdrücken im Schlußüberzug, sofern er alt ist. Nachdem man die Spuren von Typ und Lage der originalen Handhaben untersucht hat, ist zu ent-scheiden, ob eine authentische Restaurierung erfolgen soll. Dabei kann man zum Beispiel darüber diskutieren, ob es sinnvoll ist, neue gedrehte Knäufe anzubringen, wenn gleichzeitig dadurch häßliche Stellen an der Front des Schubkastens entstehen. So ist es vielleicht sogar besser, die vorhandenen Griffe nicht zu entfernen, auch wenn sie nicht ganz authentisch sind. Etwas anders ist die Situation wahrscheinlich, wenn man ein ehemaliges Loch mit der Platte einer Handhabe aus Metall überdecken möchte. Letztlich sollten jedoch Besitzer und Restaurator gemeinsam entscheiden.

Befestigen lockerer Handhaben und Griffe

Lockere Metallhandhaben sind festzuschrauben, bevor sich die Bolzenlöcher in Schubkastenfront oder Tür erweitern. Dann zieht man die Muttern innen nach und bringt, falls sie in das Holz einschneiden, Unterlegscheiben darunter.

1 Anleimen eines lockeren Knaufes

Ein gedrechselter Holzknauf hat nor-malerweise einen Zapfen mit Gewinde. Wenn das Gewinde abgeschliffen ist, ver-sucht man, den Knauf wieder einzu-leimen. Damit er straffer sitzt, wird ein dünner Faden um den schon geleimten Zapfen gewickelt.

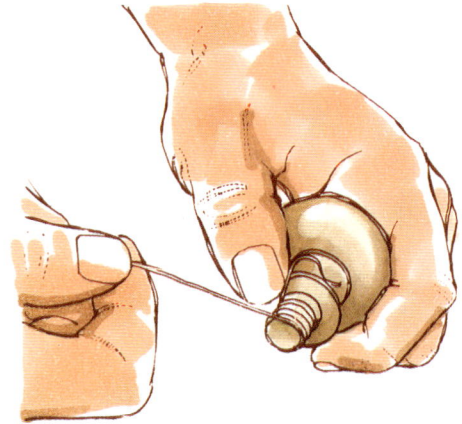

2 Einleimen eines Keiles

Alternativ kann man auch einen Schlitz in den Zapfen sägen, steckt den Knauf in das Loch und treibt von innen einen ge-leimten Keil ein. Nach dem Abbinden des Leims wird der Keil bündig gehobelt.

Ersetzen verlorener Handhaben

Obwohl eine große Auswahl ausgezeichneter Reproduktionen angeboten wird, findet man nur in seltenen Fällen Handhaben, die zu den vorhandenen passen. Deshalb verwendet man am besten gleich einen neuen Satz.

❶
❷
❸
❹
❺
❻
❼
❽
❾
❿
⓫
⓬

1 Schwanenhals-Bügelgriff
2 Gelber Glasknauf
3 Griff mit Schlüssel-schild
4 Ringgriff mit durchbrochener Platte
5 Ovalringgriff aus gepreßter Platte
6 Handhabe aus Eisenguß
7 Ringgriff
8 Ovalringgriff
9 Versenkter Bügelgriff
10 Ringgriff mit gepreßtem Schlüsselschild
11 Schrankschloß und Schlüssel-führungen
12 Drehknopf

Möbelschlösser

Die meisten Schubkästen und Türen sind mit kleinen Möbelschlössern aus Messing verschlossen. Fast alle Türen können nur durch Drehen des Schlüssels geöffnet werden. Im Gegensatz zu Schränken fehlen bei Schubkästen die Schlösser häufig, oder die Schlüssel sind schon lange Zeit abhanden gekommen. Nur wenn Schubkästen verschlossen sind, ergeben sich Probleme mit dem Öffnen.

Öffnen eines verschlossenen Schubkastens

Zuerst sollte nachgesehen werden, daß keine Gegenstände im Kasten das Aufziehen verhindern. Ist dies der Fall, drückt man sie mit einem Plastlineal oder Tafelmesser herunter, damit sie nicht mehr blockieren. Ist der Schubkasten scheinbar leer, sollte man versuchen, den darüber befindlichen Kasten anzuheben, um an die Schrauben zu gelangen, die das Schloß halten. Wenn ein Staubboden quer liegt, muß die Rückwand entfernt werden. Sollte der oberste Schubkasten nicht zu öffnen sein, muß die Rückwand abgeschraubt und der Schubkastenboden herausgezogen werden (s. Seite 141).

Hochbiegen der Schubkastenzarge
Der Schloßriegel kann aus dem Schlitz befreit werden, indem die Schubkastenzarge angehoben wird. Über den verschlossenen Schubkasten wird ein L-förmiger Klotz geschraubt und mit einer Gleitschienenzwinge, die auf der Ablageplatte der Kommode aufgesetzt ist, die Zarge langsam nach oben gedrückt. Dabei darf nicht zu viel Zug auf die Zarge ausgeübt werden, weil sie sonst reißen kann, oder die Verbindungen an beiden Enden brechen ab.

Beauftragen eines Schlossers

Als letzter Ausweg besteht die Möglichkeit, das Schloß auszusägen und den Ausschnitt später zu ersetzen. Es dürfte aber besser sein, einen Schlosser zu beauftragen.

Reparieren einer gebrochenen Schubkastenzarge

Es ist nicht selten, daß man eine zersplitterte Schubkastenzarge entdeckt, weil jemand den verschlossenen Kasten aufgebrochen hat. Das zersplitterte Holz muß auf der Unterseite der Zarge konisch so ausgesägt werden, wie es für das Ersetzen einer aufgeleimten Leiste beschrieben ist (s. Seite 153). Dann leimt man ein passendes Stück Hartholz in die Zarge.

1 Anreißen eines Schlitzes
Soll das Schloß wieder eingesetzt werden, muß die Stelle für den Riegelschlitz angerissen werden. Dazu überträgt man entweder die Maße oder streicht farbigen Nagellack auf die Oberseite des Riegels und drückt sie durch Zuschließen gegen die Schubkastenzarge.

2 Ausschneiden des Schlitzes
Der Nagellack wird mit Nagellackentferner abgewischt und mit einem Winkelstemmeisen in der Unterseite der Zarge das Schließloch dort ausgehoben, wo sich der Farbabdruck vom Lack befindet.

Erneuern eines verlorengegangenen Schlüsselschildes

Schlüsselschilder aus Messing wurden angebracht, um die Schlüssellöcher zu umkleiden. Originalreproduktionen von eingesetzten Schlüsselführungen sind in vielen Größen zum Ersetzen erhältlich. Diese Führungen erweitern sich nach hinten konisch, damit sie fest im Schlüsselloch sitzen.

Anbringen von aufgesetzten Schlüsselschildern
Grob gearbeitete Schlüssellöcher wurden oft mit kleinen, dekorativen Schlüsselschildern verblendet. Sie können als Reproduktion in verschiedenen Stilarten zum Annageln an Schubkästen oder Türrahmen erworben werden.

VERNICHTEN VON HOLZWÜRMERN

Das Auftauchen eines Holzwurmes ist häufig für die Betroffenen eine Katastrophe, oft wird angenommen, daß das Möbel nur noch verbrannt werden kann. Diese Ansicht ist falsch, vorausgesetzt, man hat den Befall rechtzeitig bemerkt und behandelt ihn schnell. Der Zweck einer solchen Aktion ist, nicht nur die tätigen Schädlinge zu vertreiben, sondern auch das Holz vor ihnen zu schützen.

Fluglöcher zeigen einen Befall an.

Anzeichen eines Befalls

Der Klopfkäfer, gewöhnlich Holzwurm genannt, legt seine Eier in Schnittholz, speziell in Spalten, Fugen und Risse, wo sie sich ungestört zu Larven entwickeln. Diese zerfressen das Holz mit einem Netzwerk von Gängen. Nur wenn er sich nach außen durchfrißt, zeigen sich Fluglöcher, an denen wir eigentlich erst einen Befall bemerken.

Worauf zu achten ist

Wenn man Löcher in der polierten Oberfläche einer Kommode oder eines Schrankes entdeckt, kann als sicher angenommen werden, daß das Möbel an anderer Stelle noch mehr befallen ist. Die Schubkästen sind herauszuziehen und die Seiten und vor allem der Boden zu prüfen, ebenso wie das Innere des Möbels. Holzwürmer können sich auch zwischen den Schichten des Sperrholzes aufhalten. Auch die anderen Möbel im Raum sind zu kontrollieren. Tische dreht man um, so daß die unpolierten Flächen der Platten und Zargen sowie die Füße der Beine geprüft werden können. Nimmt man ein altes Polster von einem Stuhl ab, sollte man nicht überrascht sein, wenn der Stuhlrahmen völlig durchlöchert ist.

Kann man sich schützen?

Eine geringe Anzahl von Fluglöchern ist nicht notwendigerweise das Ende eines Möbels. Solange das Holz noch eine innere Festigkeit hat, führt eine Behandlung zum Erfolg. Allerdings muß der Holzwurm in jedem Fall vollständig vernichtet sein. Innen sind die frischen Fluglöcher immer sauber und hell, alte sind meist dunkel. Von Bedeutung sind Häufchen von Holzmehl neben den Fluglöchern. Sie stammen von Klopfkäfern, die sich nach außen gefressen haben. Treten diese Häufchen auf, ist das ein sichereres Zeichen für weitere Aktivitäten.

Feststellen eines bedrohlichen Befalls

Der Umfang der Zerstörung kann nur durch eine sorgfältige Untersuchung der deutlich befallenen Stellen ermittelt werden. Dazu drückt man die Spitze eines Taschenmessers in das Holz. Zeigt sich wenig Widerstand am Messer, ist das Holz stark verwurmt und zerfällt in Krümel. Derart zerstörte Holzpartien müssen ersetzt werden. Sind sie jedoch noch strukturell in Ordnung, können sie chemisch behandelt werden.

Behandlung des Holzwurms

Auch wenn der Besitzer eines Möbels schwört, daß es erst kürzlich gegen Holzwurm behandelt wurde, sollte man vor einem Erwerb gründlich prüfen. Chemische Vertilgungsmittel sind in jedem Heimwerkergeschäft zu erwerben. Sie werden in Flaschen abgefüllt angeboten. Die Flaschen haben oben eine spitz zulaufende Kanüle zum Einspritzen der Chemikalien in die Fluglöcher. Andere Mittel beruhen auf Aerosolbasis.

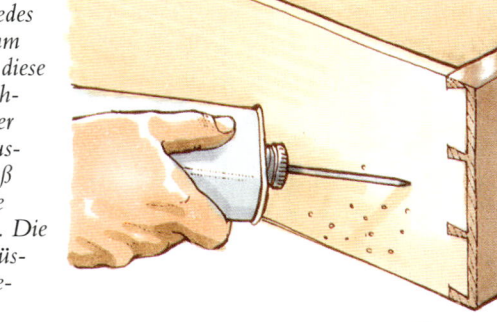

1 Einspritzen in die Fluglöcher
Aus der Flasche spritzt man in jedes Loch etwa 50 mm Flüssigkeit. Da diese aus einem benachbarten Loch unter Druck wieder austreten kann, muß eine Schutzbrille getragen werden. Die überschüssige Flüssigkeit wird abgewischt.

2 Aufstreichen auf blankes Holz
Man gießt etwas Flüssigkeit in eine flache Schale und streicht sie reichlich auf die blanke Oberfläche. Dann läßt man sie über Nacht einziehen und behandelt das Holz erneut.

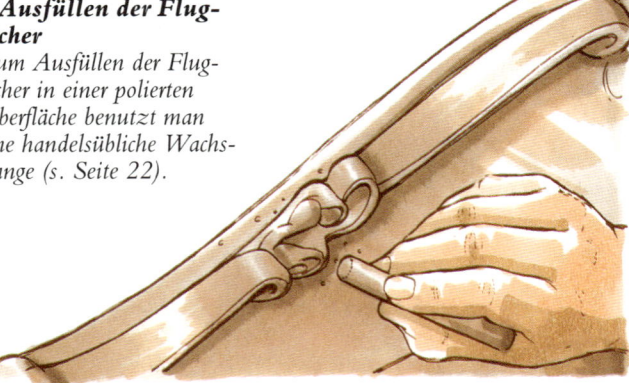

3 Ausfüllen der Fluglöcher
Zum Ausfüllen der Fluglöcher in einer polierten Oberfläche benutzt man eine handelsübliche Wachsstange (s. Seite 22).

Vorsorgemaßnahmen

Man sollte jede Gelegenheit wahrnehmen, gefährdetes Holz durch Einstreichen mit einem chemischen Mittel vor Holzwurmbefall zu schützen. Alternativ werden im Handel auch Schlußüberzüge angeboten, die zusätzlich Insektenvertilgungsmittel enthalten und einen dauerhaften Schutz vor Insekten bieten sollen.

Register